HEINER KARL WILL

Notice und Reasonableness

AF874973

Schriften zum Internationalen Recht

Band 66

Notice und Reasonableness

Instrumente der Vertragskontrolle im Common Law des 19. und 20. Jahrhunderts

Von

Heiner Karl Will

Duncker & Humblot · Berlin

Die Deutsche Bibliothek – CIP-Einheitsaufnahme

Will, Heiner Karl:
Notice und Reasonableness : Instrumente der Vertragskontrolle im Common Law des 19. und 20. Jahrhunderts / von Heiner Karl Will. – Berlin : Duncker und Humblot, 1994
(Schriften zum Internationalen Recht ; Bd. 66)
Zugl.: Marburg, Univ., Diss., 1992
ISBN 3-428-08037-8
NE: GT

Alle Rechte vorbehalten
© 1994 Duncker & Humblot GmbH, Berlin
Fotoprint: Berliner Buchdruckerei Union GmbH, Berlin
Printed in Germany

ISSN 0720-7646
ISBN 3-428-08037-8

Meiner Frau und
meinen Eltern gewidmet

Vorwort

Die vorliegende Arbeit, die im Sommersemester 1992 vom Fachbereich Rechtswissenschaften der Philipps-Universität Marburg als Dissertation angenommen wurde, entstand während und nach meiner Assistentenzeit im Institut für Rechtsvergleichung, anglo-amerikanische Abteilung, der Philipps-Universität.

Der Direktor des Instituts, mein sehr verehrter Lehrer Herr Professor Dr. Dr. h. c. Hans G. Leser, hat mein Interesse für die Rechtsvergleichung geweckt und diese Arbeit ermöglicht. Ich möchte ihm dafür, ebenso wie für seine immerwährende, verständnisvolle Unterstützung auf dem Weg zur Fertigstellung, an dieser Stelle herzlich danken.

Poitiers, im November 1993 Heiner Karl Will

Inhaltsverzeichnis

Kapitel 3

Ansätze zur Anerkennung der reasonableness als eigenes Kriterium des common law in Parallele zum neueren Gesetzesrecht

Abkürzungsverzeichnis

aaO.	am angegebenen Ort
Abs.	Absatz
AbzG	Abzahlungsgesetz
A.C.	Appeal Cases
AGB	Allgemeine Geschäftsbedingungen
AGBG	Gesetz zur Regelung des Rechts der Allgemeinen Geschäftsbedingungen
All ER	All England Reports
All ER Rep.	All England Reports Reprint
App. Cas.	Appeal Cases (siehe auch: Law Reports)
Art.	Artikel
Aufl.	Auflage
Australian L.J.	Australian Law Journal
AWD	Außenwirtschaftsdienst des Betriebsberaters
B.	Baron (nachgestellt)
B. & Ald.	Barnewall & Alderson's Reports, King's Bench (1817 - 1822)
B. & C.	Barnewall and Creswell's Reports, King's Bench (1822-1830)
Bd.; Bde.	Band; Bände
Beil.	Beilage
BGB	Bürgerliches Gesetzbuch
BGH	Bundesgerichtshof
BGHZ	Entscheidungen des Bundesgerichtshofs in Zivilsachen
Bing.	Bingham's Reports, Common Pleas, (1822-1837)
B. & S.	Best and Smith's Reports, Queen's Bench, 1861-1870
Bus.Law.Rev.	Business Law Review
c.	chapter
C.A.	Court of Appeal
Camp.	Campbell's Reports, Nisi Prius (1807-1816)

Can. Bar Rev.	Canadian Bar Review
C.B	Chief Baron (nachgestellt)
C.B.	Common Bench (1845-1856)
C.B.(N.S.)	Common Bench, New Series (1856-1865)
Ch.	Chancery Division; in Literaturzitat: Chapter
Ch.App.	Chancery Appeal Cases (1865-1875)
Ch.D.	Law Reports (Second Series) Chancery Division
Civ. 3^{e}	Cour de Cassation, troisième chambre civile
C.J.	Chief Justice (nachgestellt)
C. & J.	Crompton & Jervis (1830 - 1832)
C.L.J.	Cambridge Law Journal
C.L.P.	Current Legal Problems
cmnd.	command
C.P.D.	Common Pleas Division (siehe auch: Law Reports)
Co.	Company
Com.Cas.	Commercial Cases
Conv.	Conveyancer and Property Lawyer
Co.Rep.	Coke's Reports (1572-1616)
C.P.D.	Common Pleas Division
D.	Dalloz
d.	pence
Diss.	juristische Dissertation
East	East's Reports, King's Bench (1800-1812).
E. & B.	Ellis & Blackburn (1851-1858)
ed.	edition
E.G.	Estates Gazette
Eq.	Equity
E.R.	English Reports
Ex.	Exchequer Reports (1847-1856)
Ex.Ch.	Exchequer Chamber
Ex. D.	Law Reports (Second Series) Exchequer Division (1875-1880)
f.; ff.	folgende(r); fortfolgende
Harv.L.Rev.	Harvard Law Review

HaustürWG	Gesetz über den Widerruf von Haustürgeschäften und ähnlichen Geschäften
H. & C.	Hurlstone & Coltman's Reports, Exchequer (1862-1866)
H.L.	House of Lords
H.L.Cas.	House of Lords Cases (1847-1866)
H.L.Deb.	House of Lords Debates
H. & N.	Hurlstone and Norman's Reports, Exchequer (1856-1862)
Hrsg.; hrsg.	Herausgeber; herausgegeben
ibid.	ibidem
I.C.L.Q.	International and Comparative Law Quarterly
J.	Justice (nachgestellt), sonst: Journal
J.B.L.	Journal of Business Law
JJ.	Justices (nachgestellt)
J.S.P.T.L.	Journal of the Society of Public Teachers in Law
Jur.N.S.	Jurist Reports, New Series (1855-1866)
JW	Juristische Wochenschrift
JZ	Juristenzeitung
K.B.	King's Bench
K.B.D.	King's Bench Division
Law Com.	Law Commission
L.C.	Lord Chancellor (nachgestellt)
lit.	Buchstabe
L.J./L.JJ.	Lord Justice/Justices of Appeal (nachgestellt)
L.J.Ch.	Law Journal Reports, Chancery (1831-1949)
L.J.C.P.	Law Journal Reports, Common Pleas (1831-1949)
L.J.Ex.	Law Journal Reports, Exchequer (1831-1875)
L.J.K.B.	Law Journal Reports, King's Bench (1831-1949)
Ll.L.Rep.	Lloyd's List Law Reports (1919-1950)
Lloyd's Rep.	Lloyd's List Law Reports (1951-...)
L.Q.R.	Law Quarterly Review
L.R. App. Cas.	Law Reports (Second Series) Appeal Cases (1875-1890)
L.R. C.P.	Law Reports (First Series) Common Pleas Cases (1865-1875)
L.R. Ex.	Law Reports (First Series) Exchequer Cases (1865-1875)

L.R. H.L.	Law Reports (First Series) English and Irish Appeals (1866-1875)
L.R. Q.B.	Law Reports (First Series) Queen's Bench (1865-1875)
L.S.Gaz.	Law Society's Gazette
L.T.	Law Times Reports (1936-1947)
Ltd.	Limited
M.L.R.	Modern Law Review
M.R.	Master of the Rolls (nachgestellt)
m.w.N.	mit weiteren Nachweisen
N.	Note
NJW	Neue Juristische Wochenschrift
NJW-RR	NJW - Rechtsprechungsreport
N.L.J.	New Law Journal
P.	Law Reports, Probate, Divorce and Admiralty Division (1890- ...)
p.; pp.	pagina; paginae
paras.	paragraphs
P.D.	Probate Division
Q.B.	Queen's Bench
Q.B.D.	Queen's Bench Division
Q.C.	Queen's Counsel
RabelsZ	Rabels Zeitschrift für ausländisches und Internationales Privatrecht
RG	Reichsgericht
RGZ	Entscheidungen des Reichsgerichts in Zivilsachen
R.I.D.C.	Revue internationale de droit comparé
RIW/AWD	Recht der internationalen Wirtschaft/Außenwirtschaftsdienst des Betriebsberaters
R.S.O.	Revised Statutes of Ontario
Ry.	Railway
Rz.	Randziffer
S.	Satz
s.,ss.	section, sections
S.A.	Société Anonyme

Sol.Jo.	Solicitors Journal
Swans.App.	Swanston Appeal Cases
T.L.R.	Times Law Reports (1884-1952)
U.C.C.	Uniform Commercial Code
UCTA	Unfair Contract Terms Act
U. of Toronto L.J.	University of Toronto Law Journal
v.	versus
Verf.	Verfasser
vgl.	vergleiche
Vol.	Volume
W.L.R.	Weekly Law Reports (1953-)
ZHR	Zeitschrift für das gesamte Handels- und Wirtschaftsrecht

Einleitung und Gegenstand der Untersuchung

" ..there is vigilance of the common law which, while allowing freedom of contract, watches to see that it is not abused ".[1]

Mit diesem Bild von der "Wachsamkeit" des common law hat Lord Denning im Jahre 1949 seine über viele Jahre beibehaltene Haltung in einer Frage charakterisiert, der sich das moderne englische common law ebenso wie zahlreiche andere Privatrechtsordnungen vor dem Hintergrund der Entwicklungen des Rechtslebens seit dem ausgehenden 19. Jahrhundert ausgesetzt sah: Gemeint ist das grundlegende Spannungsfeld zwischen der wünschenswerten Bewahrung größtmöglicher Privatautonomie im Vertragsrecht und der Notwendigkeit, auch den Vertragsfreiheitsgrundsatz gegebenenfalls an übergeordneten Maximen zu überprüfen und ihn in sachgerechter Weise den Erfordernissen einer sich wandelnden Rechtswirklichkeit anzupassen. Es handelt sich dabei im Grunde genommen um die vertragsrechtliche Variante einer der Kernfragen jeder Rechtsordnung, nämlich in welchem Ausmaße die rechtliche Betätigungsfreiheit des Einzelnen zurücktreten muß, soweit es die Schutzbedürftigkeit Schwächerer im weiteren Sinne gebietet. Auf der vertragsrechtlichen Ebene stellt sich dabei die Frage, in welchen Grenzen die einseitige Ausnutzung der vertragsrechtlichen Instrumente zum Nachteil des anderen Vertragspartners geduldet werden darf. Daran knüpft sich die Frage nach den Mitteln zur Regulierung derartiger Ungleichgewichtigkeiten im Vertragsverhältnis, also nach dem rechtlichen Regelungsinstrumentarium, an.

Dieser Problemkreis hat zahlreiche Facetten; bezeichnenderweise betrifft das eingangs angeführte dictum Lord Dennings jedoch speziell die Frage der vertraglichen Haftungsfreizeichnung durch vorformulierte Vertragsklauseln. Wohl auf keinem Teilgebiet des Vertragsrechts ist die Problematik der einseitigen Ausnutzung der Vertragsfreiheit nachhaltiger in Erscheinung getreten als in diesem Bereich, mit dem sich das common law schon Mitte des vorigen

---

[1] JOHN LEE & SON (GRANTHAM) LTD. v. RAILWAY EXECUTIVE [1949] 2 All ER 581, 584.

Jahrhunderts eingehend zu beschäftigen hatte. An den Lösungswegen, die die Richterpersönlichkeiten jener Epoche eingeschlagen haben, hat das common law bis in die heutige Zeit festgehalten. Dies ist insofern nachvollziehbar, als das 19. Jahrhundert zu den kreativsten Epochen des common law überhaupt gehört und die meisten, noch heute verbindlichen Prinzipien und Instrumente des common law-Vertragsrechts festgeschrieben hat: Im Gegensatz zum deutschen Privatrecht mit seinem durch das Inkrafttreten des BGB verkörperten Einschnitt ist jene Kontinuität bis weit in die zweite Hälfte unseres Jahrhunderts hinein nicht grundlegend unterbrochen worden.

Zu den im 19. Jahrhundert fest vorgegebenen Marschrichtungen gehört eine sehr weitreichende Vertragsfreiheitsdoktrin, die den richterlichen Eingriff in einen zwischen freiverantwortlich agierenden Bürgern ausgehandelten Vertragsinhalt grundsätzlich ausschloß. Für das 19. Jahrhundert verkörperte die Vertragsfreiheitsmaxime einen wichtigen Fortschritt bei der Gewährleistung der privatrechtlichen Willensbetätigung, gewährleistete sie doch die seinerzeit besonders betonten Ziele der Rechtssicherheit und Vorhersehbarkeit im Vertragsrecht.

Die darin zum Ausdruck kommende vertragsrechtliche Umsetzung der liberalistischen Laissez-faire-Haltung des vorigen Jahrhunderts hat das englische common-law-Vertragsrecht bis in die heutigen Tage hinein nachhaltig geprägt und dessen Fähigkeit zur Evolution in einigen Sparten, so auch bei der inhaltlichen Beurteilung vertraglicher Haftungsvereinbarungen, empfindlich beeinträchtigt: Den Versuchen, unfair oder unangemessen erscheinenden vertraglichen Haftungsvereinbarungen, insbesondere solchen in allgemeinen Geschäftsbedingungen, mit einer Inhaltskontrolle auf der Basis des common law zu begegnen, hat sich das orthodoxe common law, regelmäßig verkörpert von der Rechtsprechung des House of Lords, ausdrücklich entgegengestellt.

Dies hat zu dem paradox anmutenden Ergebnis geführt, daß das common law dem Mißbrauch oder der Ausnutzung der Vertragsfreiheit durch einen Vertragspartner zum Nachteil des anderen, also einer der Idee einer der Vertragsfreiheit für alle Beteiligten zuwider laufenden Entwicklung, zumindest auf dem Feld der vertraglichen Haftungsklauseln nicht mit der Heranbildung geeigneter Regelungsprinzipien begegnen konnte. Ein maßgeblicher Grund dafür liegt in dem Umstand, daß die traditionsverhafteten Richter diese Kehrseite der Vertragsfreiheitsdoktrin, also deren Mißbrauch, als Phänomen zwar erkannt hatten, gleichwohl aber als der Doktrin wesensimmanent begriffen und daher wenig Anlaß sahen, mit Mitteln der Rechtsprechung regulierend einzugreifen.[2] Vielmehr vertraute man weiterhin auf eine zum Teil extensive Handhabung der ebenfalls bereits im 19. Jahrhundert gefundenen Sonderregeln für die vertragliche Einbeziehung und Auslegung von Freizeichnungsklauseln, die im Ergebnis nicht selten für eine verdeckte Inhaltskontrolle herhalten mußten.

Selbst als sich das House of Lords im Jahre 1966 offen zur Notwendigkeit neuer Kontrollinstrumente für die verschiedenen Formen der vertraglichen Haftungsfreizeichnung bekannte, sah Lord Reid keine Möglichkeit, den für das common law verbindlichen Vertragsfreiheitsgrundsatz auf breiter Front zu überwinden: Das common law biete keine hinreichende Grundlage für ein Instrumentarium zur offenen Kontrolle von Haftungsfreizeichnungen auf deren Fairneß oder Mißbräuchlichkeit, selbst wenn jene Bestandteil eines vorformulierten Vertrags seien, auf dessen Inhaltsgestaltung der Vertragspartner des Verwenders keinen Einfluß gehabt habe. Nach Lord Reids Auffassung konnte eine solche Aufgabe allein vom Parlamentsgesetzgeber gelöst werden.[3]

Der Ruf Lord Reids nach dem Gesetzgeber erscheint umso bemerkenswerter, als Reid selbst dem Wert der parlamentarischen Gesetzgebung ansonsten offensichtlich eher mit Mißtrauen begegnete, wie sein folgender Vergleich aus dem Jahre 1971 zeigt:

> "I am tempted to take as an analogy the difference between old-fashioned, hand-made, expensive, quality goods and the brash products of modern technology. If you think in months, want an instant solution for your problems and don't mind that it won't wear well, then go for legislation. If you think in decades, prefer orderly growth and believe in the old proverb more haste less speed, then stick to the common law."[4]

Das nicht nur von Lord Reid erwünschte Gesetz ist schließlich, nahezu zeitgleich mit dem deutschen AGB-Gesetz, in Gestalt des Unfair Contract Terms Act 1977 Realität geworden.[5] Der UCTA hat die bereits zuvor vom Supply of Goods (Implied Terms) Act 1973[6] zunächst in das Warenkaufrecht

---

2 So das spätere Mitglied des House of Lords Lord *Devlin* in (1956) 9 C.L.P. 1, 10.

3 SUISSE ATLANTIQUE SOCIETE D'ARMEMENT MARITIME S.A. v. N.V. ROTTERDAMSCHE KOLEN CENTRALE [1967] 1 A.C. 361, 406.

4 (1972) 12 J.S.P.T.L. 22, 28.

5 c.50, in Kraft getreten am 1. Februar 1978; im weiteren Text "UCTA".

6 c.13.

eingeführten Kriterien des Verbrauchergeschäfts und der reasonableness-Kontrolle auf eine breitere Ebene überführt. Obwohl der UCTA entgegen seiner Bezeichnung nicht jegliche Erscheinungsformen unbilliger Vertragsklauseln, sondern vorrangig nur das Feld der Haftungsfreizeichnung - weiter als das AGB-Gesetz jedoch auch für Individualvereinbarungen - erfaßt, gilt er als ein wichtiger Meilenstein für das englische Vertragsrecht, ja sogar als wichtigstes Gesetz im Vertragsrecht seit dem Statute of Frauds aus dem Jahre 1677[7]. Diese Beurteilung verdankt der UCTA ohne Zweifel vor allem seinen tiefen Einschnitten in den Vertragsfreiheitsgrundsatz, die in erster Linie die besondere Schutzbedürftigkeit von Verbrauchern gegenüber Haftungsklauseln in vorformulierten Verträgen mit Kaufleuten und anderen Gewerbetreibenden herausstellen. Mit dem UCTA hat der Gesetzgeber den Schlußpunkt unter eine public policy im Vertragsrecht gesetzt, deren grundlegende Maxime bis dahin noch immer durch die von den Richtern des 19. Jahrhunderts festgeschriebene Vertragsfreiheitsdoktrin im Sinne der Unantastbarkeit privater Vertragsvereinbarungen verkörpert wurde.

Im Gegensatz dazu hat der Gesetzgeber die common law-Regeln zur Einbeziehung von Haftungsklauseln in den Vertrag unangetastet gelassen, wie section 11 (2) UCTA ausdrücklich klarstellt. Das Kriterium der Einbeziehung ist jedoch ebenfalls ein wichtiger und auch ergiebiger Ansatzpunkt für das Bemühen um eine faire Ausgestaltung des vertraglichen Regelungsinstrumentariums zur Kontrolle von Haftungsklauseln. Bereits die konsequente Anwendung der allgemeinen Vertragschlußregeln etwa auf die Einbeziehung von AGB in einen Verbrauchervertrag, kann in effizienter Weise als Schutzinstrument zugunsten des Vertragspartners des Verwenders eingesetzt werden, wie auch die Vorschrift des § 2 AGBG erkennen läßt.

Wenn aber der UCTA hier auf die Regeln des common law setzt, so drückt sich darin auch das Vertrauen des Gesetzgebers in die Effizienz rechtlicher Kriterien aus, die ebenfalls im wesentlichen im 19. Jahrhundert erarbeitet worden sind: Die in dem leading case PARKER v. SOUTH EASTERN RAILWAY CO.[8] und in weiteren Entscheidungen derselben Epoche aufgestellten Kriterien für die Einbeziehung von AGB in mündlich geschlossene Verträge sind bis in die heutige Zeit in nur wenig abgewandelter Form bestimmend geblieben. Im Unterschied zur Frage der Inhaltskontrolle, bei der

---

[7] *Cheshire/Fifoot/Furmston*, Law of Contract, p. 187.

[8] (1877) 2 C.P.D. 416.

sich die Vertragsfreiheitsdoktrin später als Fortschrittshemmnis erwiesen hat, zeigen sich im Bereich der Erarbeitung des "vertragstechnischen" Instrumentariums der Einbeziehung die wahren Stärken des common law des 19. Jahrhunderts: Ihrer Konzeption nach ermöglichten diese Regeln, wie zu zeigen sein wird, eine weitaus fairere Handhabung, als sie von der nachfolgenden Rechtsprechung tatsächlich realisiert worden ist.

Den beiden aufgezeigten Entwicklungslinien, die für die Haltung des common law des 20. Jahrhunderts zur vertraglichen Einbeziehung und Inhaltskontrolle mit unterschiedlichem Nutzen maßgeblich geblieben sind, soll in den beiden ersten Kapiteln der vorliegenden Untersuchung nachgegangen werden. Sie finden einen gemeinsamen Ursprung in der Fallgruppe der ticket cases, an der das common law im 19. Jahrhundert erstmals in breiterem Umfange rechtliche Regeln für die Handhabung vorformulierter Haftungsklauseln im Massenverkehr entwickeln mußte. Gegenstand dieser aus zahllosen Fällen bestehenden Fallgruppe waren die AGB der großen Transportunternehmen, insbesondere der Eisenbahnen, die als erste die Möglichkeiten einseitiger Vertragsgestaltung mit Wirkung für breite Bevölkerungsschichten ausnutzten. Obwohl die Fallkonstellationen sich später diversifizierten, lassen sich viele Sonderregeln des heutigen common law in diesem Bereich auf die umfangreiche Reihe der damaligen Entscheidungen zurückführen.

Bei beiden Entwicklungslinien - Einbeziehung und Inhaltskontrolle vorformulierter Klauseln - gehört das Kriterium der reasonableness seit dem 19. Jahrhundert zur jeweiligen Terminologie; dieser auch in der Umgangssprache häufig verwendete Begriff[9] spielt in der Rechtssprache an verschiedener Stelle eine wesentliche Rolle, so etwa im Schadensersatzrecht in der Figur des reasonable man. Der Begriff der reasonableness dient nicht erst in den modernen Gesetzen als inhaltliches Beurteilungskriterium für Haftungsfreizeichnungen, sondern findet sich bereits im Railway and Canal Traffic Act 1854 in Gestalt des synonym verwandten Begriffspaars fair and reasonable.

Die vorliegende Untersuchung befaßt sich in erster Linie mit der Frage, wie das common law im Rahmen der beiden oben angeführten Entwicklungslinien den Terminus reasonableness gehandhabt hat; dabei soll aber ebenfalls den Impulsen nachgegangen werden, denen das common law speziell bei der Inhaltskontrolle von seiten des gesetzlich verankerten reasonableness-Gedan-

---

9 *Triebel* in RIW/AWD 1978, 353, 356.

kens im 19. wie im 20. Jahrhundert ausgesetzt war.[10] Dabei stehen der Railway and Canal Traffic Act 1854 und der UCTA 1977 im Vordergrund.

Da "reasonable" im Deutschen die um mehr als nur Nuancen unterschiedlichen Bedeutungen von "vernünftig", "angemessen" oder "zumutbar" bis hin zu "berechtigt" oder "billig" einnehmen kann,[11] soll auf eine Übersetzung grundsätzlich verzichtet werden, um begriffliche Unschärfen infolge der jeweils im Deutschen passenden Wortwahl zu vermeiden.

Gegenstand des dritten Kapitels sollen schließlich die Ansätze Lord Dennings in beiden Bereichen der vertraglichen Einbeziehung und Inhaltskontrolle von Freizeichnungsklauseln sein: Denning hat schon vor Inkrafttreten des UCTA in zahlreichen Entscheidungen neue Wege zu einer sachgerechteren Beurteilung von "unreasonable clauses" angestrebt und hierbei den Versuch unternommen, die aus dem 19. Jahrhundert stammenden Instrumente des common law zu exemption bzw. exclusion clauses an die Anforderungen der heutigen Epoche anzupassen und um neue Ideen zu bereichern.

Das eingangs zitierte plastische Bild von der "Wachsamkeit" des common law verdeutlicht dabei das Bestreben Lord Dennings, sein Ziel einer umfassenderen richterlichen Fairneßkontrolle im Vertragsrecht auf dem Boden des common law zu erreichen und dieses Feld nicht allein dem Gesetzgeber zu überlassen.

Dennings Bemühungen auf diesem Gebiet sind in rhetorischer Überspitzung mit einem regelrechten "Zermürbungskrieg" gegen Freizeichnungsklauseln verglichen worden.[12] Dahinter steht die zutreffende Beobachtung, daß Denning den typischen Erscheinungsformen einseitiger Ausnutzung der vertraglichen Freizeichnungsmöglichkeiten mit einem breit angelegten rechtli-

---

[10] Es geht also nicht um eine umfassende Darstellung der common law-Regeln zur Haftungsfreizeichnung. Insofern darf auf die dazu vorliegenden Arbeiten verwiesen werden, etwa *Sayn-Wittgenstein-Berleburg*, Allgemeine Geschäftsbedingungen im englischen Recht (1969); *Schmitz*, Haftungsausschlußklauseln in allgemeinen Geschäftsbedingungen nach englischem und internationalem Privatrecht (1977); *Lütkenhaus*, Unfair Contract Terms Act 1977 und AGB-Gesetz 1977 (1987).

[11] Siehe die Übersetzungsbeispiele bei *Dietl-Moss-Lorenz*, Wörterbuch für Recht, Wirtschaft und Politik, Teil I Englisch-Deutsch.

[12] *Lücke*, The Common Law: Judicial impartiality and Judge-made Law, in (1982) 98 L.Q.R. 29, 84.

chen Kontrollinstrumentarium entgegengetreten ist. Daß dies angesichts der darin liegenden Herausforderung der noch im Rechtsdenken des 19. Jahrhunderts verhafteten Prinzipien des common law wie der Vertragsfreiheitsdoktrin ein erhebliches Maß an Mut und Kreativität erfordern würde, ist Denning sehr wohl bewußt gewesen: In anderem Zusammenhang hat Denning nur kurze Zeit nach seinem eingangs zitierten Bekenntnis zur Einschränkung der Vertragsfreiheitsdoktrin die Richterschaft in "timorous souls who were fearful of allowing a new cause of action" und "the bold spirits who were ready to allow it if justice so required" eingeteilt.[13]

Von Dennings programmatischen Ansätzen vor über vierzig Jahren führt eine facettenreiche Entwicklungslinie hin zu seinen letzten richterlichen Stellungnahmen zum Recht der Haftungsfreizeichnung, schon nach Inkrafttreten des UCTA, in denen Denning vehement für die Übernahme der reasonableness als übergeordneter Fairneßmaßstab für Haftungsklauseln in das common law plädiert hat.[14] Denning hat hier zwei Ziele verfolgt, von denen jedes für sich bemerkenswert ist: Zum einen hat Denning ausdrücklich die Harmonisierung von statute law und common law angestrebt. Das common law konnte dabei von der Dynamik des Gesetzesrechts, das auch im englischen Vertragsrecht längst die führende Rolle bei der Rechtsreform übernommen hat, durchaus profitieren.

Zum anderen zielte Denning darauf ab, seine Bemühungen um eine faire richterliche Beurteilung von Haftungsklauseln, die er zunächst an den Einzelinstrumenten der vertraglichen Einbeziehung und Auslegung festgemacht hatte,[15] in ein allgemeineres, generalklauselartiges Fairneßprinzip münden zu lassen; diese regelrecht systematisierende Arbeit hat Denning auch an anderer Stelle im Vertragsrecht verfolgt, um einen verbesserten Schutz der verhandlungsschwächeren Vertragspartei zu erreichen.[16]

Zwar hat sich Denning mit seinen Vorschlägen zur Anerkennung eines übergeordneten Fairneßgedankens bislang nicht wirklich durchsetzen können.

---

[13] CANDLER v. CRANE, CHRISTMAS & CO. [1951] 2 K.B. 164, 178.

[14] Insbesondere in GEORGE MITCHELL (CHESTERHALL) LTD. v. FINNEY LOCK SEEDS LTD. [1983] 1 All ER 108, 11 ff.

[15] Daneben ist die vor allem von Lord Denning propagierte Rechtsfigur des fundamental breach zu nennen, die sich letztlich jedoch als Irrweg entpuppt hat, vgl. dazu *Kern*, "Rescission" nach Vertragsverletzung im englischen Recht, pp. 62 ff.

[16] LLOYDS BANK LTD. v. Bundy [1975] 1 Q.B. 326.

Seine Vorschläge sind jedoch in zweierlei Hinsicht noch immer beachtenswert: Zum einen deckt der UCTA eben nicht alle Fallgruppen vertraglicher Haftungsfreizeichnung ab, insbesondere dort, wo es sich nicht um Konsumentengeschäfte handelt. Zum anderen besticht an Dennings beharrlich verfolgtem Ansatz der Versuch, eine neue richterliche public policy im Vertragsrecht des common law zu etablieren, die bislang noch immer von dem Vertragsfreiheitsgrundsatz des 19. Jahrhunderts beherrscht wird. Im Unterschied zum Deliktsrecht, in dem das common law schon in den dreißiger Jahren die Grundlagen für das heutige deliktsrechtliche Produkthaftungsrecht geschaffen hat,[17] hat das common law im Vertragsrecht das Feld der public policy und damit die Anpassung des Regelungsinstrumentariums an die Bedürfnisse der heutigen Verbrauchergesellschaft bislang im wesentlichen dem Parlamentsgesetzgeber überlassen.[18] Daß die Grundwertsetzungen des 19. Jahrhunderts im common law-Vertragsrecht auch vom common law selbst überwunden werden müssen, hat in den siebziger Jahren selbst das House of Lords bestätigt.[19]

Dennings Ansätze sowie die im 19. Jahrhundert fußenden Entwicklungslinien, auf denen Denning aufgebaut hat, sollen am Beispiel ausgewählter Entscheidungen besprochen werden, weil die Arbeit anhand der konkreten Fallentscheidung der Methode des common law näherkommt als die vom Fall abgehobene theoretische Erörterung. Zudem wird bei der eingehenderen Betrachtung einzelner Entscheidungen besonders deutlich, daß das von Lord Denning in anderem Zusammenhang geprägte Bild von "bold spirits" und "timorous souls" unter der Richterschaft sich auch am Beispiel der Heranbildung eines geeigneten Kontrollinstrumentariums für Freizeichnungsklauseln ablesen läßt. Demgegenüber werden die gesetzlichen Kontrollinstrumente, insbesondere des UCTA, nur in Form des Überblicks dargestellt werden.

---

17 DONOGHUE v. STEVENSON [1932] A.C. 562.

18 *Devlin*, The Common Law, public policy and the executive, in (1956) 9 C.L.P.1, 11: " .. a voluntary withdrawal in the field of public policy as a whole."

19 Lord Diplock in A. SCHROEDER MUSIC PUBLISHING CO. LTD. v. MACAULAY [1974] 3 All ER 616, 623 f. Siehe dazu unten auf S. 148 ff.

Kapitel 1

Die Vertragsfreiheitsdoktrin des 19. Jahrhunderts als Maxime richterlicher public policy im common law

I. Sanctity of contracts als historischer Ausgangspunkt

Das common law als Richterrecht auf der Grundlage bindender Präzedenzentscheidungen ist schnellebigen Zeiteinflüssen weitgehend entzogen. Seine systematische Konzeption gestattet es nicht, seine eigenen Grundlagen jeweils nach dem herrschenden Zeitgeist grundlegend neu auszurichten. Dies darf in positivem Sinne als Beitrag zu Kontinuität und Rechtssicherheit im common law bewertet werden. Eine Kehrseite dieser Konzeption liegt jedoch darin, daß Prinzipien, haben sie sich erst einmal etabliert, auf lange Zeit die Marschrichtung des common law bestimmen können, auch wenn sich die Anforderungen an das Recht gewandelt haben. Selbst Rechtssätze, die im Grunde genommen auf dem weltanschaulichen Zeitgeist bestimmter Epochen beruhen, also nicht unbedingt einen naturrechtlich oder denklogisch begründbaren Absolutheitsanspruch erheben können, sind dadurch unter Umständen auf Generationen verbindlich festgeschrieben. Die besonderen gesellschaftlichen, an die einzelne Epoche gebundenen Grundlagen solcher Prinzipien können im Laufe der Zeit in den Hintergrund treten, mit der Folge, daß der abstrahierte Rechtssatz zusehends an Überzeugungskraft und konkretem Bezug zur Rechtswirklichkeit verliert.

Dies bedeutet nun nicht, daß grundlegende Maximen des common law der law reform im Zuge der gesellschaftlichen Fortentwicklung nicht zugänglich wären; hierzu ist allerdings erforderlich, daß sich die Richterschaft der Aufgabe, solche Grundprinzipien des common law den sich wandelnden Anforderungen des Rechtslebens anzupassen oder doch im Lichte neuer Erkenntnisse auszulegen, aktiv und mit einer gewissen Reformbereitschaft stellt, soll sich das common law nicht als unfähig zur Fortbildung erweisen. Das Bekenntnis zur Abkehr von überkommenen Prinzipien des common law oder zumindest zu deren Anpassung fällt indes der großen Mehrzahl der Richter von House of Lords und Court of Appeal, die bei der Weiterentwicklung des Rechts traditionell eher in Jahrzehnten denken[1], selbst in der heutigen, grundsätzlich reformbereiten Epoche bisweilen schwer.

Das System des stare decisis, der Bindung an die ratio decidendi der Präzedenzentscheidungen, gestattet es nur in begrenztem Umfang, einmal etablierten Prinzipien entgegenzutreten, ohne sich des verlockenden Ausweges des distinguishing zu bedienen, welches die Auseinandersetzung mit den hergebrachten Prinzipien vermeidet[2]. Hinzu kommt die hohe Autorität, die selbst heute noch die Entscheidungen von Richterpersönlichkeiten des 19. Jahrhunderts genießen, einer Epoche, in der die Richterschaft im Bewußtsein ihrer auch kreativen Rolle das common law mit Macht besonders dynamisch fortentwickelt hat. Nicht selten ist es eher ein berühmter Name denn die Verbindlichkeit der Argumentation gewesen, die die in jener wichtigen Entwicklungsphase des common law eingeschlagenen Wege für spätere Richtergenerationen hat verbindlich erscheinen lassen[3].

Ein anschauliches Beispiel für die aufgezeigten Phänomene ist die Vertragsfreiheitsdoktrin des common law, die in der zweiten Hälfte des vorigen Jahrhunderts so nachhaltig festgeschrieben worden ist, daß sie das Denken der meisten englischen Richter bis heute maßgeblich beeinflußt hat. Im 19. Jahrhundert, in dem die wesentlichen, auch heute weitgehend noch gültigen Grundlagen des englischen Vertragsrechts erarbeitet worden sind, war der Grundsatz der Vertragsfreiheit ein Eckpfeiler der Rechtsfortbildung und Symbol des sich auch in rechtlichen Kategorien durchsetzenden Gedankens der Privatautonomie. Im 20. Jahrhundert hat sich die Vertragsfreiheitsdoktrin im common law vor allem auf dem Gebiet der vertraglichen Freizeichnung behaupten können, obwohl die Entwicklung zur Verbrauchergesellschaft mit ihren besonderen Anforderungen an die Differenzierung des Vertragsrechts die Grenzen der Doktrin immer deutlicher hat zutage treten lassen.

Ihre klassische Formulierung in der Rechtsprechung findet die Vertragsfreiheitsmaxime in dem berühmten, noch heutzutage oft zitierten Ausspruch des seinerzeitigen Masters of the Rolls, Sir George Jessel, aus dem Jahre 1875:

---

[1] Vgl. dazu die Stellungnahme Lord Reids, oben auf S. 21.

[2] Zur Rolle der doctrine of precedent *Zweigert/Kötz*, Einführung in die Rechtsvergleichung, Bd. I pp. 299 ff.; *Kiralfy*, The English Legal System, pp. 72 ff.

[3] *G. Radbruch*, Der Geist des englischen Rechts, pp. 25f. verdeutlicht dieses Phänomen am Beispiel von Lord Mansfield, dem Mitbegründer des englischen commercial law.

"... if there is one thing which more than another public policy requires it is that men of full age and competent understanding shall have the utmost liberty of contracting, and that their contracts when entered into freely and voluntarily shall be held sacred and shall be enforced by Courts of justice. Therefore, you have this paramount public policy to consider - that you are not lightly to interfere with this freedom of contract[4]."

Jessels Worte umreißen die Haltung einer Rechtsprechung, die vom liberalistischen Zeitgeist ihrer Epoche geprägt war und den ökonomischen und philosophischen Zielsetzungen des wirtschaftlichen Liberalismus Rechnung tragen mußte. Mit diesem Bekenntnis der Richterschaft, dem vertraglich zum Ausdruck gebrachten Willen selbständig und frei handelnder Privatleute mit höchstem Respekt zu begegnen, hatte sich die Idee der Privatautonomie ebenso wie das Instrument des frei geschlossenen Vertrags überhaupt im common law endgültig durchgesetzt. Zwei Gesichtspunkte sind dabei im vorliegend behandelten Zusammenhang von besonderer Bedeutung: Die Jesselsche Sichtweise definiert Vertragsfreiheit inhaltlich als richterliche Unantastbarkeit vertraglicher Inhalte und gebietet so den Gerichten die Vollstreckung frei geschlossener privatrechtlicher Verträge ohne die Möglichkeit korrigierender Einflußnahme des Gerichts auf den Vertragsinhalt. Vor allem aber erhob Jessel das Prinzip der sanctity of contracts zur maßgeblichen Maxime richterlicher public policy im Vertragsrecht. Dies hat der Anerkennung willentlich und frei geschlossener Verträge einschließlich deren vertragsrechtlicher Konsequenzen im common law Vorrang vor einem korrigierenden Eingriff, selbst im Interesse übergeordneter Gerechtigkeitsinteressen, verschafft. Den Gerichten blieb damit im Vertragsrecht im wesentlichen die Aufgabe festzustellen, ob und mit welchem Inhalt Verträge zustande gekommen waren, sowie die Rolle eines Schiedsrichters für den Fall des Vertragsbruchs[5].

---

4 PRINTING AND NUMERICAL REGISTERING CO. v. SAMPSON, L.R. (1875) 19 Eq. Cases 462, 465. Vgl. die Formulierung in Art. 1134 des französischen Code Civil, wonach rechtmäßig zustande gekommenen Parteivereinbarungen Gesetzeswirkung zukommt, was auch die Rechtsprechung bindet.

5 So *Atiyah*, An Introduction to the Law of Contract p. 4; *Lücke*, (1982) 98 L.Q.R. 29, 81 ff.

II. Die Grundlagen des sanctity-Prinzips - Vom Status zum Vertrag

Die von Jessel im Jahre 1875 festgeschriebenen Maximen belegen zum einen, daß sich das Instrument des privatrechtlichen Vertrags im 19. Jahrhundert endgültig durchgesetzt hatte; zum anderen zeigt sich darin aber auch der Einfluß des Zeitgeistes auf das junge Vertragsrecht des common law, welches seinerzeit erst auf ein knappes Jahrhundert intensiver Entwicklungsarbeit zurückblicken konnte. Gegen Ende des 18. Jahrhunderts war der Vertrag als eigenständiges Instrument zur Begründung von Rechten und Pflichten Privater in den Mittelpunkt des juristischen Interesses gerückt. Im Jahre 1790 erschien das erste Werk, das sich ausschließlich mit der Darstellung des Vertragsrechts beschäftigte.[6] Bis zu diesem Zeitpunkt hatte sich die Vertragslehre nahezu gänzlich der prozessual orientierten Sichtweise des common law untergeordnet, in der sich das agreement, also die private Willensübereinkunft, als Anknüpfungstatbestand für gerichtlich verfolgbare Rechte nur zögernd durchsetzen konnte.[7] Das common law war im wesentlichen von den prozessualen Formen der verschiedenen actions geprägt, die die formale Grundlage für die Anrufung der Gerichte bildeten.[8]

Im Rahmen der actions on the case entwickelte sich ab etwa dem 14. Jahrhundert aus dem writ of trespass allmählich die assumpsit-Klage. Diese gestattete es, die Nichterfüllung einer eingegangenen privatrechtlichen Verpflichtung gerichtlich geltend zu machen, wobei ihr Gegenstand jedoch nicht die vertragliche Schuld an sich, sondern allein der Ersatzanspruch war.[9] Im Vordergrund stand hier das isolierte Erfüllungsversprechen (promise), weniger der Vertrag an sich, der im einzelnen Versprechen nach unserem heutigen Verständnis zwar seine Grundlage findet, nach Inhalt und Funktion indes als weit darüber hinausgehendes Ganzes zu begreifen ist.[10]

---

[6] *J.J. Powell*, Essay on the Law of Contracts and Agreements.

[7] *David/Pugsley*, Les Contrats en Droit Anglais, p. 20.; Rheinstein, Die Struktur des vertraglichen Schuldverhältnisses im anglo-amerikanischen Recht, pp. 50 ff.

[8] *David/Grasmann*, Einführung in die großen Rechtssysteme der Gegenwart, pp. 443 ff. (Bearbeiter: *Michael Will*).

[9] Siehe *David/Pugsley* aaO. pp 38 ff.; *Anson/Guest*, Law of Contract, pp. 8 ff; *Rheinstein* aaO. p. 125.

[10] Zum deutschen Recht vgl. *Leser*, L'évolution du contrat en droit allemand... in: L'évolution contemporaine du droit des contrats,. pp. 73, 79 ff sowie ders., Lösung vom Vertrag, in Recht und Rechtserkenntnis, Festschrift für Ernst Wolf, pp. 373 ff.

Wirksamkeitsvoraussetzungen und Rechtsfolgen von vertraglichen Vereinbarungen wurden rechtssystematisch zu jener Zeit noch im Zusammenhang mit verschiedenen anderen Rechtsinstituten behandelt: Noch in Blackstones berühmten Commentaries, die in den Jahren 1765 bis 1769 erschienen sind, ist der Vertrag im wesentlichen in den Kapiteln über property und private wrongs abgehandelt.[11] Die verschiedenen Rechtsfolgen bei Störungen des Vertragsablaufs finden sich bei Blackstone wie auch bei anderen Autoren seiner Epoche in den Kapiteln zu den einzelnen Klageformen wie assumpsit, covenant, debt oder specific performance.[12]

Diese am prozessualen Rechtsbehelf, also remedial orientierte Sichtweise konnte den Vertrag noch nicht als regulatives Instrument zur Begründung privatrechtlicher Pflichten begreifen. Dazu bestand bis etwa Mitte des 18. Jahrhunderts allerdings auch kein zwingender Anlaß: Pflichtenlagen selbst für die privaten Rechtsverhältnisse im täglichen Leben fanden bis dahin ihren jeweiligen Ursprungstatbestand in erster Linie in dem feststehenden gesellschaftlichen Stand der Rechtsträger. Jenes Prinzip galt nicht nur im Personen- bzw. Familienrecht etwa hinsichtlich der Rechte und Pflichten des Familienvorstandes, sondern spielte gerade im professionellen Bereich eine ganz wesentliche Rolle. Wer als Fuhrunternehmer (common carrier), Gastwirt, Schmied, Arzt oder in einem ähnlichen Beruf seine Dienste öffentlich anbot, war hierbei feststehenden Regeln unterworfen. Dieser Inbegriff des common calling umfaßte die zum Teil detaillierte Bestimmung der berufständischen Kompetenzen und Sorgfaltspflichten und regelte die gegenseitige Pflichtenlage im Verhältnis zum jeweiligen Kunden. Bei Verletzung derartiger Pflichten, zu denen auch eine Art Abschlußpflicht mit jedermann gehörte, der die Dienste in Anspruch nehmen wollte, war der Weg zur Schadensersatzklage eröffnet.[13]

Festzuhalten ist dabei, daß die Pflichten nicht an der individuellen "vertraglichen" Vereinbarung an sich festgemacht wurden, sondern an dem berufständischen Status des jeweiligen Handwerkers oder Gewerbetreibenden. In-

---

[11] *Blackstone*, Commentaries on the laws of England, Buch III, Ch. IX sec. 3 zu private wrongs, Ch. XIII bis XV für Immobilien und Ch. XXX für bewegliche Sachen.

[12] Siehe *David/Pugsley* aaO. p. 56, *Kiralfy* aaO. p. 44.

[13] Vgl. dazu *Winfield*, The Law of Quasi-Contracts, 1952, pp. 30-32; *David/Pugsley* aaO., p. 59.

halt und Umfang der Pflichten waren allgemeingültig festgelegt und der individuellen Einflußnahme weitgehend entzogen.[14]

Henry Maine hat im Jahre 1861 die Entwicklungsstufe von jener standesgeprägten Gesellschaft hin zur Gesellschaftsform seiner Zeit mit der berühmt gewordenen Formulierung "from status to contract" charakterisiert.[15] Der Anstoß zu dieser mit dem tiefgreifenden Wandel der ökonomischen und weltanschaulichen Grundhaltung eng verbundenen Reformierung des rechtlichen Instrumentariums läßt sich in doppelter Weise im Jahre 1776 ausmachen: In diesem Jahr veröffentlichte Adam Smith "The Wealth of Nations" und James Watt erfand die Dampfmaschine. Beide Ereignisse haben auch das common law nachhaltig beeinflußt.

Adam Smith propagierte in The Wealth of Nations die These, das Wohlergehen der Gesellschaft als Ganzes hänge davon ab, daß der Einzelne seine Interessen frei und ohne Einmischung und Beschränkungen durch die Obrigkeit verfolgen dürfe. Der freie Wettbewerb der Individualinteressen garantiere für sich allein schon soziale Harmonie. Dem Staat kommt nach Smiths Vorstellungen dabei lediglich die Rolle zu, geeignete Rahmenbedingungen, etwa die innere und äußere Sicherheit, zu gewährleisten.[16]

Der von Smith und zahlreichen anderen Autoren verfolgte ökonomische Liberalismus setzte sich vor dem Hintergrund der beginnenden Industrialisierung schnell durch. Das common law sah sich demgegenüber der Aufgabe ausgesetzt, die rechtlichen Instrumente für eine gesellschaftliche Entwicklung bereitzustellen, die zugleich mit dem Beginn der Industrialisierung, nach Jahrhunderten obrigkeitlicher Beschränkung der bürgerlichen Freiheiten, Individualismus und freien Handel als höchste Werte ausgemacht hatte. Weitreichende vertragliche Freiheit und Rechtssicherheit in der Gestalt der Unantastbarkeit der individuell ausgehandelten geschäftlichen Inhalte wurden zu unverzichtbaren Grundlagen der Industrialisierung und der Gewährleistung eines funktionsfähigen freien Handels. Hierfür war der Vertrag ein trefflich geeignetes rechtliches Instrument.

---

[14] In eine ähnliche Richtung geht beispielsweise die heutige Handhabung der Haftung des professionnel im französischen Privatrecht, etwa mit der unwiderleglichen Vermutung der Kenntnis eines Sachmangels beim gewerblichen Verkäufer, vgl. Civ. 3^{e}, 22. Jan. 1974: D. 1974, 288; *Nickel*, Produzentenhaftung beim Verkauf mangelhafter Halbfabrikate, pp. 143 ff.

[15] *Maine*, Ancient Law, 1861, Ch. V.

[16] Vgl. *Atiyah*, The Rise and Fall of Freedom of Contract, pp. 294 ff.; *Gluck* [1979] 28 I.C.L.Q. 72.

Das common law konnte sich hier auf die theoretischen Vorarbeiten Benthams und Pothiers stützen, die die Begriffe des einverständlich erklärten individuellen Willens und des bargain, also des geschäftlichen Verhandelns, zu Grundpfeilern des Vertragsverständnisses werden ließen.[17] Zum Leitbild des Vertrags wurde der Vertrag mit geschäftlichem Inhalt und beiderseits unabhängigen, kommerziell tätigen Vertragsparteien. War ein Privater beteiligt, so war davon auszugehen, daß dieser als "Gentleman" in der Lage war, sein Anliegen selbstverantwortlich zu regeln.[18]

Jeremy Bentham hat die Ideen von Adam Smith für die Rechtstheorie umgesetzt und mit tiefgreifender Wirkung für die Vertragslehre wie folgt formuliert:

> ".. no man of ripe years and of sound mind, acting freely, and with his eyes open, ought to be hindered, with a view to his advantage, from making such bargain, in the way of obtaining money, as he thinks fit, nor ... anybody hindered from supplying him upon any terms he thinks proper to accede to."[19]

Pothier, dessen Einfluß auf die Rechtsprechung der ersten Hälfte des 19. Jahrhunderts mit der Autorität einer bindenden Gerichtsentscheidung verglichen worden ist,[20] lieferte dazu den vertragstechnischen Ansatz, indem er den Vertrag als das Zusammentreffen des Willens zweier Personen charakterisierte, der in den beiderseitigen Verpflichtungsversprechen zum Ausdruck komme.[21]

Zu der rechtstheoretischen Basis, auf der das common law im 19. Jahrhundert sein Vertragsrecht überhaupt erst entwickeln konnte, gehört somit die Idealvorstellung von Vertragspartnern, die sich als selbständig, freiverantwortlich und vernünftig handelnde Teilnehmer an einem handelsrechtlich geprägten Rechtsverkehr gegenübertreten und ihre Interessen gleichberechtigt

---

17 *Cheshire/Fifoot/Furmston*, The Law of Contract, p. 17 f.

18 Dies. aaO., p. 23.

19 *Jeremy Bentham's* Economic Writings, ed. Stark (1952) i. 129; ein Vergleich mit der Formulierung Jessels belegt den direkten Einfluß *Benthams* auf Jessel. Vgl. zu Benthams Einfluß die umfassende Darstellung bei *Holdsworth*, A History of English Law, Bd. XIII p. 110 m.w.N.

20 Vgl. *Cheshire/Fifoot/Furmston* aaO. p. 17 unter Hinweis auf Best J. in COX v. TROY (1822) 5 B. & Ald. 474, 480.

21 *Pothier*, Traité des obligations, Ch.1 s. 1 art. 1 § II 4:" Le contrat renferme le concours des volontés de deux personnes dont l'une promet quelque chose à l'autre, et l'autre accepte la promesse qui lui est faite." Pothiers Traité wurde im Jahre 1806 auch in englischer Sprache veröffentlicht.

miteinander verhandeln sowie in den Inhalt ihrer Vertragsversprechen einbringen können. In dieser Idealvorstellung vom Vertrag als Resultat eines freien Kräftespiels der Parteien finden die von Jessel formulierten Maximen von freedom of contracts und sanctity of contracts, also des Gebots strikter richterlicher Zurückhaltung gegenüber dem Inhalt vertraglicher Vereinbarungen, ihre Grundlage und zugleich hauptsächliche Rechtfertigung.[22]

III. Die Entfernung der Vertragspraxis von den Voraussetzungen der sanctity-Doktrin

Unter dem Einfluß des liberalistischen Idealbildes eines freien Kräftespiels der Vertragschließenden und der subjektiven Vertragslehre Pothiers haben sich die Gerichte des 19. Jahrhunderts folgerichtig intensiv darum bemüht, Regeln zu schaffen, die die Erfassung des consensus ad idem der Vertragsparteien und des darin zum Ausdruck gebrachten Parteiwillens gewährleisteten. Demgemäß nimmt beispielsweise die Rechtsprechung zum Vertragschlußvorgang auf der Grundlage von Angebot und Annahme im gesamten 19. Jahrhundert einen breiten Raum ein: Ausgehend von der Entscheidung ADAMS v. LINDSELL aus dem Jahre 1818[23] hat die Rechtsprechung auf diesem Gebiet eine sehr erfolgreiche Arbeit geleistet. Bis zum Ende des 19. Jahrhunderts lag ein komplexes Regelwerk vor, das zu zahlreichen Einzelproblemen wie invitatio ad offerendum, Offerte ad incertas personas, Wirksamwerden von Angebot und Annahme bei postalischer Übermittlung[24] sowie Einbeziehung von einseitig vorformulierten Vertragsbedingungen[25] praktikable und interessante Lösungsvorschläge bot. Ferner beschäftigte man sich bereits früh eingehend mit der Problematik sachgerechter Auslegung vertraglicher Willenserklärungen.[26]

---

[22] *Atiyah*, An Introduction.., pp. 4 ff.

[23] (1818) B. & Ald. 681 (106 E.R. 250).

[24] Vgl. die Darstellung bei *Treitel*, The Law of Contract, pp. 19 ff., sowie beispielsweise SPENCER v. HARDING (1870) L.R. 5 C.P. 561; HARRI'S CASE (1872) L.R. 7 Ch.App. 587; HOUSEHOLD FIRE INSURANCE CO. LTD. v. GRANT (1879) 4 Ex.D. 216; CARLILL v. CARBOLIC SMOKE BALL CO. [1893] 1 Q.B. 256.

[25] Hierzu eingehend die Darstellung im folgenden Kapitel.

[26] Z.B. ROBERTSON v. FRENCH (1803) 4 East 130 (102 E.R. 779); BARTON v. FITZGERALD (1812) 15 East 529 (104 E.R. 944); FORD v. BEECH (1848) 11 Q.B. 842, 852 (116 E.R. 693); ABBOT v. MIDDLETON (1858) 7 H.L.C. 68,69.

Konsequenterweise blieb einer vertraglichen Übereinkunft die Wirksamkeit versagt, wenn eine Vertragspartei den Nachweis führen konnte, daß der Vertragsschluß nicht auf dem freien Willen der Vertragspartner, sondern auf unzulässiger Willensbeeinflussung durch die andere Seite beruhte. Die entsprechenden Anwendungsfälle, die z.T. der equity entlehnt waren, blieben jedoch weitgehend auf die strikt abgegrenzten Kategorien von fraud,[27] duress,[28] misrepresentation[29] und bei schriftlichen Vertragsurkunden non est factum[30] beschränkt.

Wie bei den sonstigen, ebenfalls restriktiv gehandhabten Fallgruppen der Nichtigkeit von Verträgen wegen Verstoßes gegen die öffentliche Ordnung[31] handelte es sich dabei jedoch um vergleichsweise grobe Raster, die den Vertragschließenden im wesentlichen freie Bahn bei der inhaltlichen Gestaltung ließen.

Bereits Mitte des 19. Jahrhunderts war es indes offensichtlich, daß sich die Vertragspraxis zusehends von dem Idealbild des Vertrags als Resultat freien Kräftespiels gleichberechtigter Verhandlungspartner löste. Der individuell ausgehandelte Vertrag beherrschte nur so lange das Feld, wie auch die zu erbringende Vertragsleistung selbst individuellen, unvertretbaren Charakter besaß. Mit dem wachsenden Angebot industriell hergestellter Massenwaren und moderner Dienstleistungen, etwa bei der Personen- und Güterbeförderung, die einer immer größeren Zahl von Kunden in gleichförmiger Weise offeriert wurden, trat zugleich das überkommene Bild des geschäftlichen bargaining in der wirtschaftlichen Vertragspraxis immer öfter in den Hintergrund. Da die Gewinnspannen von der Effizienz der wirtschaftlichen Betätigung abhingen, verblieb zusehends weniger Zeit für individuelle Verhandlungen, an denen freilich der Kunde speziell bei Massenwaren und Dienstleistungen des täglichen Bedarfs oftmals auch kein Interesse hatte.

---

27 Vgl. etwa URQUHART v. MACPHERSON (1878) 3 A.C. 831; CLOUGH v. LONDON AND N.W. RAILWAY CO. (1871) 7 Ex. 26.

28 Z.B. CUMMING v. INCE (1847) 11 Q.B.D. 112 (116 E.R. 418).

29 REDGRAVE v. HURD (1881) 20 Ch.D. 1; DERRY v. PEEK (1889) 14 A.C. 337.

30 HOWATSON v. WEBB [1907] 1 Ch. 537, [1908] 1 Ch. 1. Zu der Rechtsfigur des non est factum siehe unten S. 104.

31 Hier geht es in aller Regel um den Schutz der staatlichen Institutionen bzw. überragender Gesellschaftsinteressen wie etwa die Sicherheit des Staats, Funktionieren der Justiz, die Institution der Ehe etc., vgl. dazu *Treitel* aaO., Ch. 11 pp. 334 ff.

Die Praxis behalf sich in dieser Lage mit der Figur des für eine unbestimmte Vielzahl von Geschäften vorformulierten Vertragstextes, quasi dem "Massenvertrag" als Konsequenz und vertragsrechtlicher Begleiterscheinung der Massenproduktion.[32] Die Vertragsgestaltung wurde in solchen Fällen somit zum Privileg des Anbieters der vertragstypischen Leistung, das Kräftespiel der Parteien verlor damit in der Praxis seine Bedeutung für den Vertragsinhalt.

IV. Die einseitige Begünstigung der wirtschaftlich stärkeren Vertragspartei durch die sanctity-Doktrin am Beispiel der Vertragsklauselpraxis der Eisenbahngesellschaften

1. Vertragliches Gestaltungsmonopol infolge wirtschaftlicher Macht

In immer breiterem Umfange nutzten wirtschaftlich starke Anbieter von Massenleistungen die richterlich gewährten Gestaltungsfreiheiten dazu aus, ihren Vertragspartnern ihre eigenen Bedingungen aufzudiktieren, vor allem natürlich dort, wo aufgrund der wirtschaftlichen Position eines Unternehmens für deren Kunden ein faktischer Abschlußzwang bestand. In solchen Fällen konnte regelmäßig derjenige, der auf die fragliche Leistung angewiesen war, seinerseits überhaupt kein Verhandlungsgewicht oder -geschick in die Vertragsgestaltung einfließen lassen. Hier zeigte sich bald, daß auch diesseits der Schwellen von unlauterem Zwang oder arglistiger Täuschung Anlaß bestand, auf Fallkonstellationen einseitiger Willensbeeinflussung mit neuen, differenzierteren Kontrollinstrumenten regulierend einzuwirken.

Besonders anschaulich läßt sich dieses Phänomen am Beispiel der großen, privat organisierten Eisenbahngesellschaften nachvollziehen, die für die einzelnen Regionen seinerzeit monopolähnliche Positionen im Personen- und Güterverkehr innehatten. Für die Benutzer der Eisenbahneinrichtungen bestand weder vertragliche Abschlußfreiheit, noch konnten sie - abgesehen von dem individuellen Fahrtziel und ähnlichen Angaben - Einfluß auf die Vertragsbedingungen nehmen. Vielmehr verfügten gerade die Eisenbahngesellschaften schon früh über ausgefeilte Geschäftsbedingungen mit weitreichenden Haftungsregelungen zu ihren eigenen Gunsten. Bereits in der ersten Hälfte des vorigen Jahrhunderts waren die Gerichte immer häufiger mit Scha-

---

[32] Zum deutschen Recht *Raiser*, Das Recht der Allgemeinen Geschäftsbedingungen, p. 17.

densersatzklagen gegen Eisenbahngesellschaften befaßt, die sich regelmäßig auf ihre Haftungsbedingungen beriefen.[33]

Es ist ohne weiteres nachvollziehbar, daß es gerade die Transportunternehmungen von Eisenbahn und Schiffahrt waren, die sich die rechtlich abgesicherte Gestaltungsfreiheit zunutze machten. Die Beförderungsunternehmen mußten sich bestimmungsgemäß neben der Post wohl als erste Unternehmen frühzeitig mit einem hohen Publikumsverkehr auseinandersetzen und jedermann den Abschluß praktisch gleichförmiger Verträge zur Personen- und Sachbeförderung anbieten, ohne sich ihre Kunden im Einzelnen aussuchen zu können. Hierbei waren sie allein schon wegen der mit der Beförderung verbundenen Gefahren und auch der weitgehend freien Zugänglichkeit ihrer Einrichtungen naturgemäß hohen Haftungsrisiken ausgesetzt, die kalkulatorisch berücksichtigt sein wollten, zumal für die Eisenbahnen grundsätzlich die noch auf dem Gedanken des common calling beruhenden strikten Haftungsregeln für common carriers in Betracht kamen.[34] Es lag daher im wirtschaftlichen Interesse der Gesellschaften, neben der effizienten Organisiation des Betriebsablaufs und der eigenen Leistungserbringung auch die rechtliche Seite wirkungsvoll zu gestalten, sowohl im Hinblick auf Inhalt und Umfang der eigenen Leistungspflicht wie hinsichtlich der Haftungsbedingungen im Schadensfall.

Der rechtliche Hintergrund dafür war nicht nur von den Gerichten vorbereitet: Nachdem schon die Rechtsprechung die Praxis der Fuhrunternehmer gebilligt hatte, die strikte common carrier-Haftung wie auch die Haftung für negligence durch "notices", also auf Aushängen oder Beförderungstickets aufgedruckte Hinweise, auszuschließen,[35] hatte das Parlament im Jahre 1830 in section 6 Carriers Act den Haftungsausschluß bei Warenbeförderung durch "special contract", also gesondert nachzuweisende vertragliche Haftungsvereinbarung, für zulässig erklärt.[36] Die Eisenbahngesellschaften machten sich

---

[33] Dazu eingehend die im zweiten Kapitel aufgeführten Fälle.

[34] Siehe dazu bereits oben auf S. 31 sowie *Atiyah*, The Rise and Fall... pp. 556 ff.

[35] Riley v. Horne (1828) 5 Bing. 217 (130 E.R. 1044).

[36] Carriers Act 1830, 11 Geo. 4 & 1 Will. 4, c.68. Das Gesetz diente nach seiner Präambel einem effektiveren Schutz der Fuhrunternehmer, für die die strikte common carrier-liability angesichts des z.T. immens hohen Werts ihrer Ladung (beispielsweise Wertpapiere) zusehends riskanter geworden war. In s. 1 bestimmte der Act, daß der carrier für einen 10 Pfund übersteigenden Wert einer Sendung nur haftete, wenn deren Wert deklariert worden war. Für eine solche Frachtsendung durfte er eine erhöhte Vergütung verlangen. Gemäß s. 4 war der Haftungsaus-

dies zunutze und beschrifteten ihre Fahr- und Gepäckaufbewahrungsscheine, Frachtformulare u.ä. mit ihren besonderen conditions bzw. entsprechenden Hinweisen auf deren Geltung.

2. Gefährdung der individuellen Vertragsfreiheit durch die Haltung der Gerichte

Das common law begegnete dieser Praxis mit dem traditionellen Ansatz und beurteilte nach den allgemeingültigen Vertragsregeln, ob im Einzelfall ein special contract zustandegekommen war, und wie dessen Bedingungen auszulegen seien. War der Vertragschluß zu bejahen, so konnten sich die Gesellschaften auch mit ihren weitreichenden Freizeichnungsregelungen durchsetzen, denn die Gerichte beurteilten die jeweiligen Vertragsgestaltungen regelmäßig vom Standpunkt der orthodoxen Vertragsfreiheitslehre aus.[37] Diese gestattete nicht nur die Abbedingung der Schadenshaftung, sondern auch die freie inhaltliche Bestimmung der gegenseitigen Vertragspflichten in Abweichung von den allgemeingültigen Pflichtenausgestaltungen, die die Rechtsprechung für die einzelnen Vertragstypen erarbeitet hatte.

In den fraglichen Fällen fehlte es nicht nur an einer grundlegenden Voraussetzung der sanctity-Doktrin, nämlich am beiderseitigen Aushandeln (bargaining) des Geschäfts im freien Kräftespiel der Parteien; darüber hinaus war auch der schwächere Vertragsteil gezwungen, sich dem Diktat der anderen Seite voll zu unterwerfen. Gleichwohl sahen die common law courts wenig Anlaß, ihre Haltung grundsätzlich zu ändern und regulierend in die vertragliche Kräfteverteilung einzugreifen, also der einseitigen Gestaltungsübermacht in bestimmten Fällen geeignete Grenzen zu setzen. Nach dem eingangs geschilderten Wirkungsmechanismus allgemeiner Prinzipien im common law[38] entfaltete die längst verselbständigte Maxime der richterlichen Unantastbarkeit vertraglicher Vereinbarungen ihre bindende Wirkung, auch ohne daß ihre tatsächlichen Grundlagen im Einzelfall noch vorgelegen hätten. Der Gedanke, daß diejenige Vertragspartei, die keinen Einfluß auf die Vertragsgestaltung hatte, gegebenenfalls eines besonders aufmerksamen Schutzes durch

---

schluß per public notice ungültig, erforderte also den Nachweis eines special contract gemäß s. 6.

[37] *Atiyah*, The Rise and Fall... p. 558; *Gluck*, [1979] 28 I.C.L.Q. 72, 81.

[38] Oben auf S. 27 f.

das Recht verdiente, fand im common law keinen Niederschlag. Erle J. meinte dazu im Jahre 1859:

> "The notion that customers of railways require protection on account of incapacity to resist oppression, is not more true than the notion that, against a large proportion of its customers, railway companies stand in need of every aid the law can afford."[39]

Geht man davon aus, daß die Vertragsfreiheitsmaxime im Sinne Benthams die allseitige vertragliche Betätigungsfreiheit gewährleisten sollte und somit auch dem Institut des Vertrags an sich zum Durchbruch verhalf, so ist hier festzustellen, daß die Maxime, in wachsendem Maße ihres ursprünglichen Sinns entleert, nunmehr geradezu kontraproduktiv wirkte: Die Festschreibung des Prinzips der Unantastbarkeit des Parteiwillens führte zur einseitigen Begünstigung derjenigen Vertragspartei, die aufgrund ihrer wirtschaftlichen Dominanz der anderen Seite die Bedingungen diktieren konnte, zumal wenn die andere Seite auf den Vertragschluß angewiesen war.[40]

Dies hatte zur paradox anmutenden Folge, daß die richterliche Vertragsfreiheitsdoktrin der Beschränkung der faktischen Vertragsfreiheit für beide Vertragspartner in der Praxis Vorschub geleistet hat und somit angesichts der Veränderungen in der Vertragspraxis eigentlich schon überholt war, bevor Jessel M.R. sie 1875 auf lange Zeit hin endgültig festschrieb.

V. Die Anpassungsbedürftigkeit der Vertragsfreiheitsmaxime

1. Unterstützung des Kräftespiels der Parteien

Im Grunde genommen stand die noch junge Vertragslehre des common law vor einer Richtungsentscheidung, deren Ausgang die Weichen bis in die heutige Epoche hinein stellen würde. Entsprechend der zunehmenden Entwicklungsgeschwindigkeit im Wirtschaftsleben wandelten sich auch die prakti-

---

[39] M'MANUS v. LANCASHIRE & YORKSHIRE RY. (1859) 4 H. & N. 327, 346 (157 E.R. 865, 873). Im Ergebnis ebenso Donaldson J. in KENYON SON & CRAVEN LTD. v. BAXTER HOARE & CO. [1971] 1 W.L.R. 519, 533; siehe unten auf S. 44.

[40] Dies wird gemeinhin als"take it or leave it"- Situation bezeichnet, vgl. etwa Lord Reid in SUISSE ATLANTIQUE SOCIETE D'ARMEMENT S.A. v. N.V. ROTTERDAMSCHE KOLEN CENTRALE [1967] 1 A.C. 361, 406; Lord Diplock in A.SCHROEDER MUSIC PUBLISHING CO. LTD. v. MACAULAY [1974] 3 All ER 616, 624 d.

schen Erscheinungsformen des Vertrags innerhalb weniger Jahrzehnte. War die innere Balance vertraglicher Vereinbarungen nach dem überkommenen Denkmodell durch das Aushandeln einer für beide Seiten günstigen Vertragsgestaltung im eigenen Interesse gewährleistet gewesen, in die einzugreifen eine in der Tat unnötige Störung des vertraglichen Gleichgewichts bedeutet hätte, so waren diese Voraussetzungen in vielen Fällen zur reinen Fiktion geworden. Vertragliche Fairneß war nicht durch das Kräftespiel der Parteien zu gewährleisten, wo es ein solches "ordinary interplay of forces"[41] überhaupt nicht mehr gab.

Das Vertragsrecht kann jedoch nur schwerlich ohne die Definition von Fairneß-Standards auskommen, sofern es einer der wesentlichen Zielsetzungen des Rechts gerecht werden soll, nämlich als abstrakt geltende Regel widerstreitende Privatinteressen zu regulieren und miteinander in Einklang zu bringen. Diese Aufgabe fällt nach der Methodik des common law dem Richter zu, der nicht allein als Streitschlichter, sondern immer auch in dem Bewußtsein handeln muß, allgemeinverbindliches Recht zu setzen.[42] Insofern hätte das common law berücksichtigen können, daß die Interessen der regelmäßig wirtschaftlich stärkeren Verwender von Klauselkatalogen durch die sanctity-Doktrin allgemein gesehen kategorisch begünstigt wurden, was der Idee einer für beide Seiten interessengerechten Rechtslage entgegenstand.

Angesichts der zunehmenden Monopolisierung der Vertragsgestaltung durch den wirtschaftlich stärkeren Teil war zwar nicht die Abschaffung der Vertragsfreiheitsdoktrin gefordert, wohl aber konnte an eine maßvolle Anpassung gedacht werden: Wo die Idealkonstellation in etwa gleich verhandlungsstarker Vertragspartner von vorneherein nicht realisierbar war, weil die eine Seite die andere vor die Wahl des vertraglichen "take it or leave it"[43] stellen konnte, mußte eine behutsame Steuerung anhand übergeordneter Maximen einsetzen, die im Rahmen der public policy zu definieren waren. In solchen Fällen blieb mangels der im Jesselschen Modell vorausgesetzten equality of bargaining power kein Raum für eine kategorische Geltung der bisherigen Unantastbarkeitsregel.

---

[41] Formulierung Lord Dennings in LLOYDS BANK LTD. v. BUNDY [1975] Q.B. 326; [1974] 3 All E.R. 757, p. 763 lit.b

[42] *Lücke*, (1982) 98 L.Q.R. 29,87 ff.

[43] Siehe oben auf S. 39, N. 40.

Um dabei im Rahmen des vertragsrechtlichen Modells zu bleiben, hätte der einseitig die Vertragsgestaltung beherrschenden Partei gleichsam per ordre public ein fiktives Gegengewicht entgegengesetzt werden können, welches im Ergebnis wie ein unabdingbar auf bestimmten Mindestpositionen beharrender Verhandlungspartner gewirkt hätte. Diese Simulation eines freien Kräftespiels der Parteien konnte erreicht werden, indem man übergeordnete objektive Standards im bisher subjektiv, also rein parteiwillenorientiert begriffenen Vertragsrecht verankerte. Konnte nach dem überkommenen Vertragsverständnis die Vernunft und Vorsicht in eigenen Dingen im bargaining zum Ausdruck gebracht werden, so mußte vertragsgestalterische Vernunft in Fällen ungleicher Verhandlungsmacht notfalls durch die public policy dem stärkeren Vertragsteil entgegengehalten werden. Rechtstechnisch war dies durch die Formulierung einer Vernunfts- oder Angemessenheitsregel zu erreichen, deren Einhaltung im Einzelfall richterlich zu überprüfen war.

Eine reasonableness-Generalklausel wäre für die Vertragslehre kein begriffliches Novum gewesen, fand sich doch bereits in Powells Vertragslehrbuch aus dem Jahre 1790[44] ein umfangreiches Kapitel "Of the equitable jurisdiction in relieving against unreasonable contracts or agreements". Hierbei handelte es sich um bestimmte Fallgruppen, in denen die equity courts Vereinbarungen als ungültig behandelten, wenn diese als "unconscionable", "unreasonable" oder "unfair bargain" angesehen wurden. Diese Kriterien waren indes nur im Rahmen scharf abgegrenzter Ausnahmefälle anwendbar: Dazu gehörten "undue influence" - z.B. Drohung, Ausnutzung von Vertrauensverhältnissen wie denjenigen zwischen Eltern und Kind, zu einem Vormund, geistlichen Ratgeber, Arzt, Anwalt o.ä.[45] - und "unconscionability", wie Vorausverfügungen über Erbschaftsgegenstände, die Ausnutzung der Armut oder geistigen Unbedarftheit Schwächerer, Vertragstrafen, unbillige Vereinbarungen über den Verfall von Vorauszahlungen ("deposits") oder des hypothekarisch verpfändeten Grundeigentums zugunsten des Hypothekars ("forfeitures") u.ä.[46]

Auch das common law ließ reasonableness-Erwägungen schon im 19. Jahrhundert im Bereich wettbewerbsbeschränkender Vereinbarungen ("restraint of trade") zu, was jedoch ebenfalls nur in strikt begrenzten Fallgruppen wie Konkurrenzverboten nach Geschäftsübertragung oder Arbeitsplatzwechsel,

---

[44] Siehe oben auf S. 30, N. 6.

[45] Vgl. eingehend m.w.N. *Treitel*, The Law of Contract, pp. 314 ff.

[46] Vgl. *Treitel* aaO. pp. 318 ff. sowie *Waddams*, (1976) 39 M.L.R. 369 N. 3.

und selbst dort nur unter eng definierten Voraussetzungen zur Ungültigkeit vertraglicher Vereinbarungen führte.[47]

Diese Grundsätze hätte man durch Analogie oder gezielte Ausdehnung für die Fälle der Ausnutzung einer marktbeherrschenden Stellung oder - noch differenzierter - für den Bereich der formularmäßigen Haftungsfreizeichnung ohne vertragsgestalterischen Einfluß des Kunden anwendbar machen können. Die Regeln der equity hätten hier ebenfalls herangezogen werden können, denn die Judicature Acts 1873-75 zielten auf eine vereinheitlichte Anwendung der Regeln aus beiden Bereichen ab, wobei der equity sogar Vorrang eingeräumt wurde.[48]

2. Die starre Haltung des common law

Die Richter des common law, die weniger die eilige Anpassung des Rechts an gesellschaftliche Bedürfnisse als vielmehr die stetige, aber bedächtige, und die als solider empfundene kohärente Fortbildung des Rechts pflegten,[49] scheuten jedoch die dafür erforderliche Differenzierung des Vertragsfreiheitsverständnisses. Der von der liberalistischen Vertragstheorie erreichte Fortschritt, daß jedermann im wesentlichen frei kontrahieren konnte, implizierte für sie notwendig, zugleich jedermann auch am Wortlaut der von ihm willentlich eingegangenen Verpflichtung festzuhalten.[50] Wer nicht umsichtig und klug handelte, mußte selbst die Folgen seiner Unbedarftheit tragen.[51] Der Vertrag verkörperte nach diesem Verständnis die rechtliche Quintessenz des

---

47 *Treitel* aaO. pp. 345 ff., insbesondere 350, 352; Waddams aaO. p. 389.

48 Vgl. ss. 24, 25 Supreme Court of Judicature Act 1873 (36 & 37 Vict. c.66.)

49 Wie in der Einleitung, S. 21, zitiert, hat Lord Reid hierin noch vor rund 20 Jahren eine der besonderen Qualitäten des common law gesehen.

50 Cockburn C.J. spricht in PEEK v. NORTH STAFFORDSHIRE RY. Co. (1863) 10 H.L.C. 473, 556 (11 E.R. 1109, 1141) von dem "undeniable principle that, in the absence of fraud or illegality, courts of justice are bound to give effect to conditions, however stringent or oppressive, to which the parties to a contract have deliberately agreed." Im Grunde genommen steht hier das Vertragsrecht im Gleichklang mit den Formen der außervertraglichen Haftung, wo für das Handeln auf eigene Gefahr bzw. bewußt übernommene Risiken der Grundsatz "volenti non fit iniuria" zu beachten war, siehe z.B. *Clerk and Lindsell* on Torts, Rz. 107 ff.; *Charlesworth and Percy* on Negligence, Rz. 1230 ff.

51 "If a man made a foolish or improvident [contract] so much the worse for him." Die den "courts of equity" geltende Beurteilung von Romer L.J. in STOCKLOSER v. JOHNSON [1954] 1 Q.B. 476, 495 gilt ebenso für das common law.

bargain;[52] ob der Vertrag ein schlechtes Geschäft war, spielte danach keine Rolle für seine rechtliche Gültigkeit.

Selbst im Bereich der equity, die mit ihren Ausnahmefallgruppen der undue influence und unconscionability erheblich weiter ging als das common law, galt immerhin seit dem 17. Jahrhundert die Regel: "The chancery mends no man's bargain".[53]

Da der geschäftliche Wert eines Vertrags der richterlichen Kontrolle entzogen war, lag es nahe, auch die Beurteilung der Frage, ob eine einseitig vorteilhafte Vertragsgestaltung angemessen sei, als "..question which is within the province of fact, not of law" anzusehen und diese damit von der rechtlichen Beurteilung ganz auszuschließen.[54] Die Beschäftigung mit der Angemessenheit von Leistung und Gegenleistung war, abgesehen von der Ausnahmegruppe des restraint of trade, im Programm des common law nicht angelegt: Die consideration-Lehre konnte an dieser Stelle nicht herangezogen werden, denn die sufficiency der consideration ist als Kriterium des quid pro quo im common law nur eine Voraussetzung für die rechtliche Verbindlichkeit des vertraglichen Versprechens; die adequacy of consideration als Maßstab der Äquivalenz von Leistung und Gegenleistung spielt für die Gültigkeit der Vereinbarung keine Rolle.[55]

Es fiel den common law-Juristen schwer, nunmehr sozialen bzw. gesellschaftlich-ökonomischen Gesichtspunkten offiziell Eingang in eine übergeordnete richterliche public policy zu verschaffen und diese zum Maßstab des Vertragsrechts zu machen: Der häufig zitierte Ausspruch von Burroughs J. aus dem Jahre 1824, die public policy sei ein "widerspenstiges Pferd, von dem man nicht wisse, wohin es einen bringe"[56] trifft auf das Denken im common law bis weit in das 20. Jahrhundert zu.[57] Diejenigen Fallgruppen, in denen

---

[52] *Cheshire/Fifoot/Furmston*, Law of Contract, p. 7.

[53] Lord Nottingham in MAYNARD v. MOSELY (1676) 3 Swans.App. 651, 655 (36 E.R. 1009, 1011).

[54] Erle J. in HARRISON v. LONDON, BRIGHTON & S. COAST RY. (1862) 2 B. & S. 152, 164 (121 E.R. 1029, 1034).

[55] Eingehend dazu *Simpson*, A History of the Common Law of Contract, pp. 445, 449 ff.; *Rheinstein*, Die Struktur des vertraglichen Schuldverhältnisses ... p. 59.

[56] RICHARDSON v. MELLISH (1824) 2 Bing. 229, 252 (130 E.R. 294).

[57] Vgl. die in der Einleitung, S. 26, Note 18, zitierte Einschätzung Lord *Devlins* in (1956) 9 C.L.P. 1,11, das common law habe das Feld der public policy weitgehend der Gesetzgebung überlassen.

aus übergeordneten Erwägungen heraus Fairneßkriterien wie die reasonableness anerkannt wurden, werden bis heute restriktiv gehandhabt und bleiben einer Verallgemeinerung oder Analogie grundsätzlich verschlossen.[58] Die Haltung des common law zur Zulassung übergeordneter gesellschaftsbezogener bzw. sozialer Gesichtspunkte für die Gültigkeit einseitiger vertraglicher Freizeichnung in AGB-Verträgen hat Donaldson J. noch im Jahre 1971 wie folgt charakterisiert:

> "If [an exception clause] occurred in a printed form of contract, between parties of unequal bargaining power, it would be socially undesirable but of no less equal validity."[59]

VI. Initiative der Gesetzgebung: Railway and Canal Traffic Act 1854

Schon der Carriers Act 1830 hatte ja gezeigt, daß die gesetzgeberische Initiative des englischen Parlaments auf dem Gebiet der vertraglichen Haftungsfreizeichnung nicht allein ein Phänomen des 20. Jahrhunderts ist. Nachdem der Carriers Act vorrangig zum Schutze der carriers konzipiert worden war, sah man im Parlament nunmehr die Notwendigkeit, die Haftung der Eisenbahngesellschaften und deren vertragliche Freizeichnungspraxis obrigkeitlicher Kontrolle zu unterwerfen, um so einer geänderten public policy im Vertragsrecht mit gesetzlichen Regeln nachzuhelfen. Der Befürworter einer gesetzlich geregelten Schadenshaftung der Eisenbahngesellschaften, Lord Brougham, zögerte im Parlament nicht, das vertragrechtliche Verhalten der großen Gesellschaften entgegen der Rechtsprechung als unlauteren Zwang bei Vertragschluß anzuprangern,[60] was zumindest im Falle von duress nach den dafür geltenden Regeln zur Anfechtbarkeit des Vertrags geführt hätte.

---

[58] Neben dem Versuch Lord Dennings, aus den Einzelinstrumenten von common law und equity auf diesem Gebiet eine allgemeinere Regel abzuleiten, finden sich in der höchstrichterlichen Rechtsprechung nur wenige Ausnahmen, vgl. dazu die Darstellung in Kapitel 3 unter II. 2 und 3.

[59] KENYON SON & CRAVEN LTD. v. BAXTER HOARE & CO. [1971] 1 W.L.R. 519, 533.

[60] "A contract forced upon a [railway] passenger - a contract into which he entered upon compulsion - a contract which might also be said to be bad on account of the duress under which the passenger was compelled to enter into it; and, if persons did not enter into this contract for the purpose of exempting the companies from liability which the law of the land cast upon them, they were to be prevented from travelling at all." Parl. Debs. (H.L.), 3rd series, vol. CXXXIII, col. 609, zitiert nach *Baker*, (1971) 24 C.L.P. 53, 61.

Broughams Bemühungen schlugen sich in section 7 Railway and Canal Traffic Act 1854[61] nieder. Diese reichlich kompliziert und verschlungen formulierte Vorschrift[62] folgte nicht Broughams Einordnung der Freizeichnungspraxis unter die duress-Kriterien. Dem wäre die Richterschaft wohl auch kaum gefolgt. Section 7 statuierte vielmehr eine gesetzliche Sorgfaltshaftung der Gesellschaften für von diesen zu vertretende Schäden an Tieren und Gegenständen anläßlich deren Übernahme, Beförderung oder Auslieferung. Die Haftung sollte grundsätzlich nicht ausgeschlossen werden können und galt daher

> "..notwithstanding any notice, condition or declaration made and given by such a company contrary thereto, or in anywise limiting such liability; every such notice, condition or declaration being hereby declared to be *null and void*; .."[63]

Die Formulierung "any notice, condition or declaration.." verdeutlicht das Bemühen des Gesetzgebers, jegliche in der Eisenbahnpraxis übliche Form der Kundgabe von Haftungsbedingungen gegenüber der Kundschaft zu erfassen. Allerdings kam man in s. 7 den Eisenbahn- und den Kanalverkehrsgesellschaften weit entgegen und stellte die Nichtigkeit entsprechender Haftungsausschlüsse gleich unter einen zweifachen Vorbehalt: Zum einen blieb es der Gesellschaft unbenommen, das Gericht davon zu überzeugen, daß ihre haftungsbeschränkenden bzw. -ausschließenden conditions "just and reasonable" seien. Zudem beseitigte s. 7 auch nicht die bis dahin von der Rechtsprechung anerkannte Freizeichnung durch special contract, schrieb dafür jedoch die Schriftform (signature) vor. Ob indes auch ein derartiger special contract dem reasonableness-Test unterliegen sollte, war dem Gesetzestext nicht ausdrücklich zu entnehmen.

Außerdem legte s. 7 in einem dritten Vorbehalt Haftungshöchstgrenzen für beförderte Tiere fest; eine darüber hinausgehende Ersatzpflicht kam nur in Betracht, wenn der höhere Wert des Tiers zuvor deklariert worden war. Nach

---

[61] 17 & 18 Vict. c. 31. Das Gesetz sollte das Eisenbahnsystem einer umfassenden gerichtlichen Kontrolle zugänglich zu machen, vgl. *Gluck* in [1979] 28 I.C.L.Q. 72, 81 N. 46.

[62] "This Act was, unfortunately, very obscurely drafted..", so *Atiyah*, The Rise and Fall... p. 558; s. 7 unterscheidet sich in ihrer Unübersichtlichkeit wenig von heute üblichen gesetzlichen Formulierungen, beispielsweise ss. 5 ff. UCTA. Zum Ry. and Canal Traffic Act 1854 vgl. auch *Baker* aaO. (oben N. 60), pp. 63 f., 73 f.

[63] Hervorhebung vom Verf.

dem Muster des Carriers Act durfte sich die Eisenbahngesellschaft das höhere Risiko mit einem Frachtzuschlag vergüten lassen.

Die Einführung der gesetzlichen Inhaltskontrolle für vertragliche bzw. außervertragliche Haftungsfreizeichnung durch s. 7 Ry. and Canal Traffic Act verbesserte die Stellung der Vertragspartner der Eisenbahngesellschaften insofern in nicht unerheblichem Ausmaße, als nunmehr den Gesellschaften der Nachweis dafür oblag, daß ihre Klauseln just and reasonable waren.[64] Allerdings hielt sich der Fortschritt für das Vertragsrecht insgesamt gesehen in engen Grenzen. Dies lag zunächst an dem vergleichsweise beschränkten Anwendungsbereich der s. 7 auf Schädigungen betreffend "..horses, cattle or other animals, or to any articles, goods or things.." infolge deren Entgegennahme, Beförderung und Auslieferung durch die Transportgesellschaft.

Hieran zeigt sich, daß das Parlament die Haftungssituation beim Warentransport, also vorrangig den Schutz Gewerbetreibender, im Auge hatte. Lediglich der Händler und andere Geschäftsleute betreffende Ausschnitt des Spektrums vertraglicher Beziehungen zu Eisenbahn- und Kanaltransportgesellschaften war vom Wortlaut der s. 7 Railway and Canal Traffic Act 1854 klar umfaßt. Der Act enthielt hingegen keine Bestimmungen über die Haftung bei Tod oder Körperverletzung von Personen. Nicht hinreichend deutlich war zudem, ob auch Verlust und Beschädigung aufgegebenen Reisegepäcks zum Regelungsbereich von s. 7 gehören sollten.[65] Das Gesetz war also sicherlich kein "Verbraucherschutzgesetz" im heutigen Sinne.

Der Gesetzgeber ging schließlich auch nicht so weit, bestimmte Klauseln für nichtig zu erklären, also verbindliche Mindestgarantien zu geben, oder doch zumindest Rahmenkriterien für die richterliche Beurteilung der reason-

---

[64] So die wohl endgültige Auffassung in der Rechtsprechung, vgl. Lord Watson in THE GREAT WESTERN RAILWAY CO. v. CALLAGHAN McCARTHY (1887) 12 App. Cas. 218, 232 unter Berufung auf die Entscheidungen des House of Lords in PEEK v. NORTH STAFFORDSHIRE RAILWAY CO. [1863] 10 H.L.C. 473 (11 E.R. 1109) und MANCHESTER, SHEFFIELD AND LINCOLNSHIRE RAILWAY CO. v. BROWN (1883) 8 App. Cas. 703.

[65] Die Sachverhalte zahlreicher Entscheidungen zu s. 7 Ry. and Canal Traffic Act 1854 betreffen die Beförderung von Pferden oder Vieh, vgl. z. B. das Votum von Parke B. in CARR v. LANCASHIRE & YORKSHIRE RY. CO. (1852) 7 Ex. 707, 711 ff. (155 E.R. 1133, 1135) sowie die zuvor zitierten Fälle. Zwar bezog die Rechtsprechung später privates Reisegepäck in den Schutzbereich des Gesetzes ein, COHEN v. SOUTH EASTERN RAILWAY (1876) 1 Ex. D. 217, nahm jedoch beispielsweise für die Gepäckaufbewahrung, wenn diese nicht in unmittelbarem Zusammenhang mit einer Gepäckbeförderung (carriage) stand, einen Aufbewahrungsvertrag (bailment) an, welcher - obschon durchaus eisenbahntypisch - nicht zum Schutzbereich von s. 7 Ry. and Canal Traffic Act gezählt wurde.

ableness zu etablieren, wie sie sich heute in s. 11 und Schedule 2 des UCTA 1977 finden. Vielmehr überließ man die Handhabung der reasonableness-Bestimmung allein der Rechtsprechung. Insofern macht der Ry. and Canal Traffic Act keine Ausnahme vom auch heute noch typischen Charakter englischer Parlamentsgesetze nicht nur im Vertragsrecht: Hier herrscht nur selten das Bestreben vor, eine umfassende Regelung per Gesetz zu erreichen; der Parlamentsgesetzgeber beschränkt sich angesichts der hohen gesellschaftlichen Autorität der Rechtsprechung regelmäßig darauf, konkreten, für regelungsbedürftig befundenen Mißständen mit inhaltlich deutlich abgegrenzten Einzelgesetzen abzuhelfen und dem common law die "Grundlagen und den Großteil der Baufläche des Rechts" zu überlassen.[66]

VII. Die Reaktion der Rechtsprechung auf section 7 Railway and Canal Traffic Act 1854

Die Handhabung des Gesetzesrechts[67] gehört sicherlich zu den besonders interessanten Aspekten beim Rechtsquellenstudium des englischen Rechts. Nach der traditionellen Betrachtungsweise ist im englischen Parlamentsgesetz eine lediglich zweitrangige Rechtsquelle zu sehen, deren Rolle sich auf die Ergänzung, Präzisierung oder ausnahmsweise auf die Korrektur des common law beschränke. Gegenüber dem common law, welches allein die tragenden Rechtsprinzipien hervorbringe, werden gesetzliche Vorschriften bis in die heutige Zeit hinein als Fremdkörper empfunden.[68] Noch immer wird die Auffassung vertreten, statutes gehörten erst dann zu den integralen Bestandteilen des englischen Rechts, wenn sie von den Gerichten im Rahmen des Fallrechts konkret ausgelegt und zur Anwendung gebracht worden seien.[69]

---

66 Vgl. *G. Radbruch*, Der Geist des englischen Rechts, p. 38 f. *Radbruch* charakterisiert dies als "weise Zurückhaltung des Parlaments" in Kenntnis der Grenzen der eigenen Zuständigkeit. Auch die heutigen Gesetze zur Regelung des Vertragsrechts sind regelmäßig nach diesem Muster konzipiert, vgl. dazu die im dritten Kapitel aufgeführten Gesetze mit Ausnahme des Sale of Goods Act 1979. Dieser, wie auch sein Vorgänger aus dem Jahre 1893, gehören zu einer weiteren, ebenfalls von Radbruch erwähnten Erscheinungsform englischer Parlamentsgesetze mit dem Ziel, unübersichtlich gewordene Teilgebiete des common law zusammenzufassen. Diese als Consolidation Acts bezeichneten Gesetze beinhalten regelmäßig keine tiefgreifenden Änderungen der Rechtslage.

67 Gemeint sind hier die Gesetze im engeren Sinne: Statute bzw. Act of Parliament.

68 *M. Will* in *David/Grasmann*, Die großen Rechtssysteme der Gegenwart, pp. 494 f.

69 Ders. aaO., pp. 477, 495.

Daraus ergibt sich, daß das common law umgekehrt nur höchst selten unmittelbar vom statute law beeinflußt worden ist. Zwar konnte auch nach der klassischen Handhabung die mit dem common law in der richterlichen Rechtsanwendung verwobene Gesetzesvorschrift zur Belebung des common law beitragen.[70] In aller Regel hat jedoch die eher reservierte Haltung der englischen Richterschaft gegenüber dem statute law das Interesse an gesetzlich inspirierter Rechtsfortbildung überwogen. Das common law hat dann nur wenig vom Parlamentsgesetz profitiert und ist insofern der "stärkere Teil" geblieben.[71] Dies gilt auch für die richterliche Handhabung des Railway and Canal Traffic Act 1854, wie zu zeigen ist.

1. Handhabung im Anwendungsbereich der s. 7 Ry. and Canal Traffic Act 1854

Die Reaktion der Rechtsprechung auf das gesetzliche reasonableness-Kriterium war zunächst gespalten: Eine starke Strömung in der Rechtsprechung versuchte, das reasonableness-Erfordernis restriktiv anzuwenden. Vor allem die Verfechter der Vertragsfreiheitslehre und der reinen Willenstheorie wie Lord Bramwell[72] vertraten die Auffassung, das reasonableness-Kriterium gelte nicht für special contracts, so daß insofern allein das Schriftformerfordernis erfüllt sein mußte.[73] Hierbei kam ihnen der undeutliche Aufbau der s. 7 Ry and Canal Traffic Act zustatten: Während das Kriterium just and reasonable den ersten Geltungsvorbehalt in s. 7 bildete, fand sich die Ausnahme zugun-

---

[70] *Radbruch* aaO. (oben N. 66), p. 39 f. sowie *Borrie*, The Development of Consumer Law and Policy, p. 4 unter Berufung auf *M. Cappelletti* in Festschrift für *Imre Zajtay* p. 98 und *Evershed* (1956) 72 L.Q.R. 42. Der amerikanische Uniform Commercial Code zeigt als modernes Beispiel, wie entsprechend eingesetzte gesetzliche Vorschriften zur Quelle von Rechtsprinzipien werden und dem common law als Grundlage zur Analogiebildung dienen können, vgl. *Atiyah*, (1985) 48 M.L.R. 1, 27.

[71] *Borrie* aaO. (vorige N.) p. 15; *Radbruch* aaO. (oben Note 66) p. 39.

[72] Lord Bramwell gilt als einer der konsequentesten und überzeugtesten Verfechter der Laissez-faire-Doktrin und zugleich einer reinen Willenstheorie im common law. Eine vertragliche Bindung erkannte Bramwell nur beim Vorliegen eines realen consensus ad idem an, vgl. dazu etwa seine dissenting opinion in BRITISH AND AMERICAN TELEGRAPH CO. v. COLSON (1871) L.R. 6 Ex. 108, 117 ff. sowie die Darstellung bei Atiyah, An Introduction to the Law of Contract p.6. Im Gleichklang damit hat Bramwell grundsätzlich jeden korrigierenden Eingriff in den frei ausgehandelten Vertrag, das bargaining der Parteien, vehement abgelehnt. Einen Überblick gibt *Atiyah* in The Rise and Fall., pp. 374 ff.

[73] "..it would be quite monstrous to say that such a bargain might not be made between man and man..", per Bramwell B. in PARDINGTON v. SOUTH WALES RY. (1856) 26 L.J. Ex. 105, 108, zitiert nach Baker (1971) 24 C.L.P. 53, 74, insoweit nicht abgedruckt in 156 E.R. 1254 f.; auch Pollock C.B. wandte den reasonableness-Test in WISE v. THE GREAT WESTERN RY. CO. 1 H. & N. 63, 68 (156 E.R. 1119, 1121) nicht auf special contracts an.

sten von special contracts erst weit hinten an vierter Vorbehaltsstelle. Die Gegenauffassung hingegen wandte das reasonableness-Kriterium von vorneherein als zusätzliche Wirksamkeitsbedingung zum Schriftformerfordernis auch auf special contracts an.[74]

Bei der Auslegung des gesetzlichen Begriffspaars just and reasonable standen sich ebenfalls uneinheitliche Auffassungen gegenüber. Während Lord Bramwell es wie zuvor Parke B. als in jedem Falle vernünftig ansah, daß sich die Eisenbahngesellschaften umfassend von der Haftung für die Schädigung transportierter Tiere freizeichneten,[75] hielt die Gegenauffassung den Haftungsausschluß für unreasonable, sofern er die Gesellschaft von jeglicher Haftung für die Verletzung der ihr obliegenden Sorgfaltspflichten, etwa bei der Auswahl geeigneter Wagen für den Viehtransport, freistellte.[76]

Das House of Lords stellte im Jahre 1863 in der sehr umfangreichen Entscheidung PEEK v. NORTH STAFFORDSHIRE RY. CO.[77] klar, daß auch special contracts am reasonableness-Kriterium zu messen seien. Den hierin liegende Einschnitt in den allgemeinen Vertragsfreiheitsgrundsatz hielt das House of Lords geschickt in erträglichem Rahmen, indem es diese Gesetzesauslegung mit der besonderen Monopolsituation der Eisenbahnen begründete, also im Grunde genommen auf die darin liegende faktische Beschränkung der Vertragsfreiheit abstellte. Zugleich milderte es diesen Standpunkt, der durchaus der Verallgemeinerung fähig gewesen wäre, wieder ab, indem es klarstellte, daß die Absicht des Parlaments nicht in einer Beschränkung der allgemeinen Vertragsfreiheit, sondern in der Regelung der konkreten Mißstände im Transportvertragswesen gelegen habe.[78]

---

74 Besonders deutlich Jervis C.J. in seinem Votum zu den verbundenen Fällen SIMONS v. THE GREAT WESTERN RY. CO. (1856) 18. C.B. 805 (139 E.R. 1588) und THE LONDON AND NORTH WESTERN RAILWAY CO. v. DUNHAM (1856) 18 C.B. 826 (139 E.R. 1596) auf p. 829 (1598).

75 Parke B. in CARR v. LANCASHIRE & YORKSHIRE RY. CO. (1852) 7 Ex. 707, 712 f. (155 E.R. 1133, 1135 f.).

76 M'MANUS v. THE LANCASHIRE & YORKSHIRE RY. CO. 4 H. & N. 327, 349 (157 E.R.865, 874) per Williams J.

77 (1863) H.L.C. 473 (11 E.R. 1109).

78 Dies liest sich bei Cockburn C.J., aaO. pp. 555 f., (1141) wie folgt: "In construing such a statute I am fully sensible, as, no doubt, Parliament was in passing it, of the great importance, as a general rule, of leaving parties free to make their own contracts. But even a rule so sound and general in its application is subject to exceptions; and one of these is the case where, as in the present instance, one of the contracting parties is entirely in the power of the other."

Das verbleibende Hauptproblem der inhaltlichen Anwendung des reasonableness-Tests manifestierte sich vor allem in der Abneigung der Law Lords, die Angemessenheit vertraglicher Vereinbarungen aus rechtlicher Sicht zu würdigen.[79] Die reasonableness einer Haftungsfreistellung wurde allein als Gesichtspunkt der Ausgewogenheit von Leistung und Gegenleistung angesehen und folglich als Kriterium des geschäftlichen bargaining zum Bereich der Tatfragen gezählt. Dieser methodische Ansatz hatte den entscheidenden Vorteil, daß hierzu Beweis erhoben werden konnte. S. 7 Ry. and Canal Traffic Act hingegen erhob die reasonableness der Klauseln zur Rechtsfrage und kompromittierte die Richterschaft mit Sachfragen, für deren Beantwortung diese sich nicht berufen fühlte, weil sie die reasonableness nicht in rechtlichen bzw. rechtspolitischen, sondern allein in tatsächlichen Kategorien begriff.[80] Die Einstufung der reasonableness als Tatfrage auf der Grundlage der typischen Besonderheiten des Einzelfalls blieb in der Rechtsprechung vorherrschend.[81] Dies begünstigte die Anwendung nicht verallgemeinerungsfähiger Einzelfallüberlegungen, wobei häufig eine nähere Begründung für die Gültigkeit oder Ungültigkeit einer Klausel überhaupt nicht zu erkennen ist.[82]

Allerdings kristallisierte sich eine klare Linie heraus, die sich auf die Zielrichtung des Ry. and Canal Traffic Act stützte. Da dieser letztlich die Monopolstellung der Gesellschaften eindämmen sollte, lag es nahe, auch die Kriterien der reasonableness danach zu bestimmen, ob der Einzelne und die Öffentlichkeit im konkreten Fall dieser Monopolstellung angesichts der Vertragsge-

---

[79] Dieser Punkt war schon bei der Gesetzesberatung der Einführung des reasonableness-Tests entgegengehalten worden, vgl. Atiyah, The Rise and Fall.. p. 559 N. 74; *Cleveland-Stevens*, English Railways, p. 204 N. 1.

[80] "I think that a court or judge is incompetent to say what justice requires in respect of such questions; and that the legislature never intended to put the degradation on them of making them resort to a helpless guess at the dictates of justice in respect of a question which is in the province of fact, not of law." per Erle J. in HARRISON v. LONDON, BRIGHTON & SOUTH COAST RY CO. (1862) 2 B. & S. 152, 164 (121 E.R. 1029, 1034); noch wesentlich direkter formuliert Lord Bramwell als Mitglied des House of Lords im Jahre 1883:"... here is a contract made by a fishmonger and a carrier of fish who know their business, and whether it is just and reasonable is to be settled by me who am neither fishmonger nor carrier, nor with any knowledge of their business..." in MANCHESTER, SHEFFIELD & LINCOLNSHIRE RY. CO. v. BROWN (1883) 8 App. Cas. 703, 716; dazu *Atiyah*, The Rise and Fall.., p. 559.

[81] Besonders deutlich Lord Watson in THE MANCHESTER, SHEFFIELD AND LINCOLNSHIRE RY. CO. v. BROWN aaO. (vorige Note) p. 716 und in THE GREAT WESTERN RY. CO. v. McCARTHY (1887) 12 App. Cas. 218, 233.

[82] Etwa bei Jervis J. in SIMONS v. THE GREAT WESTERN RY. CO. (1856) 18 C.B. 805, 829 (139 E.R. 1588, 1598).

staltung der Gesellschaft ungeschützt ausgeliefert waren.[83] Wo sich normalerweise faire Vertragsbedingungen durch freie Auswahlmöglichkeit unter verschiedenen Wettbewerbern einstellten, mußte diese Auswahl nunmehr von den Monopolanbietern selbst gewährleistet werden. Den Gesellschaften wurde demzufolge die umfassende Haftungsfreizeichnung gestattet, sofern sie zugleich ihren Kunden ein vernünftiges Alternativangebot machten. Dafür reichte es aus, wenn die Gesellschaften zusätzlich eine weitere Vertragsgestaltung ohne Freizeichnung zu einem höheren Preis anboten. Sofern der Alternativpreis nicht unangemessen höher lag und de facto zur Wahl des billigeren Angebots zwang, galt die Haftungsfreizeichnung grundsätzlich als just and reasonable.[84] Methodisch gesehen wurde damit die teurere Vertragsalternative zum Gegenstand der Angemessenheitsbeurteilung. Um wieviel höher die bona fide alternative rate sein durfte, war ebenfalls Einzelfallfrage.[85] Lord Watson spielte schließlich mit einem geschickten Schachzug die Verantwortung wieder dem Parlamentsgesetzgeber zu, indem er alle Alternativgestaltungen prima facie für just and reasonable erklärte, in denen die höhere Vergütung im Rahmen der gesetzlich zulässigen Preisgestaltung lag.[86]

Auf diese Weise entzog sich die Rechtsprechung der Aufgabe, absolut geltende, inhaltliche Kriterien für die die gesetzlich verordnete Gültigkeitskontrolle zu erarbeiten - man bediente sich im Rahmen des reasonableness-Kriteriums ganz einfach des Denkmodells, das der Gesetzgeber an anderer Stelle der s. 7 Ry. and Canal Traffic Act sowie schon im Carriers Act selbst vorgezeichnet hatte: Einen gesteigerten Haftungsumfang durfte sich die Eisenbahngesellschaft mit einem Zuschlag zur ordinary rate vergüten lassen. Diese vom

---

83 "The real question is whether the individual and the public are sufficiently protected from being unjustly dealt with by the parties having the monopoly." per Crompton J. in BEAL v. SOUTH DEVON RY. CO. (1864) 3 H. & C. 337, 342 (159 E.R. 560, 562) sowie im Anschluß daran Lord Blackburn in der Entscheidung des House of Lords THE MANCHESTER, SHEFFIELD. v. BROWN, aaO (vgl. N. 80) p. 711.

84 WHITE v. THE GREAT WESTERN RY. CO. (1857) 2 C.B. (N.S.) 7 (140 E.R. 312); PEEK's CASE aaO. (oben N. 77); noch 1912 lehnte Lord Coleridge die Gültigkeit der Haftungsfreizeichnung unter Berufung auf diese rule ohne weitere Begründung ab, JENKINS v. THE GREAT CENTRAL RY. CO. [1912] 1 K.B. 1, 9. Siehe auch *Treitel* [1967] J.B.L. 200, 204 f.

85 In THE MANCHESTER. v. BROWN, vgl. oben N. 80, befand das House of Lords eine um 20% niedrigere Transportvergütung bei umfassendem Haftungsausschluß für just and reasonable.

86 "Until it is shewn that they cannot lawfully charge the statutory rate, it must, in my opinion, be regarded not only as lawful but as reasonable." in G.W. RY. CO. v. McCARTHY aus dem Jahre 1887 (oben N. 81) p. 235.

Gesetzgeber selbst vorgegebene Äquivalenz zwischen Haftungsumfang und Vergütung machte man sich schlicht auch für die reasonableness zunutze.

Die Überlegung, den reasonableness-Gedanken zu einem übergeordneten, absolut geltenden Beurteilungskriterium der vertragsrechtlichen public policy zu machen, welches insbesondere zur Abgrenzung eines Kerns unabdingbarer Elementarpflichten hätte dienen können,[87] lag angesichts der Ausnahmerolle des Parlamentsrechts fern. Statt dessen begriff man die reasonableness der Haftungsfreizeichnung als einen Aspekt der vertraglichen Angebotskalkulation der Gesellschaften. Gegenstand des reasonableness-Tests gemäß s. 7 Ry. and Canal Traffic Act war nach dem Verständnis der Rechtsprechung also nicht die Zulässigkeit der vollständigen Risikoverlagerung auf den Vertragspartner in dem tatsächlich geschlossenen Vertrag, sondern in Wirklichkeit die Angemessenheit eines lediglich zur Auswahl gestellten, letztlich jedoch nicht realisierten Alternativvertrags.

Methodisch gesehen rückte damit das im Vorfeld der Vertragsanbahnung liegende Verhalten der Gesellschaften in den Vordergrund der richterlichen Überprüfung. Dies paßte in die damaligen intensiven Bemühungen im common law um die Schaffung ausgefeilter und fairer Regeln für den Vertragschlußvorgang.[88] Atiyah bezeichnet jene richterliche Handhabung des reasonableness-Erfordernisses als Verlagerung "from a substantive role to a procedural role".[89] Die Haftungsfreizeichnung oder -beschränkung galt als angemessen, solange die Gesellschaften ein sinnvolles Alternativangebot mit Übernahme der Schadensrisiken ausarbeiteten und nach allgemeinen Vertragsschlußregeln dergestalt eröffneten, daß der potentielle Bahnkunde zwischen beiden Varianten auswählen konnte.

Im Grunde genommen legte die Rechtsprechung jene Vorschrift damit in bester liberalistischer Manier aus: Obwohl section 7 Railway and Canal Traffic Act die Gültigkeit der einzelnen Klausel davon abhängig machte, daß diese selbst "just and reasonable" sei[90], wurde der von den Parteien tatsächlich ge-

---

[87] Die in diese Richtung gehenden Ansätze in M'MANUS v. THE LANCASHIRE AND YORKSHIRE RY. CO. (oben N. 76), elementare Sorgfaltspflichten der Bahngesellschaften für unabdingbar zu erklären, setzten sich nicht endgültig durch.

[88] Siehe dazu oben auf S. 34.

[89] *Atiyah*, The Rise and Fall... p. 559.

[90] ".. nothing herein contained shall be construed to prevent the said companies from making such conditions with respect to the receiving, forwarding, and delivering of any of the said

schlossene Vertrag von Seiten der Gerichte letztlich nicht auf seine konkrete inhaltliche Angemessenheit überprüft.

2. Reasonableness-Erwägungen als Gültigkeitsgrenze außerhalb des gesetzlichen Anwendungsbereichs

a) Restriktive Handhabung des Anwendungsbereichs

Die soeben aufgezeigte Unterordnung des reasonableness-Gedankens unter das common law läßt erahnen, daß die Gerichte die gesetzliche Anregung nicht aufgriffen, über einen selbständigen reasonableness-Test als Kontrollinstrument vertraglicher Risikovereinbarungen im common law nachzudenken. Die Grundüberlegungen Cromptons, Cockburns und Blackburns, daß mit den Regelungen der s. 7 Ry. and Canal Traffic Act ein gesetzlicher Ausgleich für die Monopolstellung der Bahnen geschaffen werden sollte,[91] hätten zwar ohne weiteres die Ausdehnung des reasonableness-Gedankens auf andere, nicht vom Anwendungsbereich der s. 7 umfaßte Fallgestaltungen des täglichen Lebens gerechtfertigt, in denen ebenfalls die faktische Vertragsfreiheit von "the individual and the public" durch einseitige Gestaltungsübermacht gefährdet war.

Gemäß der klassischen Haltung gegenüber dem parlamentarischen Gesetzesrecht[92] begriff die Rechtsprechung den reasonableness- Vorbehalt in s. 7 als eine strikt auf deren engen Anwendungsbereich zu begrenzende Ausnahmeregelung und wandte den Test noch nicht einmal auf andere Eisenbahnfälle wie den einfachen Fahrkartenerwerb bei der Personenbeförderung oder die Gepäckaufbewahrung an, obgleich hier ebenfalls der Einzelne stets mit einer vertraglichen Risikoverlagerung auf ihn konfrontiert wurde: In VAN TOLL v. THE SOUTH EASTERN RAILWAY CO.[93] beispielsweise plädierte die Klägerseite dafür, den reasonableness-Test der s. 7 Ry. and Canal Traffic Act 1854 auch auf die Haftungsbeschränkungen der Eisenbahngesellschaften für die Verwahrung von Gepäck und anderen Gegenständen in cloak-rooms anzuwenden; hierbei hob sie darauf ab, daß die Gesellschaften gemäß s. 2 des Acts

---

animals, articles, goods, or things, as shall be adjudged by the court or judge before whom any question relating thereto shall be tried, to be just and reasonable..."

[91] Oben N. 78 und 83.

[92] Vgl. dazu *M. Will* in *David/Grasmann*, Die großen Rechtssysteme.. pp. 477, 495.

[93] (1862) 12 C.B. (N.S.) 75 (142 E.R. 1071).

gesetzlich verpflichtet seien, alle angemessenen Einrichtungen für die Entgegennahme und Beförderung von Personen und Gütern anzubieten, was gemäß s. 1 des Acts auch die Einrichtung der Stationen betreffe; alle den Reisenden angebotenen Vertragsleistungen einschließlich der Gepäckaufbewahrung seien daher gemäß s. 7 zu beurteilen.[94]

Der Court of Common Pleas schloß sich dieser Argumentation jedoch nicht an: Zur Begründung führten Erle C.J. und Willes J. aus, der Railway and Canal Traffic Act 1854 betreffe allein die Leistungen der Gesellschaften als Beförderer (carriers), während die Aufbewahrung von Gepäckstücken der Reisenden nicht zum wesentlichen Inhalt der Tätigkeit als carrier gehöre.[95] Das Gericht legte den Gesetzeswortlaut damit äußerst einengend aus, zumal wenn man bedenkt, daß die Wortwahl in s. 7 betreffend "receiving, forwarding and delivering" insofern mit s. 2 übereinstimmte und, wie der Sachverhalt dieser und zahlreicher anderer Fälle belegt,[96] seinerzeit die Gepäckaufbewahrung jedenfalls zum typischen Service der Eisenbahngesellschaften gehörte.

Zudem dürften vor allem die Reisenden zugleich auch die Vertragspartner der Bahngesellschaften bei der Gepäckaufbewahrung gewesen sein. Es darf daher als fernliegend gelten, daß der seinerzeitige Gesetzgeber einen so eng mit der Beförderungstätigkeit verbundenen, ebenfalls typischen Tätigkeitsbereich der Eisenbahngesellschaften, in dem die vertragliche Freizeichnung ebenso üblich war wie beim eigentlichen Beförderungsvertrag, vom Anwendungsbereich des Gesetzes ausnehmen wollte. Wenn die Rechtsprechung gleichwohl den reasonableness-Test des Gesetzes entgegen Wortlaut und inhaltlichem Zusammenhang nicht einmal bei der Gepäckaufbewahrung anwenden wollte, so ist dies nicht allein Konsequenz der historisch strengen Auslegungsmethodik gegenüber Gesetzestexten: Vielmehr dokumentiert dies besonders anschaulich, wie wenig Raum die sanctity-Doktrin ließ, die Gültigkeitsgrenzen vertraglicher Vereinbarungen diesseits der eher extremen Kategorien dolosen Verhaltens zu überdenken und zugleich insofern Regelungsharmonie zwischen gesetzlichem Anwendungsbereich und common law herzustellen.

Die Rechtsprechung verfolgte damit weiterhin die klassische contract theory, indem sie davon ausging, daß derjenige an die Vertragsbedingungen

---

[94] aaO. p 80 (1073) und p. 86 (1075) im Votum von Willes J.

[95] Erle C.J.aaO. p. 83 (1074), Willes J. aaO. p. 86 (1075).

[96] Etwa PARKER v. THE S.E. RY. CO. (1877) 2 C.P.D.416 (dazu unten auf S. 56 ff.); HARRIS v. The GREAT WESTERN RY. CO. (1876) 1 Q.B.D. 515.

der anderen Seite gebunden war, der diesen erkennbar zugestimmt hatte. Haftungsfreizeichnungen und -beschränkungen aller Art galten danach als zulässig, sofern sie nach den Vertragschlußregeln des common law in den Vertrag einbezogen worden waren.[97] Ein angemessener Schutz für den Vertragspartner des Verwenders war danach vorrangig dadurch zu erreichen, daß man jenem Kenntnis vom Inhalt der Bedingungen verschaffte.[98] Interessanterweise war das House of Lords im Zusammenhang mit dem Vertragschlußvorgang durchaus bereit, den Einklang zwischen dem Ry. and Canal Traffic Act und dem common law zu propagieren: In HENDERSON v. STEVENSON riet Lord O'Hagan der unterlegenen Schiffahrtsgesellschaft, in Zukunft ihre Haftungsbedingungen doch nach dem Muster der s. 7 Ry. and Canal Traffic Act von den Passagieren unterzeichnen zu lassen; dies sei "manifestly advantageous in promoting *the harmonious action of the law* and in protecting the ignorant and the unwary."[99]

b) Stellungnahmen einzelner Richter zur außergesetzlichen reasonableness

Die fehlende Akzeptanz des reasonableness Tests gemäß s. 7 Ry. and Canal Traffic Act in der herrschenden Linie der Rechtsprechung bedeutet nun nicht, daß dieser vom common law völlig ignoriert worden sei; da sich die geschädigten Vertragsparteien immer wieder auch auf die Ungültigkeit von Haftungsfreizeichnungen beriefen, haben zumindest einzelne Richter bisweilen die Frage der unreasonableness von Freizeichnungsklauseln in ihren opinions erörtert.

aa) Byles J. in VAN TOLL v. S.E. RY. CO.

Hierzu gehört auch der bereits angesprochene VAN TOLL-Fall aus dem Jahre 1862, in dem die vertragliche Gültigkeit einer Haftungsbeschränkung für Sachverlust bei der Gepäckaufbewahrung im cloak-room der beklagten

---

[97] Viscount Haldane in GRAND TRUNK RY. CO. OF CANADA v. Robinson [1915] A.C. 740, 747.

[98] Grundlegend HENDERSON AND OTHERS v. STEVENSON (1875) L.R. 2 H.L. 470, [1874-80] All E.R. Rep. 436. Eingehend zu dieser Entscheidung im zweiten Kapitel auf S. 90 ff.

[99] aaO. (vorige N.) p. 443 (Hervorhebung vom Verf.).

Bahngesellschaft zu beurteilen war.[100] Erle C.J. befand die Haftungsbeschränkung auf 10 Pfund Sterling für "most reasonable", da bei dem hohen Publikumsverkehr in den cloak-rooms der Bahnen grundsätzlich ein hohes Risiko der Unehrlichkeit bestehe.[101] Er hatte zuvor jedoch ausdrücklich klargestellt, daß es auf die reasonableness der fraglichen Klauseln nicht ankomme und er insofern nur eine zusätzliche Anmerkung mache.[102] Erle verdeutlichte damit hinreichend, daß er lediglich ergänzend auf die Argumente der Klägerin einging, die reasonableness also nicht zur ratio decidendi seiner opinion zählte.

Byles J. hingegen stützte seine concurring opinion auch sachlich auf reasonableness-Erwägungen: Für den Fall, daß der Bahnkunde das ihm überreichte Aufbewahrungsticket mit der aufgedruckten Haftungsklausel ungelesen einstecke, dürfe seine vertragliche Zustimmung zur Geltung der Klausel nur dann angenommen werden, wenn diese reasonable sei.

Diesen Punkt bezeichnete Byles sogar als grundlegend.[103] Im Gleichklang mit Erle bejahte er sodann die reasonableness der Haftungsbeschränkung, ohne dies allerdings im Einzelnen sachlich nachvollziehbar zu begründen. Welche Kriterien für die reasonableness letztlich maßgeblich sein sollten, wird nicht recht klar, da Byles exemplarisch hierfür nur eine nahzu abwegige Klausel anführte, nach der das Eigentum an den verwahrten Sachen an die Eisenbahngesellschaft falle, wenn sich der Berechtigte nicht binnen zwei Tagen um Rückgabe bemühe. Der Umstand, daß Byles nur dieses Extrembeispiel anführte und darüber hinaus inhaltlich nicht näher auf die Argumentation der Klägerin einging, die eine Beschränkung der negligence-Haftung für grundsätzlich unzulässig hielt,[104] relativiert den Aussagewert seines Ansatzes na-

---

[100] (1862) 12 C.B. (N.S.) 75 (142 E.R. 1071). Zum genaueren Sachverhalt vgl. in Kapitel 2, S. 85 f.

[101] aaO. (vorige Note) p. 85 (1075). Damit meinte Erle C.J. offensichtlich eine mögliche Unehrlichkeit auf Klägerseite, die statt 20 oder 30 Pfund Sterling auch höhere Summen einzuklagen versucht sein könnte.

[102] "..the reasonableness of the terms is an irrelevant inquiry,... I still beg leave to add that....the condition appears to me to be most reasonable." per Erle J. aaO.

[103] "..the terms contained in the notice should be reasonable terms. I think that is essential." per Byles J. aaO. (N. 101) p. 88 (1076).

[104] Die Klägerin stützte sich dabei auf die Entscheidungsgründe in dem zu s. 7 Ry. and Canal Traffic Act ergangenen Urteil M'MANUS v. THE LANCASHIRE AND YORKSHIRE RY. CO., vgl. dazu bereits oben S. 49.

türlich erheblich und läßt es eher unwahrscheinlich erscheinen, daß Byles hiermit eine differenzierte Inhaltskontrolle verfolgt hat.

bb) Lord Bramwell in PARKER v. S.E. RY. CO.[105]

In die gleiche Richtung zielt ein obiter dictum Lord Bramwells in PARKER v. S.E. RY. CO, wo es ebenfalls um die vertragliche Wirksamkeit einer Haftungsbeschränkung bei der Gepäckaufbewahrung in einem cloak-room ging. Der Klägervertreter F. Pollock hatte hier - möglicherweise in Anknüpfung an den Gedankengang Byles' im VAN TOLL-Fall - die Auffassung vertreten, der Reisende könne nicht an die auf einem Ticket aufgedruckten conditions der Bahngesellschaft gebunden werden, wenn er diese nicht durchgelesen habe, denn sonst könne der Verwender auf diese Weise äußerst weitgehende Bedingungen zum Vertragsinhalt machen.[106]

Lord Bramwell wich dieser Frage nicht aus, sondern ging überraschend auf die Argumentation des Klägers ein; dies jedoch in einer äußerst geschickten Weise, die es ihm zugleich gestattete, seine Grundlinie als prominenter Verfechter der Laissez-faire-Vertragstheorie[107], also die weitestmögliche Aufrechterhaltung vertraglicher Versprechen, zu wahren: Derjenige, der den Text eines ihm bei Vertragschluß überreichten Schriftstücks nicht durchlese, zeige damit sein Vertrauen in die Angemessenheit der Vertragsbedingungen der anderen Seite. Daran dürfe er festgehalten werden, denn üblicherweise nehme niemand unreasonable terms in seine Vertragsbedingungen auf, weil dies schnell bekannt würde und die Geschäftsbeziehungen bald zum Erliegen kämen.[108] Insofern bleibt Bramwells Antwort vollends auf der Linie der Vertragsfreiheitsdoktrin, denn hierin drückt sich die Überzeugung aus, die Marktregulierungskräfte könnten ipso facto einen ausreichenden Schutz für den schwächeren Vertragspartner bieten, unfaire Bedingungen seien also ohne Eingriff der Rechtsprechung zu bewältigen.

---

105 (1877) 2 C.P.D. 416; siehe auch unten auf S. 96 ff.

106 aaO. p. 419; etwa eine Klausel, nach der die verwahrte Sache nach 24 Stunden in das Eigentum der Bahngesellschaft falle oder nur gegen Zahlung von 5 Pfund Sterling ausgelöst werden könne.

107 *Baker* (1979) C.L.P. 17, 32 bezeichnet Bramwell als "high priest of laissez faire contractual theory".

108 (1877) 2 C.P.D. 416, 428.

Gleichwohl aber sei niemand an unreasonable conditions gebunden, wie etwa diejenige, daß 1000 Pfund Sterling zu zahlen seien, wenn man die verwahrte Sache nicht binnen zweier Tage abgeholt habe. Nach seiner Auffassung bestehe zwischen den Parteien ein stillschweigendes Einvernehmen darüber, daß das übergebene Dokument keine unreasonable condition enthalte, über die der Verwender Bescheid wisse und auf deren Durchlesen er nicht bestehe. Zusätzlich gab Bramwell zu erkennen, was er unter einer unreasonable condition verstand, nämlich eine Klausel ohne jeglichen inhaltlichen Bezug zu dem jeweiligen Vertrag: "no condition not relevant to the matter in hand".

Aus dieser Passage in Bramwells Votum wie aus Byles' Ansatz im VAN TOLL-Fall ist später abgeleitet worden, Bramwell und Byles hätten die Einführung der Inhaltskontrolle nach dem Maßstab der reasonableness der fraglichen Klausel befürwortet.[109] Ebenso wie bei Byles reichen die Ausführungen bei Bramwell aber nicht aus, um darin ein Plädoyer zugunsten einer differenzierten Inhaltskontrolle sehen zu können.

Schon die von Bramwell exemplarisch angeführte Klausel erscheint mit ihrem extremen, man könnte auch sagen: weit abwegigeren Inhalt als das vom Kläger gewählte Beispiel, bewußt ausgewählt, um die dafür in Frage kommende Fallgruppe äußerst beschränkt zu halten.[110] Hinzu kommt die weitere Einschränkung auf Klauseln, die im konkreten Zusammenhang abwegig erscheinen. Dies läßt den Schluß zu, daß eine verkehrstypische, für den konkret zu beurteilenden Vertragstypus geläufige Klausel nach Bramwells Auffassung nicht als unreasonable condition angesehen werden konnte. Da zudem - wie die bislang besprochenen Entscheidungen belegen - in Bramwells Epoche vertragliche Freizeichnungen von der Schadenshaftung selbst in den Rechtsgeschäften des täglichen Lebens üblich waren, bleibt für Freizeichnungsklauseln von Bramwells Vorschlag kaum etwas übrig.

Bramwell verfolgte letztlich auch noch nicht einmal einen umfassenden Schutz vor abwegigen Klauseln, denn im Umkehrschluß ergibt sich, daß diese gültig sein sollen, wenn der Verwender seinen Vertragspartner dazu gebracht hat, den Klauseltext durchzulesen.[111] Man wird daher annehmen müssen, daß Bramwell nicht geneigt war, seine Grundhaltung zur grundsätzlich weitest-

---

[109] Etwa bei *Schmitz*, Haftungsausschlußklauseln..., pp. 49 f; *Lawson*, Exclusion clauses, p. 69.

[110] *Treitel*, The Law of Contract, pp. 193 f.

[111] *Lawson*, Exclusion clauses p. 69.

möglichen Bindung an den Vertrag aufzugegeben, sondern vielmehr die Absicht verfolgt hat, die Argumente der kritischen Gegenposition zu entkräften, indem er ihr für Extrembeispiele einfach beipflichtete und ihr ansonsten die Argumentationsgrundlage entzog. Für die allergrößte Zahl der verbleibenden Klauseln blieb es danach bei der strikten inhaltlichen Gültigkeit.

cc) Beurteilungen in der nachfolgenden Rechtsprechung

Die spätere Rechtsprechung hat sich dann auch überwiegend sehr zurückhaltend gezeigt, wenn an Byles' und Bramwells dicta die unreasonableness von Vertragsbedingungen festgemacht werden sollte. In WATKINS v. RYMILL ließ Stephen J. offen, inwieweit Bramwell zu folgen sei und verwies darauf, daß hierüber keine bindende Präzedenzentscheidung vorliege.[112] In GIBAUD v. GREAT EASTERN RY. CO. hielt der erstinstanzliche Richter die Klausel, mittels derer die Beklagte ihre volle Haftung über 5 Pfund Sterling hinaus für verwahrte Gegenstände von der Angabe des Sachwertes und Zuzahlung abhängig gemacht hatte, für unreasonable und deswegen für ungültig.[113] Hierbei berief er sich auf Bramwells Votum in PARKER. Die Richter der King's Bench Division verwarfen diese Entscheidung: Bray und Sankey JJ. kamen einmütig zu dem Schluß, ein solcher Inhalt sei den dicta Bramwells und Byles' nicht beizulegen. Deren Klauselbeispiele seien so "irrelevant" bzw. "extravagant", daß sie schon nach den allgemeinen Arglistgrundsätzen ("fraud") ungültig seien, also Klauseln, die "ein ehrlicher Mann nicht einmal im Traum" in dem in Frage stehenden Vertragstypus erwarte. Damit sei aber kein besonderer Nichtigkeitstatbestand etabliert worden, der es dem Richter gestatte, Klauseln für unwirksam zu erklären, die er schlicht für unreasonable halte.[114]

Der Erklärungsversuch von Sankey und Bray JJ., die unreasonableness im Sinne von Byles J. und Lord Bramwell als eine nur anders formulierte Varian-

---

112 (1883) 10 Q.B.D. 178, 189.

113 [1920] 3 K.B. 689, 693.

114 [1920] 3 K.B. 689, 699 f.; 703 f. Rein obiter gab Bray J. aaO. p. 700 zusätzlich zu erkennen, daß er die Klausel überdies auch für angemessen halte, weil es sich um eine übliche, in einigen anderen Entscheidungen bereits unbeanstandet gebliebene Klausel handele, und weil die Eisenbahngesellschaften angesichts der hohen Verlustgefahr bei wertvollen Gegenständen verständlicherweise keine unbegrenzte Haftung ohne entsprechenden Zuschlag übernehmen wollten.

te der Arglist auszulegen, wurde von Lawrence L.J. in THOMPSON v. L.M.& S. RY. CO. nicht übernommen. Dessen Votum ist grundsätzlich eine höhere Autorität beizumessen, da es sich hierbei um eine Entscheidung des Court of Appeal handelte.[115] Zu beurteilen war die Frage, ob sich die beklagte Eisenbahngesellschaft wirksam von ihrer Schadenshaftung gegenüber den Teilnehmern an einer verbilligten Sonderfahrt freigezeichnet hatte. Lawrence meinte im Anschluß an Bramwell, jedoch ohne nähere eigene Begründung, eine unreasonable condition sei nicht bindend; sodann überprüfte Lawrence die umfassende Haftungsfreizeichnung auf ihre reasonableness und bejahte diese mit der Begründung, es handele sich dabei um eine seit einem halben Jahrhundert übliche Klausel.[116] Demgegenüber zeigte sich Sankey L.J. in derselben Entscheidung wiederum sehr zurückhaltend gegenüber der Zulässigkeit eines reasonableness-Tests und blieb bei seiner im GIBAUD-Fall verfolgten Linie, daß Bramwell nur sehr abwegige bzw. "lächerliche" Klauseln gemeint habe.[117]

Im Ergebnis läßt die nachfolgende Rechtsprechung damit keine maßgeblichen Anhaltspunkte für die These erkennen, aus den dicta von Byles und Bramwell könne die Bereitschaft zur Übernahme des reasonableness-Tests im Sinne von s. 7 Ry. and Canal Traffic Act 1854, also der Inhaltskontrolle, in das common law entnommen werden. Dort, wo eine Klausel obiter oder ausnahmsweise wie bei Lawrence L.J. im THOMPSON-Fall auf ihre reasonableness überprüft worden ist, zeigt sich am Ergebnis, daß an eine differenzierte Inhaltskontrolle diesseits abwegiger oder arglistiger Klauseln nicht gedacht worden ist. Vielmehr stützt auch die nachfolgende Rechtsprechung die Annahme, daß die Verneinung der Bindung an abwegige und vernünftigerweise nicht zu erwartende Klauseln im wesentlichen dazu gedient haben dürfte, speziell den Vertragspartner eines arglistigen Verwenders vor außergewöhnlichen Härten zu schützen, die daraus resultierten, daß man ihn ansonsten grundsätzlich an die auf Tickets aufgedruckten Geschäftsbedingungen binden wollte, selbst wenn er diese nicht durchgelesen hatte.

---

[115] [1930] 1 K.B. 41; Im GIBAUD-Fall bestätigte der C.A. die Entscheidung des High Court, ohne auf die Frage der unreasonableness einzugehen, [1921] 2 K.B. 426.

[116] [1930] 1 K.B. 41, 53.

[117] [1930] 1 K.B. 41, 56.

dd) Versteckter Vertrauensschutzgedanke bei Bramwell?

In den gedanklichen Ansätzen von Bramwell lassen sich jedoch grundsätzliche Komponenten ausmachen, die festgehalten werden sollten. Zum einen wird erkennbar, daß der Inhalt einer einseitig vorformulierten Vertragsbedingung in bestimmten Fällen in deren rechtliche Beurteilung einfließen konnte. Zudem ist offensichtlich schon das common law der Ära Jessels und Bramwells bereit gewesen, bis zu einem gewissen Grade die vertragliche Bindung auch an das Vertrauen des einen Vertragspartners gegenüber dem anderen anzuknüpfen. Selbst wenn man berücksichtigt, daß Bramwell hier lediglich den Extremfall im Auge hatte, muß man ihn doch daran festhalten, daß er die Grenzen der Bindung an ein vertragliches Versprechen dort gesehen hat, wo das dem Klauselverwender entgegengebrachte Vertrauen unerwartet enttäuscht worden ist.

Bramwell stellte insofern eine Beziehung zwischen der Gültigkeit vertraglicher Vereinbarungen und dem Vertrauen des Vertragspartners in eine faire Vertragsformulierung durch den Verwender her, während die Gültigkeitsfrage nach dem offiziellen Credo jener Epoche gerade nicht mit der Angemessenheit einer Klausel in Verbindung gebracht werden durfte, sondern allein von der vertraglichen Zustimmung abhing.

Auf Bramwells Äußerung im PARKER-Fall stützt sich 100 Jahre später Baker zur Untermauerung seiner These, der Geltungsgrund vertraglicher Vereinbarungen habe sich vom Grundprinzip der sanctity of contracts hin zum Schutz vernünftiger Erwartungen an die Erfüllung vertraglicher Versprechen ("reasonable expectation") fortentwickelt.[118] Dem wird man nur eingeschränkt zustimmen können: Bramwell hat sicherlich nicht die volle inhaltliche Kontrolle privatrechtlicher Vereinbarungen anhand eines übergeordneten Prinzips vernünftiger Erwartungen angestrebt, denn im selben Votum hat er die Gültigkeit einseitig vorformulierter Klauseln besonders vehement verteidigt, sofern nur der Verwender seinem potentiellen Vertragspartner alle vernünftigen Möglichkeiten zur Kenntnisnahme gegeben habe: In solchen Fällen sei es gerade nicht "just" und"reasonable", wenn sich der Vertragspartner des Verwenders nicht aufmerksam verhalten habe und sich später auf seine eigene Unkenntnis der angemessen deutlich gemachten Klauseln berufe.[119]

---

[118] *Baker*, (1979) C.L.P. 17, 31 f.

Bramwells Ansatz stützt damit kein Vertrauen in eine abstrakt vernünftige Vertragsgestaltung, weil er dem Verwender gestattet, das vernünftige Vertrauen des potentiellen Vertragspartners in die vertragliche Regelung von vorneherein durch angemessene Sorgfalt bei der Kundgabe der eigenen Bedingungen zu präjudizieren und jenem so die Möglichkeit zu nehmen, sich später auf vernünftige Erwartungen an einen andersgearteten Vertragsinhalt berufen zu können. Insofern wird aber auch deutlich, daß Bramwell ganz im Sinne der Rechtsprechung zur reasonableness gemäß s. 7 Ry. and Canal Traffic Act 1854 die unreasonableness von Klauseln als einen Umstand begriff, der vom äußeren Verhalten des Verwenders beim Vertragschluß abhänge. Die inhaltliche Wirksamkeit der Klausel wird damit zu einem Annex sachgerechter Regelung der Vertragschlußprozedur.[120]

VIII. Reasonableness als Maßstab positiver Inhaltsbestimmung

1. Das Beispiel der implied terms

Die Abneigung der common law-Juristen des 19. Jahrhunderts, vertragliche Haftungsvereinbarungen inhaltlich an übergeordneten, abstrakten Vernunfts- bzw. Fairneß-Erwägungen zu messen, stand schon in der Blütezeit der laissez-faire-Doktrin im ausgehenden 19. Jahrhundert im Gegensatz zu der Entwicklung in anderen Sparten des Vertragsrechts: die Zurückhaltung bei der Berücksichtigung von fairness und reasonableness beschränkte sich schon in jener Epoche auf die negativen Geltungsschranken vertraglicher Vereinbarungen. Soweit es jedoch darum ging, die positiven Regeln für das vertragliche Haftungsrecht bzw. die Ermittlung individueller Vertragsinhalte zu bestimmen, hat sich die Richterschaft nicht gescheut, die erarbeiteten Regeln mit reasonableness-Erwägungen zu begründen.

Hervorstechendes Beispiel für dieses Phänomen ist die Figur der implied terms, die bis in die heutige Zeit hinein die instrumentelle Grundlage für das Vertragshaftungsrecht bilden.[121] Der Grundsatz des frühen common law, daß

---

[119] (1877) 2 C.P.D. 416, 427, 429.

[120] Vgl. dazu bereits oben auf S. 52 f.

[121] Z.B. in sections 8, 10, 11 Supply of Goods (Implied Terms) Act 1973, ss. 12 ff. Sale of Goods Act 1979, ss. 2 ff. Supply of Goods and Services Act 1982.

die Gerichte keinen Vertrag für die Parteien machen dürften, sondern allenfalls ausdrücklich geschlossene Vereinbarungen auszulegen hätten,[122] hatte schon im frühen 19. Jahrhundert an Bedeutung verloren. Die bis dahin umfassend geltende Maxime caveat emptor, die dem Gläubiger der vertraglichen Leistung das volle Risiko der Schlecht- oder Nichterfüllung und damit einer für ihn ungünstigen Vertragsgestaltung zuwies, war angesichts der sich rapide ändernden Handelspraxis nicht mehr uneingeschränkt durchzuhalten: Waren Güter in früherer Zeit vornehmlich auf Märkten feilgeboten worden, wo sie vom Käufer vor Vertragschluß konkret inspiziert werden konnten, so kam im 19. Jahrhundert der Kauf von Waren nach Beschreibung oder Probe bzw. Muster auf, die oft, vor allem bei Verkäuferketten, andernorts gelagert und so der Besichtigung nicht zugänglich waren. Hier war es nicht mehr gerechtfertigt, dem Abnehmer in jedem Falle das umfassende Vertragsrisiko aufzubürden.[123]

Die Rechtsprechung ergänzte das common law daraufhin um implizite vertragliche Verkäufergarantien, die dem Käufer Übervorteilungsschutz boten. Gestützt auf die jeweils einschlägigen Übungen und Gebräuche im Handel begründete man dies damit, daß die Parteien stillschweigend von deren Geltung auch für ihren Vertrag ausgegangen seien. Auf der Grundlage der presumed intention der Vertragsparteien entstanden ausgefeilte Regeln für die vertragliche Gewährleistung.[124] Die Unmöglichkeitsregeln der doctrine of frustration sind zunächst ebenfalls anhand des Denkmodells der implied terms entwickelt worden.[125] Die richterliche Lückenfüllung per implied warranties und implied conditions erstreckte sich bald auch auf andere Vertragstypen.[126]

---

[122] Vgl. *Anson*, The Law of Contract, p. 125; *Atiyah*, An Introduction to the Law of Contracts, p. 6.

[123] *Tillotson*, Contract Law in Perspective p. 65.

[124] Vgl etwa für die Verkäufergarantien bei sale by description GARDINER v. GRAY (1815) 4 Camp. 144 (171 E.R. 46), für sale by sample PARKER v. PALMER (1821) 4 B. & Ald. 387 (106 E.R. 978) und LORYMER v. SMITH (1822) 1 B. & C. 1 (107 E.R. 1) sowie *Atiyah*, The Sale of Goods, pp. 61 ff.

[125] Vgl.dazu z.B. *Anson*, The Law of Contract p. 441 ff.; *Chitty* on Contracts Rz. 1528 ff.

[126] So etwa für die beiderseitigen Pflichten in Dienst- und Arbeitsverträgen, vgl. HARMER v. CORNELIUS (1858) 5 C.B. (N.S.) 236; GREGORY v. FORD [1951] All ER 121.

Im Grunde genommen drang die Rechtsprechung zu derselben Zeit, in der sie die Inhaltskontrolle vertraglicher Haftungsfreizeichnungen ablehnte, mittels der implied terms weit auf das Gebiet richterlicher Vertragsgestaltung vor. Die Anknüpfung an den vermuteten Parteiwillen diente bald nur noch als formale Rechtfertigung für das Bemühen, das Vertragsrecht und damit auch individuelle Vertragsinhalte nach übergeordneten Angemessenheits- und Vernunftskriterien sinnvoll und wirtschaftlich effizient zu regeln.Dies läßt sich beispielsweise aus dem folgenden dictum von Bowen L.J. in THE MOORCOCK[127] ablesen:

"Now, an implied warranty, or, as it is called, a covenant in law, as distinguished from an express contract or express warranty, really is in all cases founded on the presumed intention of the parties, *and upon reason*. The implication which the law draws from what must obviously have been the intention of the parties, the law draws with the object of giving *efficacy* to the transaction.."

Deutlicher noch wird die Maßgeblichkeit der vertraglichen Fairneß bei Lord Watson im Jahre 1881:

"..a court of law, in order to ascertain the implied meaning of the contract, must assume that the parties intended to stipulate for that which is *fair and reasonable*, having regard to *their mutual interests* .... the meaning of the contract must be taken to be, not what the parties did intend (for they had neither thought nor intention regarding it), but that which the parties, *as fair and reasonable men*, would presumably have agreed upon ...."[128]

Neben der offenen Bezugnahme auf das Begriffspaar fairness und reasonableness ist hierbesonders zu unterstreichen, daß die beiderseitigen Interessen der Vertragsparteien berücksichtigt werden sollen. Schon das common law des ausgehenden 19. Jahrhunderts gibt also zu erkennen, daß es durchaus die übergeordnete richterliche Beurteilung einer ausgewogenen, gerechten Pflichtenlage anhand abstrakter Vernunftsüberlegungen bejaht. Daran fällt vor allem auf, daß sich die Richterschaft insofern auch zutraute, rechtliche Regeln zu schaffen, die die geschäftliche Transaktion wirtschaftlich effizienter gestalten sollten, während man die Erarbeitung von reasonableness-Kriterien bei der vertraglichen Haftungsfreizeichnung unter Berufung auf die

[127] (1889) 14 P.D. 64, 68 (Hervorhebung vom Verf.).

[128] DAHL v. NELSON, DONKIN & CO. (1881) 6 App. Cas. 38, 59 (Hervorhebung v. Verf.).

mangelnde eigene Kompetenz in geschäftlichen Dingen ablehnte.[129] Es widersprach also keineswegs den Grundprinzipien des common law, für die einzelnen Vertragsarten eine faire Verteilung der vertraglichen Pflichten und damit auch des vertraglichen Haftungsumfangs anhand rechtlicher Kriterien zu etablieren. Dies belegt die Angreifbarkeit des im Zusammenhang mit der Haftungsfreizeichnung eingenommenen Standpunkts, die wirtschaftliche Ausgewogenheit eines Vertrags könne nicht mit rechtlichen Erwägungen, sondern allein von den Parteien beurteilt werden.

Allerdings behielt auch hier die sanctity-Doktrin im Sinne Jessels die Oberhand: Die Grenze für die Maßgeblichkeit von fairness und reasonableness bei der richterlichen Vertragsbeurteilung blieb für das orthodoxe common law der ausdrücklich erklärte Parteiwille. Den Parteien blieb die Freiheit erhalten, die an ihren vermuteten Willen geknüpften, methodisch in das Gewand vertraglicher Klauseln gekleideten, implizierten Vertragspflichten durch eine ausdrückliche Regelung abweichend zu regeln bzw. ganz auszuschließen. Dem hat seinerzeit der Sale of Goods Act 1893 in s. 55 Rechnung getragen, wonach alle von ihm statuierten Leistungspflichten und Haftungstatbestände frei abdingbar waren.

Obwohl das Denkmodell der presumed intention im 20. Jahrhundert weiter in den Hintergrund getreten ist und die Gerichte immer offener implied terms aufgrund deren Zweckmäßigkeit im konkreten Zusammenhang bejaht haben,[130] hat sich das common law auf dem Feld der vertraglichen Haftungsfreizeichnung nicht vom Vorrang des Parteiwillens lösen können. Mit den Fortschritten, die das common law bei der inhaltlichen Ausgestaltung vertraglicher Pflichtenlagen durch implied terms gemacht hat, mußte man daher so lange gleichsam auf halbem Wege zu einem effektiveren Schutz der schwächeren Partei stehenbleiben, als eine abweichende Vertragsgestaltung und Freizeichnung von der common law-Haftung weitgehend unbeschränkt möglich

---

[129] Dazu vgl. oben S. 50, N. 80.

[130] Nach Ansicht von Lord Wilberforce in der Entscheidung LIVERPOOL CITY COUNCIL v. IRWIN [1977] A.C. 239, 254 ist maßgebend, welche Regelung "the nature of the contract itself implicitly requires". Vgl. insgesamt die Darstellungen bei *Cheshire/Fifoot/Furmston*, Law of Contract p. 134 sowie *Treitel*, The Law of Contract pp. 158, 162 f. *Treitel* differenziert begrifflich zwischen terms implied in fact (in Anknüpfung an einen vermuteten Parteiwillen) und terms implied in law ohne Bezugnahme auf den Parteiwillen. Dabei verdeutlicht er zugleich, daß es sich insofern im Grunde genommen um positive Rechtsregeln handelt. Siehe auch die in diese Richtung gehende opinion Lord Atkins in SOUTHERN FOUNDRIES (1926) LTD. v. SHIRLAW [1940] A.C. 701, 717.

blieben. Dies unterstreicht die hohe Autorität der sanctity-Doktrin für das common law-Vertragsrecht bis in das 20. Jahrhundert.

Gleichwohl muß festgehalten werden, daß das common law dort, wo man nicht offen mit dem klassischen Vertragsfreiheitsverständnis kollidierte, bereits im 19. Jahrhundert bereit war, in bestimmten Grenzen den Weg von einer rein schiedsrichterähnlichen, remedial orientierten Rolle hin zu einer auch regulierenden und gestaltenden Funktion im Vertragsrecht zu gehen und sich dabei ausdrücklich auf die Kriterien Vernunft und Fairneß zu stützen, um einen Vertragspartner vor Übervorteilung zu schützen. Hierbei hat sich die Rechtsprechung im Laufe der Zeit immer weiter von der Anknüpfung an den Parteiwillen entfernt und imperative Rechtsregeln für das Vertragsrecht geschaffen.

Dies belegt am deutlichsten wohl die Entwicklung der doctrine of frustration: Die zunächst vertretene Verankerung im vermuteten Parteiwillen mittels des Denkmodells der implied terms[131] ist längst dem Verständnis der frustration-Regel als rule of law gewichen, für die die Figur des reasonable man und der Gedanke der Vertragsgerechtigkeit ausschlaggebend ist.[132] Die Rechtsfolge der Lösung vom Vertrag im Falle der frustration ohne Bezugnahme auf einen diesbezüglichen Parteiwillen bereitet dem common law seit langem keine Schwierigkeiten mehr.[133] Wenn aber derart einschneidende Rechtsfolgen richterrechtlich etabliert werden konnten, erscheint es, zumindest aus heutiger, kontinentaler Sicht umso weniger nachvollziehbar, daß das common law die reasonableness nicht auch als Maßstab für die Begrenzung einseitig vorteilhaf-

---

[131] Grundlegend Blackburn J. im leading case TAYLOR v. CALDWELL, (1863) 3 B. & S. 826, 883 f. (122 E.R. 309, 331); "No court has an absolving power" per Loreburn in TAMPLIN SS. CO. v. ANGLO-MEXICAN PETROLEUM CO. [1916] 2 A.C. 397, 404; vgl. die umfassende Darstellung bei *Cheshire/Fifoot/Furmston* pp. 554, 556 ff.

[132] In HIRJI MULJI v. CHEONG YUE SS. CO. LTD. [1926] A.C. 497, 510 charakterisierte Lord Sumner die frustration-rule als "a device by which the rules as to absolute contracts are reconciled with a special exception which justice demands." In DENNY, MOTT & DICKINSON v. FRASER (JAMES B.) & CO. LTD. [1944] A.C. 265, 275 schloß sich Lord Wright dieser Sicht an und bezeichnete die frustration-Doktrin als " a substantive and particular rule which the common law has evolved". In CONSTANTINE (JOSEPH) SS. LINE v. IMPERIAL SMELTING CORP. LTD. [1942] A.C. 154, 186 hatte Wright zuvor die Auffassung vertreten: "The court is exercising powers, when it decides that a contract is frustrated, in order to achieve a result which is just and reasonable."

[133] " By this time it might seen that the parties themselves have become so far disembodied spirits that their actual persons should be allowed to rest in peace. In their place there rises the figure of the fair and reasonable man. And the spokesman of the fair and reasonable man, who represents after all no more than the anthropomorphic conception of justice, is and must be the court itself." per Lord Radcliffe im FAREHAM-case, [1956] A.C. 696, 728.

ter Haftungsfreizeichnung auf der Grundlage von Fairneß-Kriterien anerkannt hat.

2. Das Beispiel der Auslegung

Von der Figur der implied terms ist es nur ein kurzer gedanklicher Schritt zur Frage der Auslegung, wie insbesondere das im vorigen Abschnitt angeführte Zitat Lord Watsons aus dem Jahre 1881 zeigt;[134] so ist es nachvollziehbar, daß sich das common law im Zusammenhang mit der ergänzenden Auslegung lückenhaft gebliebener vertraglicher Vereinbarungen ebenfalls ausdrücklich zur Maßgeblichkeit von reasonableness-Erwägungen bekannt hat.[135] Aber auch in anderen Fällen vertraglicher Auslegung hat sich das common law von der nach der sanctity-Maxime eigentlich gebotenen strikt neutralen Haltung distanziert. Dies dokumentiert sich zum einen darin, daß man die Vermeidung eines unfairen Ergebnisses ganz offen zum Ziel der Auslegung gemacht hat, wie die folgende Äußerung Lord Reids in L. SCHULER A.G. v. WICKMAN MACHINE TOOL SALES LTD.[136] zeigt:

> " The fact that a particular construction leads to a very unreasonable result must be a relevant consideration. The more unreasonable the result the more unlikely it is that the parties can have intended it, and if they do intend it the more necessary it is that they should make that intention abundantly clear."

Darüber hinaus erweist sich, daß praktisch die gesamte Bandbreite der besonderen Auslegungsregeln für Freizeichnungsklauseln spätestens zu Beginn unseres Jahrhunderts eigentlich im Widerspruch zum Neutralitätsgebot der sanctity-rule stand: Dies gilt für die contra proferentem rule und das Gebot der strict interpretation, wonach Freizeichnungsklauseln nach dem engsten Wortsinn auszulegen sind und jede Unklarheit zu Lasten des Verwenders geht,[137] ebenso wie für den Grundsatz der repugnancy, nach dem eine dem

---

[134] DAHL v. NELSON, DONKIN & CO. (1881) 6 L.R. App.Cas. 38, 59, oben auf S. 64.

[135] HILLAS & CO. LTD. v. ARCOS LTD., (1932) 147 L.T. 503; F.A. TAMPLIN STEAMSHIP CO. LTD. v. ANGLO-MEXICAN PETROLEUM PRODUCTS CO. LTD. [1916] A.C. 397, 404 per Lord Loreburn C.J.

[136] [1974] A. C. 235, 251; ähnlich Lord Wilberforce in REARDON SMITH LINE LTD. v. HANSEN TANGEN [1976] 1 W.L.R. 989, 996: "..what must be ascertained is what is to be taken as the intention which reasonable people would have had if placed in the situation of the parties.."; vgl. auch *Baker*, (1971) C.L.P. 53, 65, *Bright*, (1967) 41 Australian L.J. 261, 263.

[137] ELDERSLIE STEAMSHIP CO. LTD. v. BORTHWICK [1905] A.C. 93, 96 per Lord Macnaghten: "..an ambigous clause is no protection.."; WALLIS, SON & WELLS v. PRATT

Hauptzweck des Vertrags zuwiderlaufende Klausel unerheblich sein soll.[138] Speziell in Hinsicht auf den Ausschluß der deliktischen negligence-Haftung haben die Gerichte diese Regeln in wachsendem Maße einseitig zugunsten des Vertragspartners des Klauselverwenders eingesetzt und damit dessen schwächere vertragliche Verhandlungsposition gestärkt.[139] Zwar ist zu berücksichtigen, daß das Instrument der Auslegung generell der Ermittlung des konkreten Parteiwillens dient und die Klauselpraxis sich zügig auf die Unklarheitenregeln einstellte, indem sie sich um ausgefeiltere Formulierungen bemühte;[140] gleichwohl ist zu beobachten, daß die Gerichte speziell die Auslegungsregeln im Ergebnis ähnlich wie eine verdeckte Inhaltskontrolle gehandhabt haben, solange ihnen die offene Inhaltskontrolle durch die sanctity-Maxime verwehrt war.[141] Dies rechtfertigt den schon im Zusammenhang mit der Figur der implied terms gezogenen Schluß, daß die Gerichte dort, wo ein eindeutiger Parteiwille nicht entgegenstand, die schwerwiegenden Konsequenzen der sanctity-rule zu meiden suchten und die einseitig aufdiktierten Vertragsbedingungen des verhandlungsstärkeren Vertragsteils besonders kritisch an ihrer inhaltlichen Angemessenheit zu messen bereit waren.

IX. Das Bedürfnis nach einer anerkannten schuldrechtlichen Operationsbasis für ein reasonableness-Prinzip

1. Rechtssicherheit und Vorhersehbarkeit

Man kann es als Disharmonie im common law-Vertragsrecht bezeichnen, daß bei der positiven Bestimmung der Vertragshaftungsregeln seit langem übergeordnete Angemessenheitskriterien herangezogen wurden, diese Regeln

---

& HAYNES [1911] A.C. 394; SZYMONOWSKI & CO. v. BECK & CO. [1923] 1 K.B. 457; ALISON (J. GORDON) LTD. v. WALLSEND SHIPWAY & ENGINEERING CO. LTD. (1927) 42 T.L.R. 323. Aus der Literatur statt vieler *Yates*, Exclusion clauses in contracts pp. 133 ff.; *Lawson*, Exclusion clauses, pp. 19 ff.

[138] GLYNN v. MARGETSON [1893] A.C. 351. *Yates*, aaO. (vorige Note), p. 139 f.

[139] Zur besonderen Handhabung der Auslegung im Zusammenhang mit den Fragen der negligence *Lawson*, Exclusion clauses, pp. 22 ff; *Yates*, Exclusion clauses in contracts, pp. 141 ff.

[140] Vgl. *Baker* in (1971) C.L.P. 53, 66; *Guest* in [1961] 77 L.Q.R. 110, 111.

[141] Vgl. Lord Denning in PHOTO PRODUCTION LTD. v. SECURICOR TRANSPORT LTD. (C.A.) [1978] 3 All ER 146, 151 ff, sowie in GEORGE MITCHELL (CHESTERHALL) LTD. v. FINNEY LOCK SEEDS LTD. (C.A.) [1983] 1 All ER 108, 113 f.; ebenso auch *Llewellyn*, The Common Law Tradition, pp. 362 ff.

jedoch in vollem Umfange zur Disposition der Parteien gestellt wurden, ohne mit vergleichbaren Maßstäben zugunsten einer bei der Bestimmung des Vertragsinhalts unangemessen benachteiligten Partei zu intervenieren. Beim Versuch einer Deutung steht sicherlich erneut die sanctity-rule im Vordergrund, deren Voraussetzungen - wie weiter zuvor nachgezeichnet - eigentlich schon zur Zeit Jessels und Bramwells von den realen Gegebenheiten des Rechtslebens überholt waren. An der sanctity-rule, also der Unantastbarkeit des Parteiwillens, haben die Richter des common law vor allem deshalb festgehalten, weil sie die Maximen der Vorhersehbarkeit und der Rechtssicherheit im Vertragsrecht besonders hoch bewerteten; die Berücksichtigung allgemeiner Fairneßüberlegungen bei der Entscheidungsfindung erschien ihnen als Gefährdung dieser traditionellen Ideale.[142] Jene Wertsetzung ist bis in die heutigen Tage erhalten geblieben: In PAO ON v. LAU YIU LONG[143] lehnte Lord Scarman die Berücksichtigung ungleicher Verhandlungsmacht der Parteien als Rechtsregel mit der Begründung ab:

"Such a rule of public policy as is now being considered would be unhelpful because it would render the law uncertain."

Die Überzeugungskraft dieser Argumentation ist indes gerade dadurch erheblich relativiert, daß das common law sich - wie im vorigen Abschnitt aufgezeigt - bei der positiven vertraglichen Inhaltsermittlung selbst oftmals von der Maßgeblichkeit des Parteiwillens gelöst und offen mit Regeln operiert hat, die in ihrer Auswirkung übergeordneten Fairneßkriterien gleichkamen; die vorgebliche Bindung an den Parteiwillen ist hier im Ergebnis bisweilen zum regelrechten Lippenbekenntnis verkommen.[144]

Speziell die Handhabung der vertraglichen Auslegungsregeln mit ihren zum Teil strengen Anforderungen zu Lasten des Klauselverwenders kam in ihrer Wirkung der unmittelbaren Inhaltskontrolle sehr nahe;[145] ein solcher

---

[142] *Waddams*, The Law of Contracts, p. 267; *Clark*, Inequality of bargaining power, p. 72; *Tiplady* in (1983) 46 M.L.R. 601; *Wade* in (1940) 4 M.L.R. 183, 187. Den hohen Wert von Rechtssicherheit und Vorhersehbarkeit gerade im Handelsverkehr hat *Raiser*, Das Recht der AGB, p. 102, zu Recht deutlich unterstrichen.

[143] [1980] A.C. 614, 634.

[144] *Atiyah*, An Introduction to the Law of Contract, p. 26.

[145] *Reiter*, The control of contract power, (1980) 1 Oxford Journal of Legal Studies 347, 360.

"verdeckter" Einsatz rechtlicher Instrumente erscheint indes als besonders bedenkliche, der Rechtssicherheit und Vorhersehbarkeit wenig zuträgliche Methode, weil die wahren Motive der Entscheidungsfindung verschleiert werden und so nicht zur homogenen Fortbildung des Rechts beitragen können.[146]

Schließlich darf auch bezweifelt werden, ob es dem Gedanken der Rechtsklarheit im Vertragsrecht wirklich widersprochen hätte, wenn man die mittels implied terms in die einzelnen Vertragstypen eingelesenen Haftungsregeln in gewissem Umfang der Disposition der Parteien entzogen hätte. Ludwig Raiser hat für das deutsche Recht darauf hingewiesen, daß die Orientierung der Rechtsprechung am dispositiven Gesetzesrecht bei der Beurteilung des vielgestaltigen und wandlungsfähigen Rechts der AGB der Rechtssicherheit im Vertragsrecht nicht notwendig abträglich ist.[147] Auf das Richterrecht des common law übertragen, darf die Ansicht geäußert werden, daß es der Klarheit im Vertragshaftungsrecht wohl ebenfalls keinen Abbruch getan hätte, wenn bestimmte vertragliche Haftungsgarantien offen als unabdingbar behandelt worden wären, anstatt dies, etwa mit der besonders strikten Handhabung der Freizeichnung von der negligence- Haftung, lediglich in verdeckter Form zu praktizieren.

2. Die ablehnende Haltung des common law gegenüber abstrakten Rechtssätzen nach kontinentalem Muster

Es wäre indes unzureichend, die unterschiedliche Bereitschaft zur Berücksichtigung übergeordneter Angemessenheits- bzw. Billigkeitskriterien in den verschiedenen Sparten des common law-Vertragsrechts allein mit dem Streben nach Rechtsklarheit im common law und der sanctity-rule erklären zu wollen. Immerhin hat sich die ganz überwiegende Auffassung in der obergerichtlichen Rechtsprechung auch noch zu einem Zeitpunkt, als das Bedürfnis nach einer gerichtlichen Inhaltskontrolle von Haftungsklauseln und somit der Einschränkung der sanctity-rule generell anerkannt war, außerstande gesehen, diese mit Mitteln des common law zu bewerkstelligen.[148]

---

[146] Vgl. *Tiplady* in [1983] 46 M.L.R. 601 unter Berufung auf *Llewellyn* in (1939) 52 Harv. L. Rev. 700, 702 f.("covert tools are never reliable tools"). Nach Auffassung *Reiters*, aaO. (vorige Note), haben die courts die Auslegungsregeln dazu benutzt, ihre eigenen Billigkeitserwägungen in die Ermittlung vertraglicher Inhalte einfließen zu lassen; er nennt sie daher "non-interpretation techniques".

[147] Das Recht der AGB, p. 102 f.

Es muß vielmehr festgehalten werden, daß sich - im Gegensatz zu den kontinentalen Ausprägungen des Billigkeitsgedankens nach dem Muster von Vorschriften wie §§ 138, 157, 242 BGB, § 9 AGBG oder Art. 1134 Code Civil - im englischen common law allgemeine Maximen von "good faith", "reasonableness" oder "fairness" als allgemeingültige Korrektive vertraglicher Vereinbarungen nicht haben durchsetzen können, wenngleich das Bedürfnis dafür jedenfalls in der Literatur bejaht worden ist.[149] Natürlich darf nach dem zuvor Gesagten nicht übersehen werden, daß sich im common law Regeln finden, die in ihren praktischen Auswirkungen beispielsweise den Anwendungsfällen des § 138 BGB nahekommen.[150] Hinsichtlich der Erarbeitung des positiven Haftungsrechts mittels implied terms hat man überdies einen Teilbereich dessen abgedeckt, was im deutschen Recht § 242 BGB leistet.

Das common law mißt jedoch abstrakten Prinzipien und Lehrsätzen keine rechtliche Geltungskraft zu: Die legal rules des common law entstammen der ratio decidendi der jeweiligen Urteile des House of Lords oder des Court of Appeal, in deren Rahmen sie formuliert worden sind. Sie verkörpern keine abstrakten Rechtsnormen, sondern bleiben mit dem konkreten Fall verbunden, dem sie entstammen.[151]

Ein allgemeines Leitprinzip nach dem Muster von Treu und Glauben gemäß § 242 BGB, das die Frage der positiven Festlegung vertraglicher Pflichten wie diejenige ihrer Gültigkeitsgrenzen gleichsam unter einem Dach bewältigt,[152] könnte daher im traditionellen common law keine ähnlich weitreichende Wirkung erzielen, sondern bliebe auf die Anwendung im Rahmen einer Einzelfallgruppe beschränkt. Das kontinentale Verständnis von Generalklauseln als Verhaltensgebot für eine unbestimmte Vielzahl von Fällen, in Sonderverbindungen oder allgemeingültig,[153] jedenfalls aber ohne konkreten

---

[148] Lord Devlin in McCUTCHEON v. DAVID MACBRAYNE LTD., [1964] 1 W.L.R. 125, 136 f.; Lord Reid in SUISSE ATLANTIQUE SOCIETE D'ARMEMENT MARITIME S.A. v. N.V ROTTERDAMSCHE KOLEN CENTRALE [1967] 1 A.C. 361, 406.

[149] Lord Reid in WHITE AND CARTER (COUNCILS) LTD. v. McGREGOR, [1962] A.C. 413, 430; demgegenüber *Powell* (1956) C.L.P. 16, 22 ff.; *Waddams*, (1983) 39 M.L.R. 369; *Collins*, The Law of Contract, pp. 66 ff.

[150] Hierzu siehe bei die Darstellung bei *Treitel*, The Law of Contract, pp. 326.

[151] *David/Grasmann*, Die großen Rechtssysteme der Gegenwart, p. 475 (Bearb. *M. Will*).

[152] *Münchener Kommentar-Roth*, § 242 BGB Rz. 41 ff., 142 ff., 224 ff.; *Fikentscher*, Schuldrecht, § 27.

Bezug zu einem realen Rechtsfall, ist mit der Struktur des klassischen common law nicht zu vereinbaren. Zur legal rule wäre die reasonableness nach klassischem Verständnis nicht tauglich. In diesem Punkt liegen vielleicht die deutlichsten Unterschiede zwischen unserem und dem englischem Rechtsdenken.[154]

In die gleiche Richtung wirkt es sich aus, daß das common law, ausgehend von dem aktionenrechtlichen Ansatz des Mittelalters, vorrangig ein System der Einzelinstrumente geblieben ist. Über Jahrhunderte hinweg stand für das Fallrecht des common law die Sanktion eines bestimmten Fehlverhaltens (remedy) bzw. die Entscheidung eines realen Rechtsstreits im Vordergrund. Im kontinentalen Recht, zu weiten Teilen maßgeblich von der Rechtslehre und der Rechtspolitik mitbeeinflußt, kommt hingegen traditionell der inhaltlichen Definition von rechtlichen Instrumenten und deren systematischer Einordnung in den Gesamtzusammenhang des Schuldrechts eine hohe Bedeutung zu[155].

Diese begriffliche und damit auch instrumentell nutzbare Gesamtstrukturierung bereitet im common law Probleme.[156] Es tendiert, aus kontinentaler Sicht betrachtet, eher dazu, bestimmte Phänomene als gesonderte Fallgruppe zu behandeln und deren prinzipielle Bedeutung für das gesamte Vertragsrecht dadurch zu geringer zu bewerten. Die Einzelinstrumente zur Vermeidung unbilliger Ergebnisse im Einzelfall[157] konnten so nicht als Ausgangsbasis für die Bewältigung neuer Fehlentwicklungen in der Vertragspraxis genutzt werden.

Wer dennoch die Gültigkeit vertraglicher Haftungsvereinbarungen im common law offen an Begriffen wie fairness und reasonableness messen wollte, mußte damit zugleich auch grundlegende Prinzipien der Methodik des common law in Frage stellen. Wie im dritten Kapitel zu besprechen sein wird, hat Lord Denning diesen Weg, beflügelt durch die moderne Verbraucherschutzgesetzgebung, konsequent beschritten, um die aus dem 19. Jahrhundert stam-

---

[153] *Fikentscher* aaO. (vorige N.), § 27 I, Rz. 160.

[154] *Friedmann*, Legal Theory, p. 490.

[155] *Samuel* in (1986) 102 L.Q.R. 567, 579.

[156] *David/Pugsley*, Les Contrats en Droit Anglais, pp. 58 f., weisen beispielsweise darauf hin, daß einzelne Bereiche, die nach kontinentalem Verständnis unproblematisch zum allgemeinen Vertragsrecht gehören, im common law noch nicht unter dem gemeinsamen vertragsrechtlichen Dach behandelt werden, was etwa für bailment oder labour law gilt.

[157] Vgl. oben auf S. 35 und 41.

menden Hemmnisse für die Anpassung der Vertragsfreiheitsmaxime an die heutigen Bedürfnisse der Vertragspraxis zu überwinden. Zuvor soll jedoch im folgenden Kapitel als zweite, ebenfalls zu Dennings Rechtsprechung führende Entwicklungslinie die Lösung des common law zur Einbeziehung vorformulierter Vertragsbedingungen in formlos geschlossene Verträge herausgearbeitet werden, für die das common law des 19. Jahrhunderts einen erheblich flexibleren Weg vorgezeichnet hat.

Kapitel 2

Reasonable sufficiency of notice als Fairneß-Standard des common law bei der vertraglichen Einbeziehung von Freizeichnungsklauseln

I. Ticket cases: Frühe Fallbeispiele für die Berücksichtigung ungleicher Verhandlungsmacht bei der vertraglichen Einbeziehung

1. Abkehr vom traditionellen Bild der Vertragschlußprozedur

Wie im ersten Kapitel aufgezeigt, mußte sich das common law vor allem im Zusammenhang mit Beförderungsverträgen von Eisenbahnen und Schiffahrtslinien erstmals mit der Problematik einseitiger Vertragsgestaltung im Massenrechtsverkehr befassen.[1] Die Aufgabenstellung an die Gerichte betraf nicht allein die Frage der Inhaltskontrolle; vielmehr stellte diese exemplarische Fallgruppe auch besondere Anforderungen an das Vertragschlußinstrumentarium des common law. Für das common law war die Schaffung fairer Vertragschlußregeln ein umso wichtigerer Ansatzpunkt, als es ja - wie im ersten Kapitel nachgezeichnet - den Weg der offenen Inhaltskontrolle nicht gehen konnte.

Das Aufkommen des "Massenvertrags" im täglichen Beförderungsgeschäft nahmen die Gesellschaften nicht allein zum Anlaß, den Vertragsinhalt im Sinne effizienter Durchführung ihrer Leistungserbringung wirkungsvoll zu gestalten: Mit der Übernahme der einseitigen Inhaltsgestaltungsmacht durch die Klauselverwender ging zugleich deren Bemühen um eine rationelle Gestaltung der Vertragschlußprozedur einher. Die ursprüngliche, auch dem Vertragsfreiheitsgedanken immanente Idealvorstellung des beiderseitigen Aushandelns der Bedingungen, die notwendig die positive Kenntnis beider Seiten vom gesamten Vertragsinhalt voraussetzt, war in der Praxis massenhafter Vertragsabschlüsse mit Bahnreisenden bereits in der Frühzeit des Ei-

[1] Oben auf S. 35 ff.

senbahntransportwesens nicht mehr zu verwirklichen. Beide Seiten hatten, jedenfalls im täglichen Fahrverkehr oder bei der Gepäckaufgabe, regelmäßig kein Interesse an einer langwierigen, umfassenden Kenntnisnahme des Eisenbahnkunden von den einzelnen Bedingungen.

Der Ablauf des Vertragschlusses beschränkte sich auf die Angaben der Kundenwünsche (Zielort, Reiseklasse, Anzahl der Fahrkarten etc.) sowie die wechselseitige Aushändigung von Geld und Fahrscheinen. Ähnlich verlief die Aufgabe von Gepäck zur Beförderung oder Aufbewahrung. Das Aushandeln einzelner Beförderungs- bzw. Aufbewahrungsbedingungen unterblieb im Interesse einer reibungslosen Abfertigung nahezu völlig. Das hierin liegende Problem, dem Kunden die Vertragsbedingungen nahezubringen, lösten die Bahnen bereits in ihrer Frühzeit durch Aufdrucke auf ihren Tickets, die die Bedingungen teils selbst enthielten, teils nur auf deren Existenz hinwiesen und zur Kenntnisnahme an entsprechenden Aushängen anhielten. Dem Verlust der gleichberechtigten inhaltlichen Gestaltungsfreiheit folgte so die Abkehr von den bewährten Vertragschlußmustern; Anknüpfungspunkt für die Einbeziehung der conditions waren damit nicht mehr primär konkrete Willenserklärungen, sondern äußere Umstände, die vergleichsweise weit außerhalb des rechtsgeschäftlichen Verhaltens im engeren Sinne lagen und auf die allenfalls stillschweigend Bezug genommen wurde. Die Freizeichnungspraxis der Eisenbahnen bildete somit über die Frage der Inhaltskontrolle hinaus einen neuen Prüfstein für das vertragsrechtliche Instrumentarium des common law. In zahlreichen "ticket cases" hat sich das common law daraufhin seit etwa Mitte des 19. Jahrhunderts mit der Frage beschäftigt, ob die aufgedruckten Bedingungen bzw. Hinweise im Einzelfall zur Einbeziehung in den jeweiligen Vertrag geführt haben.

Der beschrittene Weg ist vor allem deshalb von besonderem Interesse, weil das common law sich am Beispiel dieser Fallgruppe erstmals in breitem Umfang mit den Mitteln seines damaligen Vertragsrechts den Anforderungen der entstehenden Verbrauchergesellschaft an ein sachgerechtes Vertragschlußinstrumentarium stellen mußte,[2] ohne daß seinerzeit die Verbraucherschutzproblematik im Vertragsrecht auch rechtstheoretisch so aufgearbeitet gewesen wä-

---

[2] Zum "Prototypencharakter" der ticket cases vgl etwa Lord Diplock in A. SCHROEDER MUSIC PUBLISHING CO. LTD. v. MACAULAY [1974] 3 All ER 616, 624.

re, wie dies bekanntlich erst in der Epoche nach dem zweiten Weltkrieg geschehen ist.[3]

Die Ansätze der Richterschaft des 19. Jahrhunderts zur Bewältigung der Einbeziehungsproblematik in den Ticket-Fällen sind darüber hinaus selbst für das heutige Recht noch von erheblicher Bedeutung, weil der Unfair Contract Terms Act 1977 die Fragen der Einbeziehung vollends den Regeln des common law überläßt. Das zentrale Kriterium dafür, die reasonable sufficiency of notice, haben die Richter des 19. Jahrhunderts erarbeitet. In der folgenden Darstellung wird sich zeigen, daß man bereits vor über 100 Jahren diesbezüglich einen Stand erreicht hatte, den erst Lord Denning ab den 50er Jahren unseres Jahrhunderts in vollem Umfange genutzt hat und der noch immer Spielraum zur Weiterentwicklung läßt.[4] Die Entwicklungslinie von den ticket cases des 19. Jahrhunderts bis zum UCTA 1977, die im folgenden an Einzelbeispielen nachverfolgt werden soll, zeigt, daß die vor über einhundert Jahren erarbeiteten Einbeziehungsmaximen bereits die wesentlichen Anlagen für einen vergleichsweise effektiven Schutz des Vertragspartners von Klauselverwendern bieten konnten.

2. Interessengerechte Einbeziehungsregeln als notwendiger Bestandteil des privatrechtlichen Kontrollinstrumentariums

a) Die Lösung des deutschen AGBG als moderner Ansatz

Das privatrechtliche Kontrollinstrumentarium[5] für die vertragliche Freizeichnung läßt sich nicht auf das Instrument der Inhaltskontrolle beschränken. Aus unserer heutigen Sicht wird dies durch die Konzeption des AGBG bestätigt. Zwar steht auch im AGBG die Inhaltskontrolle im Vordergrund des Regelungsinteresses: §§ 8 ff. AGBG bestimmen, unterteilt in die den §§ 138, 242 BGB nachempfundene Generalklausel des § 9 und die konkreten Klauselverbote der §§ 10, 11, unmittelbar über die Ungültigkeit bestimmter, einseitig vorformulierter Vertragsbedingungen.

---

3 Vgl. *v. Hippel*, Verbraucherschutz, pp. 5 ff.

4 Siehe unten in Kapitel 3, S. 162 ff.

5 Zu anderen Formen der Kontrolle formularmäßiger Haftungsfreizeichnungen, etwa der Verwaltungskontrolle, vgl. *Ulmer/Brandner/Hensen* AGB-Gesetz, Einleitung Rz. 53 ff. Im englischen Recht bietet der Fair Trading Act 1973 die Grundlage für die Verwaltungskontrolle von Klauselkatalogen.

Das AGBG trägt in seinem allgemeinen Teil jedoch ebenso dem Umstand Rechnung, daß auch gesetzlich zulässige einseitig vorformulierte Vertragsbedingungen einer besonders aufmerksamen Beurteilung bedürfen. Gemäß § 2 AGBG setzt deren Einbeziehung in einen mit einem Nichtkaufmann geschlossenen Vertrag grundsätzlich einen besonderen Hinweis bei Vertragschluß auf die AGB voraus, ferner die Möglichkeit der zumutbaren Kenntnisnahme durch den Kunden sowie dessen Einverständnis mit der Geltung der AGB.

Hinsichtlich der Regeln zur Einbeziehung besinnt sich das AGBG auf die Grundvoraussetzungen der allgemeinen Vertragschlußlehre und verhilft dem hinreichend deutlich zum Ausdruck gebrachten rechtsgeschäftlichen Willen beider Parteien wieder zu einer zentralen Bedeutung für die Einbeziehung in den Vertrag.[6] Hiermit begegnet das AGBG der Zurückdrängung dieses vertragsrechtlichen Grundelements in der früheren Rechtsprechung; diese war von einer stillschweigenden Unterwerfung des Vertragsgegners unter die Geschäftsbedingungen des Verwenders bereits dann ausgegangen, wenn jener wußte oder bei gehöriger Sorgfalt wissen mußte, daß der Verwender seinen Verträgen AGB zugrundezulegen pflegte, und dem nicht widersprach.[7]

Methodisch gesehen knüpft das AGBG hier an die Vorschriften des BGB zu Willenserklärungen und Verträgen an (§§ 104 ff. und 145 ff. BGB), stellt jedoch zum Schutze des Vertragsgegners erhöhte Sorgfaltsanforderungen an das vorvertragliche Verhalten des Verwenders: Dieser kann sich in Einschränkung der §§ 133, 157 BGB nicht auf eine stillschweigende Einbeziehung seiner AGB in seine Willenserklärung berufen, sondern muß seinem Kunden rechtzeitig vor Vertragschluß einen ausdrücklichen Hinweis erteilt haben.[8] Ferner muß der Verwender der anderen Seite ebenso rechtzeitig von sich aus die Möglichkeit verschaffen, in zumutbarer Weise vom Inhalt seiner Vertragsbedingungen Kenntnis nehmen. Hierin liegt eine deutliche Verschiebung der Sorgfaltsbereiche beider Vertragsparteien gegenüber der früheren Rechtsprechung und auch den Absichten der Verwenderpraxis: Danach fiel die Einbeziehung von AGB letztlich in den Risikobereich der anderen Seite,

---

6 Bundestags-Drucksache 7/3919 S. 13; *Palandt-Heinrichs*, § 2 AGBG Rz. 2.

7 BGHZ 3, 203; 12, 136; 17, 2; 42, 53; *Münchener Kommentar-Kötz*, § 2 AGBG Rz. 1.

8 BGH NJW-RR 1987, 112, 113. Eine stillschweigende Zustimmung des Kunden ist aber möglich, vgl. *Wolf/Horn/Lindacher*, AGB-Gesetz, § 2 Rz. 43.

der es oblag, sich selbst zu erkundigen und gegebenenfalls rechtzeitig zu widersprechen.[9]

Das AGBG überträgt dem Verwender eine aktive Rolle und verlegt das Einbeziehungsrisiko in dessen Sorgfaltsbereich. Man kann hier von einer Neubestimmung der beiderseitigen Obliegenheitskreise der Parteien sprechen, die die Einbeziehung an die Erfüllung der Klarstellungsobliegenheiten des Verwenders anknüpft: Hat der Verwender den gesteigerten Anforderungen des § 2 Abs. 1 AGBG genügt, zieht dies bei entsprechender Willenseinigung regelmäßig die Einbeziehung nach sich, selbst wenn der andere Teil tatsächlich nicht Kenntnis genommen hat.[10] Dies ist gerechtfertigt, weil der Verwender seinen Hinweisobliegenheiten im unmittelbaren örtlichen und zeitlichen Zusammenhang zum Vertragschluß nachkommen muß.[11]

Eine interessante, zusätzliche Stufung ergibt der ergänzende Blick auf typische Sonderfälle des AGB-Vertrags mit Verbrauchern: Gemäß § 2 Abs. 1 S. HaustürWG und § 7 Abs. 2 S. VerbrKrG muß der Verwender seinen Kunden eine "drucktechnisch deutlich gestaltete", von den Kunden zu unterschreibende Belehrung über deren Widerrufsrecht aushändigen, wenn er vermeiden will, dem gesetzlichen Widerrufsrecht der §§ 1 Abs 1 HaustürWG bzw. 7 Abs. 1 VerbrKrG über die darin bestimmte, einwöchige Frist hinaus ausgesetzt zu sein. Gemäß § 2 Abs. 3 HaustürWG darf die Belehrung im Interesse besonderer Klarheit keine weiteren Erklärungen enthalten. Gemäß § 7 Abs. 2 S. 2 VerbrKrG ist die Belehrung "gesondert" zu unterschreiben, da § 4 Abs. 1 VerbrKrG ohnehin die Schriftform mit deren besonderer Warnfunktion vorschreibt.[12]

Natürlich handelt es sich insoweit nicht um Aspekte der vertraglichen Einbeziehung im eigentlichen Sinne, sondern um Wirksamkeitsvoraussetzungen. Die Folge ist indes vergleichbar: Kommt der Verwender seinen Hinweis- bzw. Belehrungsobliegenheiten nicht nach, so gilt der Vertrag mit dem ge-

---

9 Bekanntlich differenziert das AGBG hier aber nach der Schutzbedürftigkeit der Vertragspartner von AGB-Verwendern und nimmt Kaufleute gemäß § 24 Ziff. 1 vom besonderen Schutz des § 2 aus.

10 *Ulmer/Brandner/Hensen*, AGB-Gesetz, § 2 Rz. 46.

11 Einen gesonderten Schutz gegenüber überraschenden Klauseln bietet schließlich noch § 3 AGBG.

12 Schriftformerfordernis und gesonderte Belehrung waren zuvor in getrennten Schritten bereits in das frühere Abzahlungsgesetz eingefügt worden, vgl. dessen §§ 1a Abs. 1 und 1b Abs. 2.

setzlich geregelten Inhalt, vgl. §§ 6 Abs. 2 AGBG, 2 Abs. 1 S. 4 HaustürWG, 7 Abs. 2 S. 3 VerbrKrG.

Das heutige deutsche Verbraucherrecht schützt den Vertragspartner des Verwenders mithin, neben absolut eingreifenden Instrumenten wie Schriftform und Inhaltskontrolle, durch abgestufte Anforderungen an die Klarstellungslast des Verwenders. Der Grad der Klarstellungslast richtet sich dabei nach der gesetzlich vorausdefinierten Schutzbedürftigkeit der anderen Vertragspartei, die an Typus, praktischer Erscheinungsformen der Verträge etc., oder an den Status der Parteien im Rechtsverkehr anknüpft, etwa der Kaufmannseigenschaft gemäß § 24 AGB oder der Verbrauchereigenschaft gemäß § 1 Abs. 1 VerbrKrG.

b) Unfair Contract Terms Act 1977 und Einbeziehung

Der UCTA 1977 besitzt nicht den kodifikationsähnlichen Charakter des AGBG, das das AGB-Recht vergleichsweise umfassend behandelt. In bester Tradition englischer Parlamentsgesetze zum Privatrecht stehend, bemüht sich der in England geltende Teil des UCTA[13] vielmehr nur um eine gesetzliche Regelung derjenigen Einzelfragen, in denen sich das common law Grenzen ausgesetzt sah, und erklärt in sections 2 ff. bestimmte Klauseln für absolut ungültig oder unterstellt sie dem reasonableness-Vorbehalt. Hingegen stellt der UCTA keine besonderen Voraussetzungen für die vertragliche Einbeziehung auf. Vielmehr verläßt sich der UCTA diesbezüglich voll auf das common law,[14] ohne dieses, etwa nach dem Muster des Sale of Goods Act 1979, in konsolidierter Form zusammengefaßt wiederzugeben. Das ist insofern bemerkenswert, als der UCTA immerhin zum Kreis der Verbraucherschutzgesetze zählt und insbesondere der vom common law nicht bewältigten Aufgabe gewidmet ist, einen sachgerechten Ausgleich zwischen den Erfordernissen des Verbraucherschutzes und den Interessen der geschäftlich am Rechtsverkehr Beteiligten zu finden.[15] Offensichtlich hat also der Parlamentsgesetzgeber an der diesbezüglichen Eignung der vertragstechnischen Regeln des common law

[13] Gemäß section 32 (2) und (3) UCTA gilt dessen Part I (ss. 1 bis 14) nur in England, Wales und Nordirland, nicht für Schottland, für dessen Recht Part II (ss. 15 bis 25) anzuwenden ist. Auf den UCTA wird im dritten Kapitel, unten S. 133 ff. näher eingegangen.

[14] *Lütkenhaus*, UCTA 1977 und AGBG 1976, pp. 66, 218.

[15] Vgl. Lord Reid im SUISSE ATLANTIQUE-Fall [1967] 1 A.C. 361, 406.

zu Einbeziehung und Auslegung keine Zweifel gehabt und diese - nimmt man den Titel des Gesetzes beim Wort - für hinreichend "fair" befunden.

Daß der UCTA die Regeln des common law zur incorporation seinen eigenen Vorschriften zumindest gleichstellt, wenn nicht sogar methodisch vorordnet, ergibt sich aus s. 11(2) zweiter Halbsatz UCTA, wo dem Gericht ausdrücklich die Möglichkeit eröffnet wird, die Gültigkeit einer unter ss. 6 oder 7 UCTA fallenden Vertragsklausel statt über den reasonableness-Test an der Frage der Einbeziehung scheitern zu lassen.

Der UCTA nimmt des weiteren auch in seinem Anhang in fast seltsam anmutender Verschachtelung Bezug auf die common law-Regeln zur Einbeziehung: In Schedule 2, wo die Anwendungsrichtlinien für den reasonableness-Test in ss. 6(3) und 7(3) UCTA niedergelegt sind, findet sich - neben weiteren Aspekten wie der relativen Verhandlungsposition der Parteien oder der Wahlmöglichkeit unter günstigeren Vertragskonstellationen anderer Anbieter - unter (c) auch das Kriterium, ob der Kunde von der Existenz und der Tragweite der fraglichen Klausel wußte oder vernünftigerweise hätte wissen müssen.[16]

Dieses Kriterium gehört methodisch zur Frage der Einbeziehung bzw. allgemein zum Bereich der vorvertraglichen Sorgfalt des Verwenders, wie der vergleichende Blick auf § 2 AGBG belegt. Im common law hat der Gesichtspunkt des Kennens oder Kennenmüssens der verwendeten Klauseln und der dafür erforderlichen Bemühungen des Verwenders seit den ersten ticket cases des 19. Jahrhunderts eine zentrale Rolle für die Beurteilung der Einbeziehung von AGB in Verträge gespielt und im Grunde genommen bis heute nicht wesentlich an Bedeutung verloren. Die hierfür heute noch geltenden Grundregeln sind in den siebziger Jahren des vorigen Jahrhunderts von denselben Richtergenerationen entwickelt worden, die seinerzeit die strikte Vertragsfreiheitsdoktrin für Jahrzehnte festgeschrieben haben und vertragliche Fairneß im Sinne angemessener Sorgfalt bei der Vertragsanbahnung interpretiert haben. Indem der UCTA diesem Problemkreis Geltung bei der Anwendung des reasonableness-Tests verschafft, welcher immerhin das zentrale fairness-Kriterium des UCTA ist, bestätigt er bis zu einem gewissen Grade das im vorigen Kapitel aufgezeigte Verständnis der Richter des 19.

[16] "whether the customer knew or ought reasonably to have known of the existence and extent of the term."

Jahrhunderts, die die Aspekte von reasonableness und fairness vertragsrechtlich im wesentlichen im Zusammenhang mit der Einbeziehung behandelt haben.[17]

c) Agreement als Voraussetzung für die vertragliche Einbeziehung

Wie das deutsche Recht setzt auch das common law für das Zustandekommen eines Vertrags ein agreement im Sinne einer Willensübereinstimmung voraus, die auf dem Austausch gleichgerichteter Willenserklärungen beruht.[18] Dazu gehört notwendig, daß die Vertragschließenden sich über Umfang und Inhalt ihrer vertraglichen Vereinbarungen verständigt haben, damit diese als vom gegenseitigen agreement umfaßt angesehen werden können. Um die eigenen Bedingungen in einen Vertrag einfließen zu lassen, muß der Verwender diese somit grundsätzlich dem Vertragspartner zur Kenntnis gebracht haben, da er andernfalls nicht davon ausgehen darf, daß der vertragliche Wille der anderen Seite sich auf die Bedingungen beziehe. Das Vertragsrecht erlegte also den Gesellschaften als Klauselverwendern eine aktive Rolle auf, um ihren Bedingungen Eingang in den Vertrag zu verschaffen.

Allerdings hat sich auch im common law insofern eine objektivierte Sicht durchgesetzt, die nicht im Sinne einer rein subjektiven Willenstheorie am inneren Willen der Parteien anknüpft; vielmehr wird das Vorliegen eines agreement danach beurteilt, ob ein vernünftiger Beobachter das Verhalten der Parteien, also deren geäußerten Willen, bei verständiger Würdigung als Zustimmung der einen Seite zu dem Vertragsangebot der anderen Seite begreifen würde. Dies hat Blackburn J. im Jahre 1871 wie folgt formuliert:

> "If, whatever a man's real intention may be, he so conducts himself that a reasonable man would believe that he was assenting to the terms proposed by the other party, and that other party upon that belief enters into a contract with him, the man thus conducting himself would be equally bound as if he had intended to agree to the other party's terms."[19]

Das common law macht also die objektive Übereinstimmung des Parteiwillens aus der Sicht des reasonable man zum Prüfstein des Vertragschlusses.

---

[17] Siehe oben auf S. 57 ff.

[18] *Treitel*, The Law of Contract, pp. 1 ff.

[19] SMITH v. HUGHES (1871) L.R. 6 Q.B. 597, 607. *Atiyah*, An Introduction to the Law of Contract, p. 6.

Für den Klauselverwender bedeutet dies nicht die völlige Befreiung von der Aufgabe, dem Vertragspartner Kenntnis von den eigenen Bedingungen zu verschaffen. Die Formulierung "proposed by the other party" verdeutlicht vielmehr, daß hiernach gewisse Mindestanforderungen an die Kundgabe der eigenen Bedingungen erfüllt sein müssen. Die Anforderungen dürfen dabei zwar umso geringer sein, je eher vom anderen Teil zu erwarten ist, daß dieser vernünftigerweise mit einer bestimmten Vertragsgestaltung zu rechnen hat. Dieser Punkt darf andererseits jedoch auch nicht zum Nachteil des Vertragspartners überdehnt werden.

In dieser Anknüpfung der Einbeziehung an das äußere Verhalten lag die besondere Gefahr, daß die Transportgesellschaften im Wege eines gleichsam außervertraglichen Hinweises auf das Vorhandensein von vorformulierten Bedingungen ("notice") ihre conditions mit zum Teil weitreichenden Abweichungen von den Regeln des common law zur Vertragsgrundlage machen konnten, ohne daß diese Gegenstand des Austauschs der vertraglichen Willenserklärungen gewesen waren.

Mit der neuen Praxis, Haftungsbedingungen auf Aushängen sowie Ticketaufdrucken bekanntzugeben, ging der vorteilhafte Nebeneffekt des individuellen bargaining, den Vertragsparteien beim konkreten Vertragschluß die Tragweite der einzelnen Vertragsbedingungen noch einmal vor Augen zu führen, verloren, weil die der Idee nach zentrale Rolle der vertraglichen Willenserklärungen abgeschwächt war und äußere Umstände aufgewertet wurden.

Die Klauselverwender zwangen auf diese Weise ihre Vertragspartner zu einer erhöhten Eigensorgfalt, die darin bestand, daß sich der Eisenbahnkunde von sich aus besonders sorgfältig um die Kenntnisnahme der conditions bemühen mußte. Die Gesellschaften ihrerseits brauchten sich nicht auf besondere Bedingungen ihrer Kunden einzustellen. Die Unterordnung des Vertragspartners unter die vertragliche Stellung der Gesellschaften manifestierte sich damit ganz deutlich auch im äußeren Erscheinungsbild des Vertragschlusses: Nicht nur die inhaltliche Vertragsgestaltung, sondern auch die Anbahnung des Vertragsverhältnisses wurde in ihrem Ablauf allein von den Gesellschaften bestimmt. Der Vertragschluß bot somit auch rein äußerlich das Bild einer unbeeinflußbaren Inanspruchnahme der in sachlicher wie rechtlicher Gestaltung umfassend vom Verwender vorbereiteten und angebotenen Leistung.

Im Grunde genommen war man damit eigentlich schon in die Randbereiche des Vertragsrechts vorgedrungen, in denen es der Vertragslehre Schwierigkeiten bereiten kann, bestimmte Verhaltensweisen, die sich äußerlich als faktische Inanspruchnahme eines Leistungsangebots darstellen, noch unter das herkömmliche Bild eines von rechtsgeschäftlichem Willen getragenen Verhaltens zu subsumieren: Vor allem dort, wo der Vertragschluß zum üblichen, in seiner rechtlichen Dimension weitgehend unreflektierten Bestandteil des täglichen Lebens geworden ist und vorrangig sozialen Bedürfnissen dient, tritt das Bewußtsein, in rechtlichen Kategorien zu handeln, in den Hintergrund.

Es ist eine Frage der Elastizität der Vertragstheorie, ob hier die Regeln eines Vertragsrechts noch passen, die der Idee nach für das mit aktuellem "Vertragsbewußtsein" abgeschlossene Rechtsgeschäft entwickelt worden sind. Dem deutschen Recht hat die Aufgabe, das Vertragsrecht auf seine wirtschaftlich-sozialen Erscheinungsformen abzustimmen, gerade im Zusammenhang mit den Fragen des Vertragschlusses vor allem bei den Fallgruppen des "faktischen Vertrags" erhebliche und langandauernde dogmatische Schwierigkeiten bereitet.[20] Für das Vertragsrecht des englischen common law bestand hier bei einer allzu großen Verobjektivierung die Gefahr, im Bereich jener Massenverträge von einer modernen Variante des status-Modells des ausgehenden Mittelalters verdrängt zu werden, mit dem Unterschied, daß der Geltungsgrund der jeweiligen Leistungs- und Haftungspflichten nicht in der Figur der common callings,[21] sondern in der Unterwerfung unter das einseitige Diktat der marktstarken Unternehmen begründet gewesen wäre. Dies hätte zugleich eine weitere Stärkung der einseitigen Übermacht der Klauselverwender bedeutet.

Wollte man am vertraglichen Modell festhalten und die Geltung der conditions im Verhältnis zwischen Verwender und Vertragspartner nicht an äußeren Umständen festmachen, so mußte eine Lösung gefunden werden, die - ohne die Vertragschlußprozedur unnötig schwerfällig und damit praxisuntauglich werden zu lassen - die Idealvorstellung vom rechtsgeschäftlichen Handeln in möglichst weitreichender inhaltlicher Kenntnis aller Vertragsbedingungen im Auge behielt.

---

20 *Münchener Kommentar-Kramer* vor § 145 BGB Rz. 27 und vor § 241 BGB Rz. 55 ff.; *Haupt*, Über faktische Vertragsverhältnisse; *Simitis*, Die faktischen Vertragsverhältnisse; *G. Siebert*, Die faktischen Vertragsverhältnisse.

21 Dazu oben auf S. 31.

3. Die Lösung des 19. Jahrhunderts: Anforderungen an den Hinweis auf Geltung und Inhalt vorformulierter Haftungsklauseln am Beispiel dreier Entscheidungen

a) Der konsumentenrechtliche Einschlag der Fallgruppe

Das common law beurteilte die Einbeziehung der Geschäftsbedingungen der Gesellschaften mit den klassischen Mitteln des Vertragsrechts danach, ob insofern ein special contract zustandegekommen war. Nachdem der Railway and Canal Traffic Act 1854 für den Bereich des Waren- und Tiertransports und damit insbesondere für die kaufmännische Geschäftstätigkeit Sonderregeln für Einbeziehung und Inhaltskontrolle geschaffen hatte,[22] standen für das common law vor allem Fallgestaltungen im Vordergrund, die man im weiteren Sinne als Konsumentenfälle bezeichnen kann: Dies sind zum einen Schadenersatzklagen wegen Sachverlust bei der Gepäckaufbewahrung sowie Personen- und Sachschäden anläßlich von Reisen, für die der Railway and Canal Traffic Act 1854 nicht galt.

Auch hier beharrten die Gerichte auf einer erkennbaren Zustimmung des Kunden zur Geltung der Bedingungen. Man konzentrierte sich dabei bald auf die Frage, ob und unter welchen Voraussetzungen eine solche Zustimmung anzunehmen war, wenn der Kunde die auf den Tickets oder einem Aushang aufgedruckten Geschäftsbedingungen nicht wahrgenommen oder gelesen hatte bzw. deren Geltung nicht ausdrücklich zugestimmt hatte, denn hierauf beriefen sich die Kläger zumeist.[23]

Angesichts des in den 70er Jahren des 19. Jahrhunderts erreichten Standes der Rechtsprechung in dieser Fallgruppe darf man dem seinerzeitigen common law bescheinigen, daß es ein Jahrhundert vor dem Inkrafttreten moderner gesetzlicher Regelungen wie AGBG und UCTA in der Fallgruppe der ticket cases die Einbeziehungsfrage in einer Weise gelöst hat, die die Grundelemente der heutigen Ansätzen im wesentlichen vorweggenommen hat.

In den einschlägigen Fällen, so wie sie sich bis zum Jahre 1877 präsentieren, findet sich nicht nur die besondere Betonung der Zustimmung zur Geltung der Geschäftsbedingungen, sondern auch das Bemühen um eine faire

---

[22] Vgl. oben auf S. 45 f.

[23] Vgl. dazu die im folgenden näher besprochenen Fälle.

Abgrenzung der beiderseitigen Sorgfaltskreise. Darüber hinaus läßt sich in einigen opinions das Bestreben erkennen, einen Überraschungsschutz ähnlich § 3 AGBG auf der Ebene der Einbeziehung zu etablieren, indem die Geltung besonders weitreichender Freizeichnungen von einem besonders deutlichen Hinweis abhängig gemacht wurde. Damit hat das common law in den ticket cases einen weitaus moderneren und der Problematik des ungleichgewichtigen Vertragsverhältnisses besser angepaßten Ansatz verfolgt als in den Fällen des schriftlich unterzeichneten Vertrags, wo die Unterzeichnung bis heute praktisch immer die vertragliche Einbeziehung nach sich zieht.[24]

Der fortschrittliche Stand der damaligen Lösung dokumentiert sich am deutlichsten in einem exemplarischen Blick auf die Entscheidungen HENDERSON AND OTHERS v. STEVENSON[25] und PARKER v. THE SOUTH EASTERN RY. CO.,[26] von denen die letztere auch heute noch als leading case gilt. Sie heben sich durch ihre zusätzlichen Anforderungen deutlich von dem bis dahin erreichten Stand ab, der zunächst am Beispiel der Entscheidung VAN TOLL v. THE SOUTH EASTERN RY. CO.[27] erläutert werden soll.

b) VAN TOLL v. S.E. RY. Co.

Der Court of Common Pleas hatte hier über die Frage zu entscheiden, ob die Klägerin von der beklagten Eisenbahngesellschaft vollen Ersatz für Gegenstände im Wert von 30 Pfund Sterling verlangen konnte, die ihr während der Gepäckaufbewahrung durch die Beklagte abhanden gekommen waren. Die Klägerin hatte als Fahrgast der Beklagten bei Ankunft im Bahnhof London Bridge eine Tasche zur Aufbewahrung abgegeben, in der sich u. a. Schmuck befand. Bei der Aufgabe erhielt sie ein Ticket mit der Nummer 722, auf dessen Rückseite in sehr kleiner Schrifttype die Aufbewahrungsbedingungen der Gesellschaft aufgedruckt waren: Darin begrenzte diese ihre Haftung für verwahrte Gegenstände auf 10 Pfund Sterling und machte zur Voraussetzung, daß der Gegenstand ordnungsgemäß gegen Bezahlung von 2d. aufgegeben

24 Siehe dazu unten auf S. 104 ff.

25 (1875) L.R. 2 H.L. 470; [1874-80] All E.R. (Reprint) 436.

26 (1877) 2 C.P.D. 416.

27 (1862) 12 C.B. (N.S.) 75 (142 E.R. 1071). Siehe bereits oben auf S. 49 f.

worden war und bei Abholung das erhaltene Ticket vorgelegt oder ein hinreichender Nachweis über das Eigentum erbracht wurde.[28]

Zusätzlich war am Gepäckaufbewahrungsschalter ein in großen Lettern gedruckter Aushang gleichen Wortlauts angebracht, den die Klägerin jedoch nicht wahrnahm. Während der Aufbewahrungszeit kamen einige der Wertgegenstände der Klägerin aus der Tasche im Gesamtwert von 40 Pfund Sterling abhanden. Die beklagte Eisenbahngesellschaft verweigerte unter Berufung auf ihre Haftungsbedingungen einen 10 Pfund übersteigenden Ersatz. Demgegenüber berief sich die Klägerin auf s. 7 Ry. and Canal Traffic Act 1854, wonach mangels Schriftform kein special contract über den Haftungsausschluß vorliege und ein solcher überdies wegen unreasonableness nichtig sei, weil die Beklagte jegliche Form der Haftung ausgeschlossen habe.[29] Jedenfalls habe sie aber den terms der Beklagten nicht zugestimmt, denn sie habe das Ticket ungelesen und ohne weitere Beachtung an sich genommen und eingesteckt.

Der Court of Common Pleas wies die Klage ab und sprach sich zunächst einstimmig gegen die Anwendbarkeit von s. 7 Ry. and Canal Traffic Act 1854 aus, weil die Beklagte die Tasche vorliegend nicht als carrier, sondern als Verwahrer entgegengenommen habe.[30] Es kam daher auf die Zustimmung der Klägerin zu den Bedingungen der Beklagten nach Regeln des common law an, die sich allein konkludent aus dem Gesamtverhalten der Klägerin ergeben konnte. Hierbei bestand das Problem, daß die Klägerin unwiderlegt weder den Ticketaufdruck noch den Aushang gelesen hatte und ihre konkludente Zustimmung zur Einbeziehung der Haftungsbedingungen daher nicht an eine konkrete Kenntnis von deren Inhalt geknüpft werden konnte.

Das Gericht bejahte dennoch die Zustimmung der Klägerin zu den Haftungsbedingungen der Beklagten: Im Ergebnis übereinstimmend befand man

---

[28] Die Klausel lautete wie folgt: "The Company will not be responsible for articles left by passengers at the station, unless the same be duly registered for which a charge of 2d. per article will be made, and a ticket will be given in exchange: and no article will be given up without the production of the ticket, or satisfactory evidence of the ownership being adduced. ... The Company will not be responsible for any package exceeding the value of 10 £."

[29] Dazu zitierten die Klägervertreter das Votum von Williams J. in M'MANUS v. THE LANCASHIRE AND YORKSHIRE RY. CO. (1852) 4 H. & N. 327, 349 (157 E.R. 865, 874), der einen umfassenden Haftungsausschluß auch für weitreichende Sorgfaltspflichtverletzungen der Gesellschaft für "unreasonable" und "therefore void"erklärt hatte. Vgl. hierzu schon oben auf S. 35.

[30] Siehe oben S. 54 f.

es für ausreichend, wenn die Klägerin allgemein gewußt habe, daß die Beklagte besondere Haftungsbedingungen habe; man verzichtete also auf das Erfordernis der konkreten Kenntnis vom Klauselinhalt. Die Entscheidungen der Richter sind sichtlich von dem Bemühen geprägt, eine Zustimmung der Klägerin zu den terms der Beklagten auch ohne Kenntnis von deren Inhalt in praktikabler Weise zu begründen, also das Argument der Klägerin zu entkräften, ihr Verhalten sei nicht als Zustimmung zu den terms der Beklagten anzusehen, weil sie den Ticketaufdruck nicht durchgelesen habe. Vermutlich war dem Gericht daran gelegen, der mißbräuchlichen Berufung auf eine solche Argumentation in ähnlichen Fällen entgegenzuwirken.

Erle C.J. hob in seiner Begründung im wesentlichen auf zwei Aspekte ab:[31] Zum einen hatte die Beklagte seiner Ansicht nach alles Erforderliche getan, um ihre Kunden, also auch die Klägerin, über das Vorhandensein besonderer Bedingungen zu informieren, und ihnen hinreichende Möglichkeit zur Kenntnisnahme gegeben. Zum anderen hielt Erle C.J. der Klägerin deren offensichtliche Vorkenntnisse über den üblichen Geschäftsablauf bei der Beklagten entgegen: Die Klägerin habe immerhin bei Hinterlegung der Tasche im Voraus bezahlt, das Ticket entgegengenommen und dieses schließlich auch wieder vorgelegt. Damit habe sie immerhin schon drei der vier aufgedruckten Bedingungen erfüllt. Wenn sie sich nicht konkret über die terms der Beklagten informiert habe, so müsse sie sich ihre entsprechenden Vorkenntnisse[32] gleichwohl wie konkrete inhaltliche Kenntnis zurechnen lassen. Ihr Verhalten sei daher als Zustimmung zu den Bedingungen der Beklagten auf eigenes Risiko zu verstehen, welchen Inhalt diese auch haben möchten.[33]

Willes und Keating JJ. folgten Erles Ergebnis mit im wesentlichen gleichlautenden Begründungen, ebenso Byles J., der aber in seiner concurring opinion zusätzliche Voraussetzungen für den Fall aufstellte, daß der Ver-

---

31 Erle C.J. aaO. (N. 27) pp. 82 ff.(142 E.R. 1073 f.).

32 "..not upon inquiries then made, but as having previous knowledge..", aaO. p. 83 (1074).

33 Da die Klägerin sich zusätzlich auch auf die unreasonableness der Haftungsbeschränkung berief, nahm Erle in einem dictum hierzu ebenfalls Stellung, nachdem er zuvor deutlich gemacht hatte, daß dieser Punkt keine Bedeutung habe ("..the defendants are at liberty to make any contract they please.... the reasonableness of the terms is an irrelevant inquiry...."). Dabei erschien ihm die Haftungsbeschränkung most reasonable, weil angesichts der weitgehend freien Zugänglichkeit der Gepäckaufbewahrungseinrichtungen die Mißbrauchsgefahr besonders hoch sei, denn wenn man einer Klage auf 20 oder 30 Pfund stattgebe, müsse man das Gleiche auch bei einem viel höheren Betrag tun.

tragspartner des Verwenders das Ticket ungelesen in die Tasche stecke.[34] Darin könne nur dann eine implizite Zustimmung zu den terms gesehen werden, wenn diese zum einen reasonable seien. Als Beispiel für eine Klausel, die nicht als reasonable gelten könne, nannte Byles eine Klausel, nach der das Eigentum an den aufbewahrten Sachen, unabhängig von deren Art und Wert, nach zwei Tagen auf die Eisenbahngesellschaft übergehen solle, wenn bis dahin nicht die Herausgabe verlangt worden sei. Darüber hinaus müßten die terms auch plain and obvious, also klar und eindeutig sein, und zwar sowohl in sprachlicher Hinsicht wie vom äußeren Erscheinungsbild her.[35] Beide Voraussetzungen bejahte Byles für den vorliegenden Fall.[36]

Insgesamt gesehen ergibt sich damit folgendes Bild: Schon das common law des Jahres 1862 verlangte vom Verwender, wollte er die Einbeziehung seiner terms in den Vertrag herbeiführen, seine Kundschaft hinreichend deutlich auf die Geltung und den Inhalt der eigenen Bedingungen hinzuweisen, wofür ein gut sicht- und lesbarer Aushang, verbunden mit einem entsprechenden Hinweis auf der Rückseite eines als Quittung übergebenen Tickets, genügte. Zumindest hinsichtlich des Aushangs kommt dies den heutigen Anwendungskriterien zu § 2 AGBG gleich.[37]

Für den Vertragspartner des Verwenders wirkte sich jedoch nachteilig aus, daß man dessen konkludente Zustimmung zur Geltung besonderer Bedingungen danach ermittelte, ob ihm die Üblichkeit der Verwendung besonderer Bedingungen auch nur allgemein bekannt war. Hier bestand die Gefahr, daß die verbreitete Verwendung von Freizeichnungsklauseln für sich genommen bereits die Einbeziehung der terms in den Vertrag indizierte, die konkrete konkludente Zustimmung also mittelbar aufgrund der Verwenderpraxis fingiert werden könnte.[38]

---

[34] Byles J. aaO. (N. 27) pp. 87-89 (142 E.R. 1075 f.).

[35] Byles J. aaO. p. 88 (1076).

[36] Für die reasonableness gab Byles keine eigene Begründung, sondern bezog sich auf das dictum Erles. Trotz des Umstandes, daß die terms nicht auf der Vorderseite des Tickets aufgedruckt waren, sah Byles den Aufdruck noch als plain and obvious an, weil man, wie der Beklagtenvertreter vorgeführt hatte, bei der Entgegenahme des Tickets erkennen konnte, daß die Rückseite bedruckt war; ibid. p. 89 (1076).

[37] Zur Zulässigkeit eines Aushangs vgl. *Ulmer/Brandner/Hensen*, AGB-Gesetz, § 2 Rz. 41, nicht ausreichend dagegen in aller Regel ein bloßer Ticketaufdruck, vgl. dieselben aaO. Rz. 34.

[38] Besonders plastisch formulierte dies Pollock C.B. in STEWART v. LONDON & NORTH WESTERN RY. CO., 33 L.J. (Ex.) 199, 201: "There is a rule in the English law that every man must be taken to know that which he has the means of knowing, whether he has

Ebenso problematisch war die Gedankenfolge Erles C.J., der Klägerin positive Kenntnis von der Haftungsklausel zuzurechnen, nur weil sie offensichtlich mit dem organisatorischen Ablauf der Gepäckaufbewahrung vertraut war, welcher ebenfalls in den terms der Beklagten geregelt war. Hier wurde Erle dem grundlegenden Unterschied zwischen den verschiedenen Klauseln nicht gerecht; während es sich bei den Regelungspunkten der Vorausbezahlung sowie der Ticketentgegennahme und -vorlage um Bedingungen handelte, die die organisatorische Vertragsabwicklung betrafen und ebenso wie etwa der Fahrkartenerwerb selbstverständlich den meisten Reisenden vertraut waren, bildete die Haftungsbeschränkung einen weitreichenden Eingriff in die vertraglichen Rechte der Bahnkunden, bei dem nicht ohne weiteres Kenntnis und Zustimmung des Kunden unterstellt werden konnten.[39]

Hier bietet der Ansatz von Byles J. grundsätzlich besseren Schutz, auch wenn das von ihm gewählte Beispiel einer unangemessenen Klausel zeigt, daß Byles vor allem den Schutz vor überraschenden, geradezu abwegigen Klauseln bezweckte.[40] Die weitere Voraussetzung einer klaren und eindeutigen Formulierung und äußeren Präsentation der terms erhöhte die Anforderungen an die Sorgfalt der Verwender und diente zugleich zusätzlich dem Schutz des Kunden vor überraschenden Bedingungen, indem ihm ermöglicht werden sollte, Inhalt und Ausmaß der Bedingungen umgehend überblicken zu können. Auch wenn Byles in seiner Subsumtion zum gleichen Ergebnis wie Erle gelangte, kann doch festgestellt werden, daß Byles zumindest im Ansatz der generellen Anknüpfung an eine abstrakte Kenntnis von der Geltung vorformulierter Geschäftsbedingungen entgegenwirken wollte.

---

availed himself of these means or not. Now, as to this ticket, the plaintiff must be supposed to have read it. If he did not choose to consult the handbill, that is his fault, not the fault of the company. ...The plaintiff's ignorance, then, was of his own creation."

[39] Die nachfolgend besprochene Entscheidung HENDERSON v. STEVENSON, (1875) L.R. 2 H.L. 470, belegt, daß diese Kritik nicht allein auf der Sichtweise des 20. Jahrhunderts beruht, die sich etwa in der Unterscheidung Lord Dennings zwischen bloß regulativen ("mere regulatory") und rechtsbehelfsbeschränkenden ("exempting") Bedingungen ausdrückt (siehe seine opinion in THORNTON v. SHOE LANE PARKING LTD. [1971] 2 Q.B. 163, 170 A, unten auf S. 156 ff.) oder, mutatis mutandis, in den besonderen Hinweisobliegenheiten nach dem deutschen Verbraucherkreditgesetz und dem Haustürwiderrufsgesetz, dazu oben auf S. 78.

[40] An eine differenzierte Kontrolle auf der Einbeziehungsstufe hat Byles J. hier sicherlich nicht gedacht, vgl. insofern schon zuvor auf S. 56 f.

c) HENDERSON AND OTHERS v. STEVENSON: Verbesserter Schutz durch gesonderten Hinweis des Verwenders

Gegenüber den Voten im VAN TOLL-Fall fällt in der Entscheidung des House of Lords HENDERSON v. STEVENSON[41] aus dem Jahre 1875 sogleich auf, daß das Gericht hier nicht gewillt war, dem Vertragspartner des Verwenders zu seinem Nachteil abstrakte Kenntnis oder allgemeines Vorwissen über die Zugrundelegung von besonderen terms im Beförderungsgeschäft zuzurechnen. Das House of Lords bewertete den Aspekt subjektiver Erwartungen an den zu schließenden Vertrag vielmehr in entgegengesetzter Hinsicht: Während nach der bisherigen Rechtsprechung im Ergebnis die Vertragspartner der Beförderungsgesellschaften mit der Zugrundelegung von besonderen Klauseln rechnen mußten und ihnen dies regelmäßig als inhaltliche Kenntnis der terms zugerechnet wurde,[42] verlangte das House of Lords in HENDERSON v. STEVENSON umgekehrt von dem Klauselverwender den konkreten Nachweis, daß er seinen Vertragspartner rechtzeitig vor Zustandekommen des Vertrags gesondert auf seine conditions hingewiesen habe, andernfalls sich der Vertrag nach den allgemeinen Haftungsregeln des common law richte. Im Grunde genommen versuchte das House of Lords damit, das Verhältnis von common law-Vertrag und Individualvertrag wieder in ein sinnvolles Grundsatz-Ausnahme-Verhältnis zurechtzurücken: Das Vertrauen des Einzelnen in die Geltung der common law-Regeln sollte als das Übliche angesehen werden; jede Abweichung davon mußte gesondert und deutlich bewußt gemacht werden. Zu diesem Zweck verschärfte das House of Lords die Sorgfaltsanforderungen an den Hinweis auf die besonderen conditions beträchtlich und setzte das prozessuale Instrument der Beweislastverteilung offensichtlich ganz bewußt ein, um dem Ausnahmecharakter der Haftungsfreizeichnung Nachdruck zu verleihen.

Das House of Lords hatte dabei folgenden Sachverhalt zu beurteilen: Der Kläger erlitt als Passagier eines von den Beklagten betriebenen Dampfers Schäden, als das Schiff durch Nachlässigkeit des Bedienungspersonals im Ne-

---

[41] (1875) L.R. 2 H.L. 470; [1874-80] All E.R. (Reprint) 436.

[42] In ZUNZ v. THE SOUTH EASTERN RY. CO. (1869) L.R. 4 Q.B. 539, 544 interpretierte Cockburn C.J. den Stand der Rechtsprechung dahingehend, daß die Kenntnis vom Inhalt der conditions und damit deren vertragliche Geltung vermutet werden müsse, wenn jemand ein entsprechend bedrucktes Ticket entgegennehme. Hier bezog er sich vermutlich auf die Urteilsbegründung in VAN TOLL's Case, vgl. Stephen J. in WATKINS v. RYMILL (1883) L.R. 10 Q.B.D. 179, 181.

bel auf ein Riff auflief. Gegenüber seinen Ersatzansprüchen beriefen sich die Beklagten auf eine in ihren Geschäftsbedingungen enthaltene umfassende Freizeichnung von jeglicher Haftung für Schädigungen anläßlich des Schiffsbetriebs. Der Klauselwortlaut war auf der Rückseite des Schiffstickets abgedruckt, das der Kläger bei Buchung der Überfahrt in einem Büro der Beklagten nach Bezahlung des Fahrtpreises erhalten hatte.[43] Darüber hinaus hatten die Beklagten ihre conditions auch in großen Buchstaben auf ihren im Buchungsbüro aushängenden Fahrplantafeln veröffentlicht, die der Kläger aber ebenso wie den Aufdruck auf der Rückseite der Tickets nicht wahrgenommen hatte. Auf der Vorderseite der Tickets fanden sich nur die Initialen der Beklagten und die Worte "Dublin to Whitehaven".

Die beklagte Gesellschaft hatte also in vergleichbarer Form auf ihre Geschäftsbedingungen aufmerksam gemacht wie die Eisenbahngesellschaft im VAN TOLL-Fall; hier wie dort hatte keiner der Bediensteten in besonderer Weise die Aufmerksamkeit der Kläger auf die Geltung der conditions gelenkt. Das House of Lords beurteilte die Maßnahmen der beklagten Gesellschaft jedoch genau entgegengesetzt und entschied einstimmig zugunsten des Klägers, indem es zu dem Schluß kam, die Beklagten hätten die Zustimmung des Klägers zu ihren conditions und damit den Abschluß eines special contract auf der Grundlage ihrer Geschäftsbedingungen nicht nachgewiesen. Folglich sei zwischen den Parteien lediglich ein Beförderungsvertrag zu den üblichen Bedingungen für common carriers zustandegekommen.[44]

Anders als die frühere Rechtsprechung maß das House of Lords hier dem Aushang keinerlei Bedeutung zu, weil es den insofern beweisbelasteten Beklagten nicht gelungen war nachzuweisen, daß der Kläger den Aushang gelesen hatte. Das House of Lords verschärfte die Sorgfaltsanforderungen an die Verwender gegenüber der früheren Rechtsprechung zusätzlich, indem es sich nicht mit einem einfachen, deutlich erkennbaren Aushang der Bedingungen im Booking-Office und einer bedruckten Ticketrückseite begnügte. Vielmehr

---

43 Die Klausel hatte folgenden Wortlaut:"This ticket is issued on the conditions that the company incur no liability in respect of loss, injury, or delay to the passenger, or to his or her luggage, whether arising from the act, neglect, or default of the company or their servants, or otherwise. It is also issued subject to all the conditions and arrangements published by the company." Im Unterschied zum VAN TOLL-Fall ging es hier also nicht um eine Haftungsbeschränkung, sondern um einen kategorischen Haftungsausschluß.

44 "He was entitled to consider that he had got a good and valid contract from common carriers to carry him upon the ordinary terms from Dublin to Whitehaven." per Lord Hatherley [1874-80] All E.R.(Repr.) 436, 442 A.

stellte es darauf ab, ob das Personal der Beklagten die Kunden durch zusätzliche Bemühungen auf die conditions aufmerksam gemacht habe. Am deutlichsten läßt sich dies hinsichtlich der Aushangtafeln an der Urteilsbegründung Lord Hatherleys ablesen, der sich in seinem Votum auf die Aussagen eines der Beklagten und des zuständigen Büroangestellten der Beklagten im Kreuzverhör stützte. Diese hatten zugegeben, daß in der Praxis der Beklagten ein gesonderter Hinweis auf die Geltung der Geschäftsbedingungen bzw. den Aushang und die Rückseite der Fahrscheine nicht üblich sei. Ohne weiter zu untersuchen, ob der Aushang deutlich erkennbar war oder den Üblichkeiten entsprach und ob der Kläger etwa mit einer solchen Praxis vertraut war, behandelte Hatherley ebenso wie die anderen Lords die Aushangtafel demzufolge als irrelevant.[45]

Das House of Lords konzentrierte sich damit vorrangig auf die Frage, ob die Übergabe des nur auf der Rückseite mit dem Vertragstext bedruckten Tickets ohne weiteren Hinweis auf die Bedingungen ausreichte, um daran eine wie auch immer geartete Zustimmung des Klägers anzuknüpfen. Diese Frage verneinte es und machte auch hier einen gesonderten Hinweis der Verwender vor oder bei Vertragschluß auf die Geltung der eigenen Bedingungen zur Einbeziehungsvoraussetzung.

Lord Cairns stellte in seinem Votum darauf ab, daß in dem Moment der Ticketübergabe alle Voraussetzungen für einen kompletten Vertrag vorgelegen hätten; der Kläger habe angesichts der für ihn ersichtlichen Umstände, insbesondere der Ticketvorderseite, davon ausgehen dürfen, einen kompletten Vertrag geschlossen zu haben, bei dem keine weiteren, ihm nicht vor Augen geführten Umstände zu beachten seien. Für Lord Cairns war es schlicht eine Frage des gesunden Menschenverstandes, daß niemand an Vertragsbedingungen gebunden werden dürfe, deren Vorhandensein er nicht gekannt, und auf deren Kenntnisnahme ihn niemand tatsächlich hingewiesen habe.[46]

Lord Chelmsford stellte in seiner Begründung zunächst noch einmal klar, daß sich die Beklagten grundsätzlich von der Haftung selbst für ihre grundlegenden Vertragspflichten, nämlich Passagiere und Gepäck mit vernünftiger Sorgfalt und Vorsicht zu befördern, vertraglich freizeichnen könnten. Dies

---

[45] Ebenso Lord Cairns aaO. (N. 44) p. 438 F.

[46] Lord Cairns aaO. p. 439 F-H und p. 440 B.

setze jedoch eine ausdrückliche Vereinbarung (express contract) voraus; auf Seiten der Gesellschaft reiche dafür ein Hinweis (notice) auf ihre Haftungsfreizeichnung aus, vorausgesetzt, der Vertragspartner stimme dem ausdrücklich zu. Vehement wandte sich Chelmsford dagegen, für die Freizeichnung von der Haftung für die "essentiellen" Vertragspflichten den bloßen Hinweis des Verwenders ausreichen zu lassen. Insofern sei ein besonders deutlicher Nachweis erforderlich, daß der Vertragspartner Kenntnis von der Freizeichnung erlangt und dieser ausdrücklich zugestimmt habe.[47]

Chelmsford stützte sich hier auf einen Gedanken, den für die Frage der Einbeziehung eigentlich erst Lord Denning Jahrzehnte später weitergeführt hat.[48] Nach Chelmsfords Vorstellung sollten Haftungsfreizeichnungen, die besonders tief in die Rechtsposition des Vertragspartners nach common law-Haftungsregeln eingreifen, nur unter besonders strikten Voraussetzungen zum Vertragsbestandteil werden können. Insofern sollten den Verwender besonders hohe Sorgfaltsanforderungen an den Hinweis auf die eigenen conditions und den Nachweis über die Zustimmung des Vertragspartners treffen.[49] In geschickter Wortwahl sprach Chelmsford hier nicht wie üblich von special contract sondern von express contract als Grundlage der Freizeichnungsvereinbarung, also einer ausdrücklichen Zustimmung.

Damit ging Chelmsford natürlich weit über das bis dahin geltende Recht hinaus, das das Ausmaß einer Haftungsfreizeichnung nicht als Maßstab für die Voraussetzungen der vertraglichen Einbeziehung begriffen hatte. Im Grunde genommen lag hierin jedoch lediglich das Bestreben, den grundlegenden Elementen der vertraglichen Willenseinigung wieder zu einem höheren Stellenwert zu verhelfen, sowie die Mahnung an die Rechtsprechung, die Anforderungen an den Nachweis der vertraglichen Zustimmung nicht zu niedrig anzusetzen, sondern die konkrete Zustimmung der einen Seite zu den

---

47 "..by a mere notice, without such assent, they can have no right to discharge themselves from performing what is the very essence of their duty, which is to carry safely and securely, unless prevented by unavoidable accidents. I think that such an exclusion of liability cannot be established without very clear evidence of the notice having brought to the knowledge of the passenger, and of his having expressly assented to it." aaO. (N. 44) p. 440 H.

48 s. unten Kapitel 3, S. 155 ff.

49 Dies bestärkt Chelmsford am Ende seines Votums erneut: "I think that a limitation of the legal liability of the steam packet company as carriers ought to be most strictly construed, as well as the assent to it distinctly proved." aaO. p. 441 C. Auch bei Lord Cairns klingt die Verschärfung der Hinweispflichten an: Die Abweichung von den common law-Haftungsregeln müsse dem Vertragspartner "actually " zur Kenntnis gebracht worden sein, ibid. p. 439 H.

Vertragsbedingungen der anderen mit besonderer Sorgfalt zu ermitteln.[50] Chelmsford propagierte insofern also die Abkehr von einer standardisierten und objektivierten Vertragschlußanalyse, die aus einem rechtsgeschäftlich gesehen "farblosen" äußeren Verhalten eine Zustimmung selbst zu weitreichenden Haftungskonsequenzen ableiten wollte.

Die hierin liegende Rückbesinnung auf eine Vertragschlußanalyse nach klassischen Voraussetzungen dokumentiert sich zusätzlich darin, daß Lord Chelmsford wie auch Lord Hatherley der Bestimmung des exakten Vertragschlußzeitpunkts gesteigerte Bedeutung beimaßen. Beide zeigten auf, daß regelmäßig die Tickets erst nach Vertragschluß übergeben wurden, welcher spätestens mit der Bezahlung des Fahrtpreises anzusetzen sei. Das Ticket sei insofern lediglich ein Zahlungsbeleg; selbst dort, wo die Ticketübergabe ausnahmsweise für die vertragliche Bindung erforderlich sei, sei der Vertrag geschlossen, bevor der Kunde den Aufdruck habe durchlesen können.[51]

Dieser Argumentation ist beizupflichten; maßgebender Zeitpunkt für das Vorliegen der Einbeziehungsvoraussetzungen ist auch im common law der Vertragschlußzeitpunkt, also das Eintreten der Willenseinigung.[52] Jedes spätere einseitige Nachschieben von Vertragsbedingungen muß daher unter den besonderen Voraussetzungen der variation überprüft werden, die die nachträgliche Einbeziehung von einer zusätzlichen consideration abhängig macht.[53] Dieser Aspekt ist in zahlreichen früheren wie späteren Entscheidungen nicht in ausreichendem Maße berücksichtigt worden. Soweit der Kunde daher vor der Übergabe selbst eines auf der Vorderseite mit einem deutlichen Hinweis bedruckten Tickets nicht deutlich auf die Geltung von conditions hingewiesen wurde, war bereits nach den allgemeinen Vertragschlußgrundsätzen eine Einbeziehung ausgeschlossen. Insofern spielt es für die Beurteilung der HENDERSON-Entscheidung keine Rolle, daß dort die Vorderseite des Tickets nicht mit einem entsprechenden Hinweis beschriftet war, denn dieser wäre auf jeden Fall zu spät gekommen.

---

[50] Der Auffassung von *Gluck*, [1979] 28 I.C.L.Q. 72, 81, der hierin umgekehrt eine Abweichung von der traditionellen Vertragschlußanalyse sieht, kann man daher nicht zustimmen.

[51] Lord Chelmsford aaO. pp. 440 I, 441 A; Lord Hatherley p. 441 G, H. Zumindest bei Lord Chelmsford handelt es sich um ein obiter dictum.

[52] *Atiyah*, An Introduction to the Law of Contract, p. 52. Dies ist ebenfalls die Regel für das deutsche Recht, vgl. *Münchener Kommentar-Kötz* § 2 AGBG Rz. 7.

[53] Eingehend *Lütkenhaus*, UCTA 1977 und AGBG 1976, pp. 104 ff.; *Thieme/Mitscherlich* AWD 1974, 173, 179 f.; *Hoggett* (1970) 33 M.L.R., 518 ff.

In HENDERSON v. STEVENSON ist das House of Lords ungewöhnlich weit gegangen, um den Vertragspartner eines Klauselverwenders auf der Einbeziehungsstufe zu schützen. In methodischer Hinsicht beeindruckt dabei vor allem, daß das House of Lords dieses Ergebnis mit Hilfe der grundlegenden Instrumente der allgemeinen Vertragschlußanalyse und der Beweislastverteilung erzielt, deren es sich ebenso entschieden wie überzeugend bedient. Bei der Lektüre der Entscheidung drängt sich der Eindruck auf, daß das House of Lords hier der Freizeichnungspraxis der Gesellschaften nachhaltig so weit entgegenwirken wollte, wie dies mit den Einbeziehungsregeln nur irgend möglich war,[54] im Grunde genommen also eine verdeckte Inhaltskontrolle auf der Einbeziehungsstufe vorgenommen hat. Diese Annahme wird nicht nur durch die zum Teil eindringlichen Formulierungen belegt, mit denen die Lords ihre Lösung unterstrichen,[55] sondern läßt sich auch an Lord O'Hagans Votum nachweisen, der den Einklang des gefundenen Ergebnisses mit den Zielen von s. 7 Ry. and Canal Traffic Act 1854 ausdrücklich begrüßte: Mit der gefundenen Lösung gewährleiste man ebenso wie das vorliegend nicht anwendbare Parlamentsgesetz, daß die Gesellschaften sich nicht mehr den Konsequenzen von eigener Nachlässigkeit und Fehlverhalten entziehen könnten.[56]

Die strikten Einbeziehungsregeln des House of Lords bieten zwar nur begrenzten Schutz vor weitreichenden Risikoverlagerungen durch AGB, weil die sorgfältig organisierte Einbeziehung jeglicher Freizeichnungsregelung grundsätzlich möglich bleibt. Der entscheidende Vorzug der Lösung in HENDERSON liegt jedoch darin, daß das House of Lords hier einen für beide Seiten

---

[54] Da die Freizeichnung klar und unmißverständlich formuliert war, wäre mit den besonderen Auslegungsregeln für Freizeichnungsklauseln wenig auszurichten gewesen.

[55] Lord Cairns empfand es als ".. extremely dangerous....with regard to all contracts ..", wenn man die Zustimmung zu Vertragsbedingungen fingiere, die bei Vertragschluß nicht ersichtlich seien, und zeigte sich "froh" darüber, daß es dafür keinen bindenden Präzedenzfall gebe, aaO. p. 439 G und I; Lord Chelmsford gab zu ".. extremely anxious .." gewesen zu sein, daß die Vermutungskonstruktion Cockburns C.J. in ZUNZ v. S. E. Ry. Co. (oben N. 42) zutreffend gewesen sein könnte, aaO. p. 440 I; Lord Hatherley bezeichnete es als ".. a very wholesome rule, and one which....should be understood to have been decided and acted upon by this House, that a contract cannot be made in this fashion ..", aaO. p. 442 E.

[56] "..your Lordships ... act in the spirit of the legislation which would have pronounced the contract we are asked to enforce void, if the case had come within the statute. ...it is satisfactory that we are enabled to decide in harmony with the policy of Parliament which has relaxed the stringency of judicial decisions in the interest of the public, and limited the power of companies to escape the proper consequences of their own misconduct or neglect", per Lord O'Hagan aaO. p. 442 I, 443 A. Hierbei handelt es sich zwar allenfalls um ein obiter dictum, nicht also um einen tragenden Entscheidungsgrund; gleichwohl verdeutlicht sich hier die eigentliche Zielrichtung der Lords in HENDERSON, die Einbeziehungspraxis der Gesellschaften strikter zu handhaben.

fairen Ansatz verfolgt hat: Im Vordergrund steht das Vertrauen des Rechtsverkehrs in die Geltung der Haftungsregeln des common law. Wer einen Vertrag schließt, darf grundsätzlich davon ausgehen, eine mit diesen Regeln konforme vertragliche Position zu erlangen. Um einen solchen Vertragsinhalt zu begründen, reicht ein "farbloses" rechtsgeschäftliches Verhalten aus, d.h. die Anforderungen an die konkludente Zustimmung zu einem derartigen Vertragsinhalt dürfen geringer angesetzt werden, weil dadurch lediglich die normierte Rechtsfolgensituation ausgelöst wird. Wer demnach keinen gesonderten Hinweis auf eine von den durch das common law geprägten Erwartungen abweichende Vertragsgestaltung erhält, darf mit der Geltung der üblichen Regeln rechnen.

Will eine Seite hingegen ihre abweichenden Bedingungen zugrundelegen, so muß sie dafür gesteigerte Anstrengungen unternehmen: Je tiefer einseitige Bedingungen in die vom common law gewährte Rechtsposition eingreifen, umso deutlicher muß auch das Verhalten der anderen Seite bei Vertragschluß den Willen zur Einbeziehung erkennen lassen, bzw. desto höher sind die Anforderungen an den Nachweis der Zustimmung vor Gericht. Dies kann dem Verwender zugemutet werden, weil die gesteigerten Sorgfaltsanforderungen bei der Einbeziehung durch eine für ihn günstigere Rechtsfolgengestaltung mindestens kompensiert werden. Diese Konstellation bietet dem Vertragspartner einen effektiven und flexiblen Schutz vor überraschenden Klauseln, der weiter geht als etwa die Regelung in § 3 AGBG, welche nur die Einbeziehung von im konkreten Zusammenhang besonders ungewöhnlichen Klauseln ausschließt:[57] Der Ansatz des House of Lords im HENDERSON-Fall betrifft hingegen auch branchenübliche Risikoabwälzungen und bietet somit einen besonders weitreichenden Vertrauensschutz, gegenüber dem der Einwand der Praxisüblichkeit fehlgeht.

d) PARKER v. S.E. RY. CO.: Reasonable sufficiency of notice

Die besonders weitgehenden Sorgfaltsanforderungen in HENDERSON v. STEVENSON haben sich allerdings nicht als allgemeinverbindliche Kriterien für unterschiedliche Sachverhaltskonstellationen durchsetzen können; die nachfolgende Rechtsprechung hat die Maximen des House of Lords in diesem

---

[57] Vgl. etwa *Palandt-Heinrichs* § 3 AGBG Rz. 3 f.; einen im Ergebnis ähnlichen Schutz verfolgte wohl Byles J. im VAN TOLL-Fall mit den Kriterien plain, obvious und reasonable, vgl. oben S. 88.

Fall restriktiv und im Wege des distinguishing nur als für diejenigen Fälle gültig interpretiert, in denen die völlige Unkenntnis des Kunden von der Geltung besonderer Bedingungen feststand, obwohl der Ansatz in HENDERSON sehr viel weiter ging. Die Rolle des leading case nimmt vielmehr die Entscheidung des Court of Appeal aus dem Jahre 1877 PARKER v. THE SOUTH EASTERN RY. CO.[58] ein. Die darin von Mellish L.J. entwickelten Einbeziehungsmaximen gelten bis heute als verbindlich.[59]

Der Sachverhalt der Entscheidung gleicht demjenigen im VAN TOLL-Fall,[60] unterscheidet sich jedoch prinzipiell auch nicht von der Konstellation in HENDERSON v. STEVENSON: Der Kläger übergab der beklagten Eisenbahngesellschaft eine Tasche zur Aufbewahrung in deren dafür vorgesehenem cloak-room und erhielt nach Bezahlung von 2d. vom dortigen Bediensteten ein Aufbewahrungsticket, auf dessen Vorderseite eine Nummer, das Datum, die Öffnungszeiten des Schalters sowie die Worte "See back" abgedruckt waren. Auf der Rückseite waren mehrere Klauseln abgedruckt, unter denen die letzte die Schadensersatzhaftung der Gesellschaft für die aufbewahrten Gegenstände auf 10 Pfund Sterling beschränkte.[61]

Zusätzlich war ein Hinweisschild mit dem Klauseltext in dem cloak-room angebracht. Der Kläger bemerkte das Hinweisschild nicht und las auch den Text auf der Rückseite des Gepäckaufbewahrungsscheins nicht durch, weil er diesen als bloße Quittung ansah. Als der Kläger seine Tasche noch am selben Tag abholen wollte, war diese samt Inhalt verschwunden. Gegenüber seinem Schadensersatzbegehren in Höhe von 24 Pfund 10 Shilling berief sich die beklagte Gesellschaft auf ihre Haftungsbeschränkung; in den unteren Instanzen unterlegen, legte die Beklagte Berufung zum Court of Appeal ein, der den Rechtsstreit zurückverwies.[62]

---

[58] (1877) 2 C.P.D. 416; der gleichzeitig mitentschiedene Fall GABELL v. THE S.E. RY. CO. wird üblicherweise nicht mitzitiert.

[59] *Chitty* on Contracts, Rz. 942; *Lawson*, Exclusion clauses, p. 5.

[60] Oben auf S. 85 f. Ähnliche Konstellationen finden sich in zahlreichen Entscheidungen wie z.B. HARRIS v. THE GREAT WESTERN RY. CO. (1876) 1 Q.B.D. 515.

[61] "The company will not be responsible for any package exceeding the value of 10 l."

[62] Genau genommen ging es um die Frage, ob das Untergericht die Jury mit einer zutreffenden Fragestellung angewiesen hatte. Die zweite Frage hatte in beiden Fällen wie folgt gelautet: "Was the plaintiff, under the circumstances, under any obligation, in the exercise of reasonable and proper caution, to read or make himself aware of the condition?" Mellish und Baggally L.JJ. sahen darin eine misdirection der Jury und verwiesen zur erneuten Sachaufklärung zurück, weil sie die Ermittlung der Zustimmung des Klägers zu den Bedingungen als Tatsachenfrage an-

Unter den drei Richtern zeigte sich nur Baggallay L.J. stellenweise von der Argumentation der Lords im HENDERSON-Fall beeindruckt, ohne diesen indes zu zitieren. Auch Baggallay betonte, daß ein Gepäckaufbewahrungsticket grundsätzlich als bloßer Zahlungs- bzw. Berechtigungsnachweis verstanden werden dürfe, weil es regelmäßig erst nach der Zahlung überreicht werde. Die Beweislast dafür, daß der Vertragspartner die Absicht der Gesellschaft erkannt habe, mittels der Übergabe des Tickets zugleich das Haftungsrisiko auf ihn zu überwälzen, liege jedenfalls bei der Gesellschaft. Allerdings zeigte sich Baggallay geneigt, die vertragliche Einbeziehung schon mittels bloßer Übergabe des Tickets ausreichen zu lassen, wenn der Nachweis erbracht sei, daß sich eine entsprechende Übung herausgebildet habe.[63]

Viel deutlicher als Baggallay stellten sich Mellish und Bramwell L.JJ. gegen die Grundidee des House of Lords im HENDERSON-Fall, daß grundsätzlich auf die Geltung der common law-Regeln vertraut werden dürfe, solange eine Abweichung davon nicht konkret und unmißverständlich klargemacht sei. Den Weg zu einer abweichenden Sichtweise eröffneten sich beide, indem sie im Wege des distinguishing schlicht die Bindungswirkung der HENDERSON-Entscheidung auf die Fälle beschränkten, in denen es feststand, daß der Kunde schon nicht wußte, daß das Ticket überhaupt beschriftet war.[64] Für die Fälle jedoch, in denen der Umstand der Beschriftung bemerkt werde, definierten beide das schützenswerte Vertrauen der Vertragsparteien abweichend von der HENDERSON-rule.

Mellish L.J. kam zu dem Schluß, die Gesellschaft dürfe mit derjenigen Aufmerksamkeit ihrer Kunden beim Vertragschluß rechnen, die vernünftigerweise bei Geschäften dieser Art von jedermann erwartet werden könne.[65] Habe sie daher ihre Kundschaft aus allgemeiner Sicht hinreichend deutlich darauf hingewiesen, daß das Ticket besondere conditions enthalte, so dürfe der einzelne Kläger nicht davon profitieren, daß er sich außergewöhnlich un-

---

sahen; Bramwell L.J. sah hierin eine Rechtsfrage, die zugunsten der Beklagten zu entscheiden sei.

63 Baggallay L.J. aaO. (N. 58) p. 424 f.; der Nachweis war vorliegend jedoch nicht erbracht.

64 "Henderson v. Stevenson is a conclusive authority that if the person receiving the ticket does not know that there is *any writing* upon the back of the ticket, he is not bound by a condition printed on the back." per Mellish L.J. aaO. (N. 58) p. 421 (Hervorhebung v. Verf.); ähnlich Bramwell L.J. aaO. p. 429 f.

65 "I think they are entitled to assume that he can read, and that he understands the English language, and that he pays such attention to what he is about as may be *reasonably expected* from a person in such a transaction..." per Mellish aaO. p. 423 (Hervorhebung v. Verf.).

wissend, dumm oder sorgfaltswidrig verhalten habe.[66] Er sei daher in einem solchen Fall an die conditions gebunden, auch wenn er sie nicht durchgelesen habe.

Nur wenn der Hinweis generell nicht ausreichend deutlich sei, um die Aufmerksamkeit der Kundschaft auf die Geltung besonderer Bedingungen zu lenken, komme der Verwahrungsvertrag ohne die Haftungsfreizeichnung zustande.

Erheblich offener als Mellish vertrat Lord Bramwell die Gegenposition zu dem Ansatz des House of Lords im HENDERSON-Fall. Gleich zu Beginn seines Votums erklärte er ohne nähere Begründung den Einwand, das Ticket werde regelmäßig erst nach Vertragschluß und damit zu spät für eine vertragliche Zustimmung übergeben, für unerheblich. Bramwell ging noch weiter und stellte die Übergabe eines erkennbar beschrifteten Tickets mit der verbalen Aufforderung "Read that" gleich. Die Bahngesellschaft dürfe sich darauf verlassen, daß ihre Kunden sich von selbst über die conditions informierten.[67] Es sei eine Frage des gesunden Menschenverstandes, daß sich der Aufdruck auf dem Ticket auf das Vertragsverhältnis beziehe. Wer jetzt dagegen keine Einwände geltend mache, stimme der Geltung der Klauseln zumindest stillschweigend zu.[68] In höchst deutlicher Sprache gab Bramwell ferner obiter zu verstehen, daß er es für eine unzulässige Rechtsausübung halte, wenn jemand es zunächst unterlasse, sich über einen vermeidbaren Nachteil zu informieren, und dann ein Recht einklage, das ihm bei pflichtgemäßer Nachfrage überhaupt nicht zugestanden hätte.[69] Bramwell folgte damit dem überkommenen Lö-

---

[66] "The railway company must, however, take mankind as they find them, and if what they do is sufficient to inform people in general that the ticket contains conditions, I think that a particular plaintiff ought not to be in a better position than other persons on account of his exceptional ignorance or stupidity or carelessness." per Mellish aaO. p. 423. Mellish hob hier auf die zuvor von ihm aufgezeigte Parallele zur Übergabe von Seefrachtbriefen an Unkundige ab; auch diese müßten die sich daran anknüpfenden Rechtsfolgen tragen, aaO. p. 422.

[67] Bramwell aaO. p. 426 f.

[68] Davon nahm Bramwell, aaO. p. 428, allein unreasonable conditions aus, worunter er jedoch ganz offensichtlich nur völlig abwegige Klauseln verstand: "...no condition not relevant to the matter in hand." Vgl. dazu bereits oben auf S. 56 ff.

[69] An dieser Stelle tritt sehr deutlich die liberalistische Grundhaltung Lord Bramwells zutage, jedermann als selbstverantwortlich handelndes Rechtssubjekt anzusehen, das sich den gleichen Sorgfaltsanforderungen in eigenen Dingen wie jeder andere zu unterwerfen habe, wobei Bramwell nicht zwischen den Sorgfaltsanforderungen an kaufmännisch versierte und weniger gewandte Teilnehmer am Rechtsverkehr differenziert: "Can a man properly omit to inform himself, being able to do so, and then justly claim, when he could not have claimed if he had informed himself?", aaO. p. 429; "Is this just? Is this reasonable? Is it the way in which any other business is allowed to be conducted?", aaO. p. 427.

sungsansatz, nach dem es in erster Linie als Fehler des Bahnkunden anzusehen war, wenn er sich nicht von sich aus über die Bedingungen der Bahnen informierte.[70]

In unterschiedlicher Intensität zogen Bramwell und Mellish damit die Linien der Sorgfaltskreise abweichend von den Positionen der Lords im HENDERSON-Fall. Die dortigen außerordentlich weitgehenden Sorgfaltsanforderungen an die Hinweispraxis der Gesellschaften wurden deutlich abgeschwächt, indem an die Eigensorgfalt der Bahnkunden höhere Anforderungen gestellt wurden. Der Court of Appeal erkannte somit auch nicht den in HENDERSON propagierten Vorrang des Vertrauens in die Geltung der common law-Haftungsregeln an, sondern nahm insofern eine eher neutrale Haltung ein.

Mellish faßte die drei Maximen des Court of Appeal in seinem Votum wie folgt zusammen:[71] Sehe oder wisse der Empfänger des Tickets nicht, daß dieses überhaupt beschriftet sei, so sei er nicht an die conditions gebunden.[72] Bringe er hingegen die Beschriftung mit Vertragsbedingungen in Zusammenhang, so sei er gebunden. Wenn er jedoch nicht wisse oder glaube, daß die von ihm wahrgenommene Beschriftung conditions betreffe, so sei er nur dann an deren Inhalt gebunden, wenn er bei der Aushändigung des Tickets in angemessener Weise darauf hingewiesen werde ("reasonable notice"), daß die Beschriftung Vertragsbedingungen enthalte.[73]

e) Die Ausgangsbasis nach PARKER v. S.E. RY. CO.

An Mellishs drei Testfragen hat sich die Rechtsprechung zur Frage der Einbeziehung von AGB mittels mündlicher Bezugnahme im gesamten nachfolgenden Jahrhundert und sogar bis heute orientiert.[74] Es sind im wesentli-

---

[70] Siehe oben S. 88, N. 38, und S. 90, N. 42.

[71] Mellish aaO. p. 423; damit formulierte er zugleich die der Jury vorzulegenden Fragen. Baggallay schloß sich der Formulierung an (aaO. p. 426), ebenso dem Grundsatz nach auch Bramwell, der zugleich aber darauf beharrte, daß es sich in Wahrheit um eine Rechtsfrage handele (aaO. p. 430).

[72] Insofern war HENDERSON v. STEVENSON bindend.

[73] "...if he knew there was writing on the ticket, but did not know or believe, that the writing contained conditions, nevertheless he would be bound, if the delivering of the ticket to him in such a manner that he could see there was writing upon it, was, in the opinion of the jury, *reasonable notice* that the writing contained conditions." aaO. p. 423 (Hervorhebung v. Verf.).

[74] Vgl. die Zitate oben S. 97, N. 59.

chen zwei Punkte, die Mellish auf lange Zeit hinaus festgeschrieben hat: Zum einen genügte von nun an das Wissen von der Absicht des Verwenders, einseitige Geschäftsbedingungen in den Vertrag einzubringen, für deren Einbeziehung. Die inhaltliche Kenntnis war nicht gefordert. Zum anderen reichte es dort, wo dem Vertragspartner des Verwenders diese Absicht entgangen war, für die Einbeziehung aus, wenn der Verwender aus der Sicht eines objektiven Beobachters hinreichend deutlich auf die Geltung seiner conditions hingewiesen hatte; der reasonable man wurde so zum Maßstab für die individuelle vertragliche Einbeziehung.

Unverkennbar ist, daß der Court of Appeal eine andere grundsätzliche Haltung einnahm als noch das House of Lords im HENDERSON-Fall: Dem House of Lords war dort offensichtlich daran gelegen, die Einbeziehung einseitiger Geschäftsbedingungen nicht allzusehr zu erleichtern. Der Court of Appeal hatte hingegen umgekehrt das Ziel im Auge, eine mißbräuchliche Ausnutzung der Unwägbarkeiten beim Vertragschluß durch den Vertragspartner des Verwenders einzudämmen: Dort, wo der Verwender nach objektiven Kriterien hinreichend auf seine AGB hingewiesen hatte, sollte sich der Vertragspartner nicht auf seine eigene Unaufmerksamkeit berufen dürfen.

Auch diese Lösung darf man aus heutiger Sicht noch als fair und ausgewogen bezeichnen: Der Verwender muß sich darum bemühen, einen Vertragspartner, dem die Geltung von AGB nicht bereits klar ist, im Zusammenhang mit dem Vertragschluß[75] nach objektiven Kriterien hinreichend deutlich auf deren Zugrundelegung hinzuweisen. Dem ist genügt, die reasonable notice ist also zu bejahen, wenn die Unkenntnis des Vertragspartners nunmehr allein auf dessen eigener Unachtsamkeit beruht, nicht hingegen auf einem Versäumnis des Verwenders.[76]

Dabei stellte der Court of Appeal jedoch erheblich höhere Erwartungen an die Eigensorgfalt des Vertragspartners des Verwenders. Insgesamt definierte der Court of Appeal die beiderseitigen Sorgfaltskreise wieder mehr zum Nachteil des verhandlungsschwächeren Vertragsteils. Vor allem aber entzog er ihm den effektiven Überraschungsschutz, den das House of Lords mit seinen gesteigerten Anforderungen an die Deutlichkeit des Hinweises bei ein-

---

75 Den zeitlichen und örtlichen Zusammenhang mit dem Vertragschlußvorgang drückt Mellish aus, indem er den Vorgang der Ticketübergabe in den Mittelpunkt stellt: "... if the delivering of the ticket was,....., reasonable notice..", aaO. p. 423.

76 *Lütkenhaus*, UCTA 1977 und AGBG 1976, p. 85.

schneidenden Freizeichnungen gewährleisten wollte: Von nun an konnte, zumindest bei oberflächlicher Betrachtung der Urteilsbegründung Mellishs, der Hinweis auf das Vorhandensein von Bedingungen allgemein, ohne Hervorhebung der besonders nachteiligen Klauseln, als ausreichend gelten.[77] Zudem übernahm der Court of Appeal auch nicht die exaktere Vertragschlußanalyse der Lords im HENDERSON-Fall, sondern machte die Ticketübergabe zum maßgeblichen Kriterium im Rahmen des Vertragschlußvorgangs.

Insgesamt gesehen konnten die Gerichte damit aber in der Fallgruppe der ticket cases auf ein Einbeziehungsinstrumentarium zurückgreifen, das demjenigen des um hundert Jahre jüngeren AGBG nahe kommt: Dem Verwender oblag es, im Zusammenhang mit dem Vertragschlußvorgang hinreichend deutlich auf die Geltung seiner AGB hinzuweisen, auf die tatsächliche inhaltliche Kenntnisnahme durch die Gegenseite kam es nicht an. Wohl aber war die Zustimmung der Gegenseite erforderlich, die konkludent aus deren Verhalten ermittelt werden konnte.[78] Konnte die Zustimmung nicht festgestellt werden, so galt ähnlich § 6 Abs. 1 und 2 AGBG der Vertrag als mit dem gesetzlichen Inhalt, hier also den Regeln des common law, zustandegekommen. Hinsichtlich der Momente des Überraschungsschutzes (§ 3 AGBG) und der Ausdrücklichkeit des Hinweises auf die Geltung der AGB (§ 2 Abs. 1 Ziff. 1 AGBG) konnte weiter auf die obiter dicta Bramwells und Byles' zur unreasonableness sowie die Grundsätze aus HENDERSON v. STEVENSON zurückgegriffen werden.[79]

---

[77] Erst in der Entscheidung des Court of Appeal THORNTON v. SHOE LANE PARKING LTD. aus dem Jahre 1970, [1971] 2 Q.B. 163, haben Lord Denning und Megaw L.J. herausgearbeitet, daß auch Mellish möglicherweise sein Kriterium der reasonably sufficient notice auf die konkret in Frage stehende Freizeichnungsklausel, nicht auf die conditions insgesamt bezogen wissen wollte. Denning (ibid. p. 169) und Megaw (ibid. p. 172) begründeten dies in einer exakten sprachlichen Analyse im Ergebnis gleichlautend damit, daß sich Mellish am Ende seines Votums des Singulars "the condition" bedient hat, als er die entscheidende Fragestellung noch einmal herausgearbeitet hat: Dort bezeichnete er es als "the real question, namely, whether the railway company did what was reasonably sufficient to give the plaintiff notice of *the condition*", (1877) 2 C.P.D. 416, 423 (Hervorhebung v. Verf.). Siehe dazu im dritten Kapitel, S. 155 ff.

[78] Siehe oben auf S. 77. Zum deutschen Recht *Ulmer/Brandner/Hensen*, AGB-Gesetz, § 2 Rz. 38 ff.

[79] Die Rechtsprechung zu § 2 AGBG läßt allerdings bei Massenverträgen des täglichen Lebens, die konkludent geschlossen werden bzw. bei denen ein besonderer Hinweis eine unnötige Erschwerung der Massenabfertigung darstellen würde, den deutlich sichtbaren Aushang am Ort des Vertragschlusses ausreichen, so daß sich die Lösung des AGBG letztlich in der vorliegend besprochenen Fallgruppe nicht wirklich von der derjenigen des früheren common law unterscheidet; vgl. zum deutschen Recht *Palandt-Heinrichs* § 2 AGBG Rz. 7; *Ulmer/Brandner/Hensen*, AGB-Gesetz § 2 Rz. 36 ff.

Es zeigt sich also, daß schon das common law des 19. Jahrhunderts bei der Einbeziehungsfrage durchaus in der Lage gewesen ist, der drohenden einseitigen Usurpation des vertraglichen Instrumentariums durch die markstärkeren Vertragsparteien mit der Anpassung des vorhandenen Regelungsinstrumentariums zu begegnen, ja sogar, wie das House of Lords im HENDERSON-Fall gezeigt hat, durch gezielten Einsatz der klassischen Instrumente die Wirkung einer verdeckten Inhaltskontrolle zu erreichen.

Für die nachfolgende Rechtsprechung ergab sich auf dieser Grundlage eine hervorragende Ausgangsbasis für die weitere Ausarbeitung angemessener Einbeziehungsregeln. Das Prinzip der reasonably sufficient notice ließ in seiner allgemeinen Formulierung ausreichenden Freiraum, die Ansätze der Lords im HENDERSON-Fall ebenso wie die entgegengesetzten Positionen Lord Bramwells in PARKER v. S.E. RY. mitzubedenken. Es war im Grunde genommen, wie dies schon anhand der soeben besprochenen Entscheidungen aufgezeigt worden ist, eine Frage der persönlichen Haltung, oder - um erneut mit Lord Dennings eingangs zitiertem Bild zu sprechen - der Wachsamkeit des einzelnen Richters, inwieweit er die Einbeziehungspraxis der Verwender billigen und damit deren vertragsbeherrschende Rolle nicht nur bei der Inhaltsgestaltung, sondern auch bei der Einbeziehungsfrage, hinnehmen wollte.

II. Die unzulängliche Ausnutzung der fortschrittlichen Einbeziehungsregeln nach PARKER v. S.E. RY. CO.

Das common law hat die zukunftsweisende Ausgangsbasis der Einbeziehungsregeln aus den 70er Jahren des vorigen Jahrhunderts nicht konsequent genutzt. Zum einen hat man die Grundidee des ausreichend deutlichen Hinweises nicht systematisch auf alle Fälle der Einbeziehung von vorformulierten Vertragsbedingungen ausgedehnt.[80] Dies gilt insbesondere für den schriftlich unterzeichneten Vertrag. Die Maximen der frühen ticket-cases sind vielmehr über lange Zeit hin im typischen "Schubladendenken" des common law im wesentlichen auf vergleichbare Fallkonstellationen beschränkt geblieben. Zum anderen hat die nachfolgende Rechtsprechung in der eigentlichen Ticket-Fallgruppe die Erkundigungslast der Vertragspartner der Verwender zusätzlich ausgedehnt, so daß in letzter Konsequenz schließlich die bloße Ticketübergabe mit Hinweis auf andernorts niedergelegte conditions zur Bindung des Ver-

---

[80] *Gluck*, [1979] 28 I.C.L.Q. 72, 82.

tragspartners geführt hat. Beiden Phänomenen soll in diesem Abschnitt nachgegangen werden.

1. Signed documents: "Caveat subscriptor"

Eine ausgesprochen strikte Haltung hat das common law für die Fälle unterschriebener Verträge eingenommen, obwohl auch hier ähnliche Schwierigkeiten wie bei der Ticket-Fallgruppe auftreten können, die Zustimmung des Unterzeichners einer Vertragsurkunde zu einzelnen, für ihn nachteiligen Vertragsbedingungen konkret festzustellen, etwa wenn diese in unübersichtlichen Klauselkatalogen enthalten oder schwer erkennbar irgendwo in der Vertragsurkunde abgedruckt sind.

Bereits für die Richter in HENDERSON v. STEVENSON und PARKER v. S.E. Ry. stand außer Frage, daß die Unterschrift unter ein Vertragsdokument zur Bindung an die darin enthaltenen Bedingungen führe, auch wenn der Unterzeichner diese nicht durchgelesen habe.[81] Zu dem gleichen Ergebnis kam der High Court in der bekannten Entscheidung L'ESTRANGE v. F. GRAUCOB LTD.[82] Obwohl die dort in Frage stehende Freizeichnungsklausel, die den beklagten Verkäufer eines Zigarettenautomaten umfassend von der gesetzlichen Gewährleistungshaftung entband, nur schwer zu erkennen war, da sie in Kleindruck auf braunem Papier ausgeführt war,[83] bejahte der High Court deren Einbeziehung in den Kaufvertrag, weil die Klägerin diesen unterschrieben hatte. Hiergegen seien nur ausnahmsweise die Einwände fraud, misrepresentation und non est factum statthaft.[84]

---

[81] [1874-80] All E.R. Reprint 436, 439 per Lord Cairns und p. 443 per Lord Hatherley; (1877) 2 C.P.D. 416, 421 per Mellish L.J.: "In an ordinary case, where an action is brought on a written agreement which is signed by the defendant, the agreement is proved by proving his signature, and, in the absence of fraud, it is wholly immaterial that he has not read the agreement and does not know it contents."

[82] [1934] 2 K.B. 394.

[83] "I regret the decision to which I have come, but I am bound by legal rules and cannot decide the case on other considerations. ..... I could wish that the contract had been in a simpler and more usual form. It is unfortunate that the important clause excluding conditions and warranties is in such small print." per Maugham L.J. aaO. (N. 82) pp. 405, 407.

[84] Scrutton L.J. lehnte ausdrücklich die Anwendung des reasonable notice-Grundsatzes ab: "In cases in which the contract is contained in a railway ticket or other unsigned document, it is necessary to prove that an alleged party was aware, or ought to have been aware, of its terms and conditions. These cases have no application when the document has been signed. When a document containing contractual terms is signed, then, in the absence of fraud, or, I will add, misrepresentation, the party signing it is bound, and it is wholly immaterial whether he has read

Die Entscheidung des High Court ist in der Folgezeit einhellig als bindender Präzedenzfall anerkannt worden; obwohl sie deutlich unter dem Einfluß anderer Prinzipien wie der parol evidence rule bzw. dem estoppel-Prinzip steht,[85] hat selbst das House of Lords die Regel aus L'ESTRANGE v. GRAUCOB als selbständigen Grundsatz des common law eingestuft.[86] Wie die angeführten Zitate von Mellish, Scrutton und Cairns belegen, geht es hierbei allein um den hinreichenden Nachweis der Zustimmung des Vertragspartners zur Geltung der conditions.

Gerade die besonders schlechte Erkennbarkeit und Lesbarkeit der Freizeichnungsklausel für die Klägerin L'Estrange wären eine passende Gelegenheit gewesen, das Kriterium der reasonable notice auf den unterschriebenen Vertrag auszudehnen. Die den Maximen Mellishs zugrundeliegende Überlegung, daß der Verwender erst dann von der Zustimmung der Gegenseite zur Geltung seiner vorformulierten Vertragsbedingungen ausgehen dürfe, wenn er

---

the document or not." aaO. (N. 82) p. 403. Den Einwand non est factum schob Maugham L.J. nach, aaO. p. 406.

[85] Die parol evidence rule ist ein ebenfalls bereits im 19. Jahrhundert festgeschriebenes Beweisverbot, nach dem der mündlich geführte Gegenbeweis unzulässig ist, der Vertragsinhalt weiche in Wirklichkeit vom Inhalt der vorgelegten schriftlichen Vertragsurkunde ab: "Parol testimony cannot be received to contradict, vary, add to or substract from the terms in which the parties have deliberately agreed to record any part of their contract." per Lord Morris in BANK OF AUSTRALIA v. PALMER [1897] A.C. 540, 545. Vgl. zur Bedeutung der parol evidence rule für die vertragliche Einbeziehung *Lütkenhaus*, UCTA 1977 und AGBG 1976, pp. 71 ff.; *Yates*, Exclusion Clauses in Contracts pp. 45 f.; *Spencer*, [1973] C.L.J. 104, 117 f. zeigt auf, daß Scrutton L.J. in L'ESTRANGE v. GRAUCOB höchstwahrscheinlich von der parol evidence rule beeinflußt war, da Scrutton sein Votum zu ROE v. NAYLOR (No. 2) (1918) 87 L.J.K.B. 958, 964 in ähnlicher Weise begründet hatte.

[86] "Unless your Lordships are to disapprove the decision of the Court of Appeal in L'ESTRANGE v. F. GRAUCOB LTD. - and there has been no suggestion in this case that you should - the law is clear, without an recourse to the doctrine of estoppel, that a signature to a contract is conclusive." per Lord Devlin in McCUTCHEON v. DAVID MACBRAYNE LTD., [1964] 1 W.L.R. 125, 134. Die estoppel-Lösung, d.h. den Weg über das Verbot widersprüchlichen Verhaltens bzw. unzulässige Rechtsausübung, hatte Lord Blackburn in HARRIS v. THE GREAT WESTERN RY. CO. (1876) 1 Q.B.D. 515, 530 verfolgt, indem er die Bindung des Ticketempfängers, der die Beschriftung bemerkt hatte, damit begründete, der Empfänger habe mit der Entgegennahme des Tickets gegenüber dem Verwender den Eindruck seiner Zustimmung erweckt; daher sei ihm die Berufung auf die Unkenntnis vom Inhalt der Bedingungen verwehrt. - Das o.a. Zitat Lord Devlins läßt übrigens erkennen, warum den Voten in L'ESTRANGE v. GRAUCOB bindende Bedeutung zugemessen worden ist; die Entscheidung wird wegen der Beteiligung Scruttons und Maughams L.JJ. häufig dem Court of Appeal zugeschrieben, obwohl beide in diesem Fall als zusätzliche Richter die King's Bench Division verstärkten, vgl. auch Spencer [1973] C.L.J. 104 N. 2. Der Fall ist daher ein anschauliches Beispiel für die Autorität einzelner Richterpersönlichkeiten, auch wenn sie ausnahmsweise nicht als Mitglieder des Court of Appeal oder House of Lords urteilten, denn weder House of Lords noch Court of Appeal sind an die Entscheidungen des High Court gebunden, vgl. *Walker/Walker*, The English Legal System, pp. 146 ff., 152; *Farrar/Dugdale*, Introduction to Legal Method, pp. 102 ff.

seinen angehenden Vertragspartner seinerseits in angemessener Weise auf seine conditions hingewiesen habe, hätte sich auch auf den Fall der Unterschrift auf ein vorgefertigtes Vertragsformular übertragen lassen, denn insofern handelte es sich ja ebenfalls nicht um beiderseits in voller inhaltlicher Kenntnis ausgehandelte Bedingungen. Während man in einem derartigen Fall die Unterzeichnung mit Recht als abschließenden Nachweis der Zustimmung zum Inhalt der Urkunde ansehen kann, weil von entsprechender Kenntnis ausgegangen werden darf, kann die Zustimmung der Gegenseite zu den in einem typischen Formularvertrag niedergelegten Bedingungen nur dann angenommen werden, wenn hinreichend deutlich erkennbar ist, daß mit der Unterzeichnung des Formulars auch die Geltung besonderer Vertragsbedingungen vereinbart sein soll. Dies hätte die Anwendung der zweiten und dritten Mellish'schen Maxime[87] auf Fälle der vorliegenden Art gerechtfertigt. Den Besonderheiten des Vertragsschlusses per Unterschrift hätte man mit besonderen Anforderungen der reasonable sufficiency of notice gerecht werden können, beispielsweise mit drucktechnischer Hervorhebung eines Hinweises.

L'ESTRANGE v. GRAUCOB bedeutet daher nicht nur eine Abkehr von einer Vertragsschlußanalyse, bei der die vertragliche Zustimmung der Gegenseite zumindest konkludent noch an hinreichend konkreten Anhaltspunkten festgemacht werden kann; mit ihrem Prinzip des "caveat subscriptor" entlastete die Entscheidung vielmehr auch rein einseitig den Verwender von dem grundsätzlich in seine Sphäre fallenden vertraglichen Einbeziehungsrisiko und wies dieses praktisch uneingeschränkt der anderen Vertragspartei zu.

Die Ausnahmen fraud (arglistige Täuschung) und misrepresentation (unzutreffende außervertragliche Tatsachenzusicherung) sind demgegenüber viel zu restriktiv gefaßt, als daß sie dem Unterzeichner eines Vertragsformulars unter normalen Umständen Schutz bieten könnten.

Die Figur des non est factum ist ein noch seltener anwendbarer Sonderfall der Irrtumsregeln: Sie diente ursprünglich dem Schutze von Analphabeten, die sich bei der Siegelung einer Urkunde auf die Erläuterungen Dritter verlassen mußten, wenn die beurkundete Erklärung tatsächlich von gänzlich anderer Natur war als angenommen.[88] Die non est factum-rule hat zwar im 19. Jahrhundert eine gewisse Ausdehnung auf weitere, besonders

---

87 Oben auf S. 100.

88 ("It is not his deed"), vgl. etwa THOROUGHGOOD'S CASE (1548) 2 Co.Rep. 9a (76 E.R. 408).

schutzbedürftige Personen gefunden, beispielsweise auf Blinde und sogar allgemein auf Personen, die, ohne sorgfaltswidrig zu handeln, auf das Durchlesen eines Dokuments verzichteten und sich auf die Angaben Dritter verließen; dies jedoch jeweils nur unter dem Aspekt der Abwägung gegenüber dem Verkehrsschutz bei übertragbaren Urkunden bzw. Wertpapieren.[89] Bis heute ist der Anwendungsbereich des non est factum-Einwands nicht auf die einfachvertragliche Zweiparteienkonstellation anwendbar und daher für weite Teile des Vertragsrechts praktisch ohne Belang.[90]

2. Parallele zum unterschriebenen Vertrag: "Caveat qui accipit"

Eine durchaus vergleichbare Entwicklung hin zu einem "caveat qui accipit" hat die Maxime der reasonable notice mittelfristig auch dort genommen, wo sie unmittelbar zur Anwendung gelangte. Dabei ist festzustellen, daß sich die Abkehr von einer exakten Vertragschlußanalyse unter Anknüpfung an die vertraglichen Willenserklärungen nach dem Muster von HENDERSON v. STEVENSON im Ergebnis deutlich verwenderfreundlich ausgewirkt hat.

a) Verbraucherfreundlichere Ansätze

Die zunächst feststellbare Tendenz, die Hinweispraxis der Gesellschaften kritisch zu beurteilen, konnte sich nicht endgültig durchsetzen. In der Entscheidung RICHARDSON, SPENCE & CO. v. ROWNTREE[91] aus dem Jahre 1894 beispielsweise verneinte das House of Lords die vertragliche Einbeziehung einer haftungsbeschränkenden Klausel der beklagten Schiffahrtsgesellschaft, weil das Schiffsticket, auf dessen Innenseite die fragliche Klausel neben anderen conditions aufgeführt war, der Klägerin - nach Zahlung des Beförderungsentgelts - zusammengefaltet und ohne gesonderten Hinweis auf

---

[89] In FOSTER v. MACKINNON (1869) L.R. 4 C.P. 704 ging es um die Haftung eines "gentleman far advanced in life" für ein von ihm gegebenes Wechselindossament, zu dem er von einem Dritten durch falsche Angaben verleitet worden war. Die dort auf p. 711 von Byles J. gegebene Begründung für die Verneinung der Haftung, die Vorstellungen Mackinnons hätten sich nicht mit seiner Unterschrift gedeckt ("..the mind of the signer did not accompany the signature.."), ist nicht für Zweipersonenverhältnisse übernommen worden.

[90] *Spencer* [1973] C.L.J. 104, 121; umfassend zu non est factum *Baker* 23 (1970) C.L.P. 52 ff.; *Cheshire/Fifoot/Furmston* pp. 248 ff.

[91] RICHARDSON, SPENCE & CO. AND THE "LORD GOUGH" STEAMSHIP CO. LTD. v. MINNIE ROWNTREE [1894] A.C. 217.

den Klauselaufdruck übergeben worden war.[92] Das House of Lords nahm hierbei nicht einmal andeutungsweise Stellung zu der Frage, ob die Klägerin vielleicht sorglos gehandelt haben könnte, indem sie das Ticket nicht geöffnet und gelesen hatte. Lord Ashbourne hob in seiner opinion zusätzlich auf einen neuen Aspekt ab: Die Klägerin gehöre zu den Zwischendeckpassagieren, damit also zur Klasse der einfachen Leute,[93] die regelmäßig über geringe oder überhaupt keine Bildung verfügten. Da die Klauseln sehr klein gedruckt und überdies von einem roten Stempelaufdruck überdeckt seien, habe die Aufmerksamkeit der Klägerin in besonderer Weise auf die Geltung der conditions gelenkt werden müssen.[94]

In HOOPER v. FURNESS CO. kam Ridley J. zu dem Ergebnis, selbst der Hinweis "At passengers own risk" auf der Vorderseite eines Schiffstickets sei nicht ausreichend, wenn dieses erst auf dem schon in Fahrt befindlichen Schiff überreicht werde.[95] In einem weiteren Fall verwehrte der Court of Appeal der beklagten Schiffahrtgesellschaft u.a. deshalb die Berufung auf ihre Haftungsfreizeichnung, weil diese unterhalb der Unterschriftszeile abgedruckt war.[96]

---

[92] Lord Herschell L.C. aaO. p. 220, unter Rückgriff auf die Formel Mellishs.

[93] Lord Ashbourne aaO., p. 221, wählte dafür die Formulierung "..a class of people of the humblest description.."

[94] Auf den Aspekt der mangelnden Deutlichkeit zwischen anderem Textmaterial "versteckter" Hinweise stellte auch Lord Alverston C.J. in STEPHEN v. INTERNATIONAL SLEEPING CAR CO. LTD. (1903) T.L.R. 621 ab.

[95] (1907) 23 T.L.R. 451; das Schiff hatte bereits seit 15 Minuten abgelegt, als der auf dem Schiff befindliche Fahrscheinschalter geöffnet wurde. In ESSERY v. GENERAL S.N. CO. LTD. (1937) 58 Lloyds L. Rep. 307 beurteilte Lord Hewart C.J. einen ähnlichen Fall mit entgegengesetztem Resultat.

[96] RYAN v. OCEANIC STEAM NAVIGATION CO. LTD. [1914] 3 K.B. 731, 747 f. per Vaughn Williams C.J.; die Kläger, Hinterbliebene eines Opfers des Titanic-Unglücks, drangen mit ihrer Klage auch deswegen durch, weil die fragliche Klausel nicht den Anforderungen des Merchant Shipping Act 1894 entsprach. Zu weiteren Einzelanforderungen an die Deutlichkeit des Hinweises darf verwiesen werden auf die jeweiligen Darstellungen bei *Lawson*, Exclusion clauses, pp. 5 ff.; Lütkenhaus, UCTA 1977 und AGBG 1976, pp. 84 ff.; *Thieme/Mitscherlich* RIW/AWD 1974, 173, 176 ff.

b) *Übergabe vertragserheblicher Dokumente als Angebot*

aa) Die Berücksichtigung von Vorkenntnissen

Von diesen ersichtlich verwenderkritischen Ansätzen nahm die vorherrschende Richtung in der Rechtsprechung jedoch bald Abstand und lehnte immer seltener die Einbeziehung einseitiger conditions aufgrund unzureichenden Verwenderhinweises ab. Hierbei wirkte sich ausgerechnet das reasonable man-Prinzip nachteilig aus: Nimmt man nämlich den reasonable man zum Beurteilungsmaßstab des Empfängerhorizonts, so muß man den Kenntnisstand dieser neutralen Person auch nach den aktuell geltenden Übungen und Gepflogenheiten im Rechtsverkehr definieren. Jede allgemein wahrnehmbare Änderung der Geschäftspraxis, insbesondere die auf immer breiterer Front übliche Verwendung von klauselbeschrifteten Tickets, mußte daher grundsätzlich auch zu einer veränderten Betrachtungsweise aus der Sicht des reasonable man führen. Die Rechtsprechung gab schließlich ihre kritische Linie auf und rechnete dem Kunden objektiv mögliche Vorkenntnisse eines verständigen Teilnehmers am Rechtsverkehr als konkrete Eigenkenntnis zu, stellte also im Ergebnis die vor 1877 geltende Rechtslage wieder her.

Diese Tendenz belegt in aller Deutlichkeit der Blick auf die Entscheidung des House of Lords HOOD v. ANCHOR LINE aus dem Jahre 1918.[97] Dort hatte ein Bediensteter des Klägers das zuvor vom Kläger telefonisch reservierte Schiffsticket im New Yorker Büro der Beklagten nach Übergabe eines Schecks überreicht bekommen. Das Ticket befand sich in einem verschlossenen Umschlag, auf dem in großen Lettern zum Durchlesen der Bedingungen aufgefordert wurde, die im Einzelnen auf dem Ticket abgedruckt waren. Weder der Bedienstete noch später der Kläger, der das Ticket erst an Bord erhielt, lasen den Klauseltext durch. Nach Ansicht des House of Lords waren die Klauseln Vertragsbestandteil geworden; der Kläger habe - ausreichend instruiert durch die notice auf dem Umschlag - freiwillig das Risiko übernommen, auf Grundlage der AGB der Beklagten zu kontrahieren und müsse daher nach den "standards of ordinary life" behandelt werden.[98] Lord Parmoor be-

---

[97] HOOD v. ANCHOR LINE (HENDERSON BROTHERS) LTD. [1918] A.C. 837.

[98] "I think ordinary people do look to see what bargain they are getting, and should be taken as bound to have done so and as precluded from saying that they did not know...I think he must be treated according the standards of ordinary life.." per Viscount Haldane aaO. p. 845 f., der unmittelbar an die Argumentation Lord Bramwells in PARKER v S.E. RY. CO., vgl. oben auf S. 99, anschloß: Es gehe nicht um die Frage, ob der Kläger die Klausel gelesen habe, son-

zeichnete es sogar als außergewöhnlich anzunehmen, eine Atlantiküberquerung von New York nach Glasgow werde ohne besondere Vertragsbedingungen durchgeführt; eine solche Annahme sei allenfalls in der Frühzeit des Eisenbahntransports zulässig gewesen.[99]

Ähnlich argumentierte später Devlin J. in ALEXANDER v. RY. EXECUTIVE, der sich bei seiner Entscheidung auch von der Überlegung leiten ließ, der großen Mehrheit der Bevölkerung sei die Praxis der Eisenbahngesellschaften bekannt, Gegenstände nur auf der Grundlage besonderer Vertragsbedingungen zu verwahren.[100]

Diese Rechtsprechung blieb zwar noch im Rahmen der Vorgaben aus PARKER's case, denn bereits dort hatten die Richter ja die Auffassung vertreten, der Verwender dürfe mit angemessen informierten und sorgfältig auftretenden Vertragspartnern rechnen.[101] Von dem Versuch der Lords in HENDERSON v. STEVENSON, das Vertrauen in die Geltung der Regeln des common law als regelmäßig geltendes Recht zu schützen und den vorformulierten Vertrag als deutlich kenntlichzumachende Ausnahme festzuschreiben, war man damit jedoch weit abgerückt:[102] Die Geltung von conditions war wieder zum Regelfall geworden, auf den sich der Kunde einzustellen hatte; das House of Lords ging sogar so weit, jetzt die Einbeziehung vorformulierter Vertragsbedingungen weniger an der reasonable notice des Verwenders, als an einer allgemeinen Pflicht des Kunden gegenüber seinem rechtlichen "Nachbarn" zur Sorgfalt ein eigenen Dingen zu überprüfen,[103] eine Argumentation, die ein wenig an die spätere Gedankenführung Lord Atkins zur negligence im Deliktsrecht erinnert.[104]

Zusätzlich ergab sich eine Tendenz, in typischen Situationen die Anforderungen an die Deutlichkeit der notice und damit an die Sorgfalt der Verwen-

---

dern darum, ob er sich im Prozeß auf eine solche Argumentation berufen dürfe, was Haldane, aaO. p. 845, verneinte.

[99] aaO. p. 849.

[100] "..most people nowadays know the railway companies have conditions subject to which they take articles in their cloakrooms..", [1951] 2 K.B. 882, 886.

[101] Oben auf S. 98.

[102] Besonders deutlich bei Lord Parmoor aaO. p. 849, der die strikten Beweisregeln Lord Chelmsfords im HENDERSON-Fall (vgl. oben auf S. 93) merklich abschwächte und sich ebenso wie Lord Cairns in HENDERSON auf den "common sense" berief.

[103] Viscount Haldane aaO. p. 843.

[104] DONOGHUE v. STEVENSON [1932] A.C. 562, 580.

der abzuschwächen: Läßt sich in PARKER oder RICHARDSON v. ROWNTREE noch nicht die Bereitschaft der Gerichte erkennen, bereits in dem bloßen Akt der Ticketübergabe, mit knappem Hinweisaufdruck auf der Vorderseite und Genauerem nur auf der Rückseite, eine hinreichende Kundgabe zu erblicken,[105] so galt in der Rechtsprechung spätestens ab den zwanziger Jahren dieses Jahrhunderts der umgekehrte Grundsatz: War ein Ticket mit einem lesbaren Hinweis "For conditions see back" o.ä. auf der Vorderseite versehen, so führte dies nunmehr praktisch generell zu der Annahme, dem Vertragspartner sei die Beschriftung an sich, und demzufolge auch das Vorhandensein von vorformulierten Bedingungen, bekannt.[106] Die in den früheren Entscheidungen noch mitberücksichtigten zusätzlichen Gesichtspunkte wie Hinweistafeln am Schalter oder mündlicher Hinweis verloren an Bedeutung, die Sicht verengte sich auf die Ticketübergabe.

Die differenzierte Schutzwirkung der reasonable notice-Formel Mellishs schliff sich so zusehends zum Nachteil des Vertragspartners des Verwenders ab: Die von Mellish in Anknüpfung an HENDERSON v. STEVENSON errichtete Schutzbarriere, wonach dem Vertragspartner des Verwenders zumindest der Umstand der Beschriftung konkret bekannt sein mußte, um die Kenntnis vom Inhalt der Bedingungen über die Sorgfaltsanforderungen der reasonable notice unterstellen zu können,[107] war damit zum Vorteil des Klauselverwenders eingeebnet. Das für die vertragliche Zustimmung erforderliche Kenntniselement wurde also nicht mehr an die Umstände des individuellen Einzelfalls, sondern an generalisierte Kenntnisstandards angeknüpft.

Zudem war nunmehr die von Mellish noch erkannte Notwendigkeit, auf die Möglichkeit zur inhaltlichen Kenntnisnahme der speziell einschlägigen Bedingungen hinzuarbeiten, weit in den Hintergrund getreten. Dies wirkte sich besonders dort höchst ungünstig für den Verbraucher aus, wo der stetig wachsende Umfang der Vertragsbedingungen dazu führte, daß die konkret zu beachtenden Klauseln nicht mehr unmittelbar zugänglich waren. Ein extremes Beispiel hierzu liefert THOMPSON v. L.M.S. RY. CO.:[108] In diesem Fall

---

[105] Dies gilt jedenfalls für Baggallay L.J.aaO. (S. 97, N. 58) p. 426.

[106] NUNAN v. SOUTHERN RY. CO. [1923] 2 K.B. 703, 707 per Swift J.; THOMPSON v. LONDON, MIDLAND AND SCOTTISH RY. CO. [1930] 1 K.B. 41, 47 per Lord Hanworth M.R.; PENTON v. SOUTHERN RY. CO. [1931] 2 K.B. 103, 105 per Swift J.

[107] Man spricht hier von "constructive knowledge", vgl. *Lütkenhaus*, UCTA 1977 und AGBG 1976, p. 85.

[108] [1930] 1 K.B. 41.

war die Haftungsfreizeichnung, auf die sich die beklagte Gesellschaft gegenüber der verletzten Klägerin berief, nicht auf dem Ticket oder einer Hinweistafel zu lesen, sondern allein auf Seite 552 des Fahrplanhefts der Beklagten, für welches 6d., also fast ein Fünftel des Fahrpreises von 2s.7d., zu bezahlen waren. Der Court of Appeal kam entgegen der Vorinstanz gleichwohl zu dem Ergebnis, daß die beklagte Eisenbahngesellschaft alles Erforderliche getan habe, um die Reisenden von Geltung und Inhalt ihrer conditions zu informieren.[109]

Hierin lag ein beträchtlicher Unsicherheitsfaktor für den Vertragspartner des Verwenders: Angesichts des stetig wachsenden Umfangs der Klauselkataloge, die zusehends vielfältigere Vertragskonstellationen abdeckten, war selten klar genug zu erkennen, welche Bedingungen denn nun im Einzelfall vereinbart sein sollten. Zur Erhellung der Konsequenzen mag der Hinweis auf die Entscheidung der King's Bench Division in PENTON v. SOUTHERN RY. CO.[110] genügen: Die beklagte Eisenbahngesellschaft bot zu bestimmten Tageszeiten verbilligte Rückfahrkarten für die Fahrt von einigen Vorstadtbahnhöfen nach London an. Wie für verbilligte Fahrten generell üblich, nahm sie hierfür im Vergleich zu Normalfahrttarifen erheblich umfassendere Haftungsfreizeichnungen in ihre AGB auf.[111] Es wurde zur Regel, daß diese verbilligten Tickets zu den fraglichen Fahrtzeiten ohne besondere Nachfrage ausgegeben wurden, so auch im Falle des Klägers, der am Schalter einfach nach einem "Waterloo return" verlangt hatte, ohne mit der Ausgabe eines verbilligten Tickets zu rechnen.[112] Der High Court bejahte die Einbeziehung der umseitig abgedruckten Freizeichnungsklausel in den Beförderungsvertrag, obwohl der Kläger unbestritten nicht erkannt hatte, daß die Beklagte auf der Basis ihrer Sonderbedingungen kontrahieren wollte.[113]

---

[109] Wie weit der Court of Appeal hier vom Erfordernis einer vernünftigen Zugänglichkeit der conditions abgerückt war, läßt das Votum von Sankey L.J., aaO. p. 55 erkennen, der dem Umstand, daß am Schalter nur ein einziges Exemplar des Fahrplanhefts vorhanden war, keine Bedeutung beimaß: Für die Einbeziehung reiche es aus, wenn die Bedingungen überhaupt irgendwo niedergelegt seien; Schwierigkeiten bei der Beschaffung des Dokuments bzw. der Einsichtnahme seien unerheblich.

[110] [1931] 2 K.B. 103

[111] Auch in THOMPSON v. L.M.& S. RY. CO. ging es um eine Sonder- bzw. Ausflugsfahrt ("excursion ticket").

[112] Auf der Vorderseite des Tickets stand in gut lesbarer Type "For conditions see back", auf der Rückseite war ein umfassender Haftungsausschluß abgedruckt.

[113] Vgl. Swift J. aaO. p. 109; der Klägervertreter betonte denn auch, der Kläger habe nicht mit der Geltung der Sonderbedingungen rechnen müssen, zumal man nicht erwarten könne, daß

bb) Kritik der zugrundeliegenden Vertragschlußkonstruktion

Es ist offensichtlich, wie sehr diese Rechtsprechung im Ergebnis die Einbeziehung selbst von tiefgreifenden einseitigen Haftungsfreizeichnungen erleichterte und das Einbeziehungsrisiko nahezu gänzlich dem Verbraucher aufbürdete. Diese Entwicklung war aber nicht allein die Folge eines Stimmungsumschwungs hinsichtlich der Abgrenzung der beiderseitigen Sorgfaltskreise bei der vertraglichen Einbeziehung. Vielmehr läßt sich hieran erneut nachvollziehen, welche Bedeutung der jeweilige Einsatz des traditionellen Vertragschlußinstrumentariums für einen fairen Schutz der verhandlungsschwächeren Partei einnimmt: Bezeichnenderweise war jene deutlich verwenderfreundliche Entwicklung auf der Grundlage einer klassischen Vertragschlußanalyse nach dem Muster von HENDERSON v. STEVENSON nicht zu erreichen; dort hatte das House of Lords, wie bereits dargestellt, für den Vertragschlußzeitpunkt auf das Vorliegen der Willensübereinstimmung abgestellt; das regelmäßig erst nach der Geldzahlung übergebene Ticket galt demnach als bloße Quittung, und das nachfolgende Durchlesen des Ticketaufdrucks konnte, da zeitlich zu spät, keine Einbeziehungswirkung mehr entfalten.[114]

Demgegenüber wirkt die Vertragschlußanalyse in den zuvor angesprochenen Fällen erheblich unpräziser, weil die Gerichte jeweils auf Äußerlichkeiten, wie die Übergabe des Tickets, bzw. auf objektivierte Maßstäbe, wie die allgemeine Üblichkeit der Klauselverwendung, abstellten und den Vertragschlußzeitpunkt zeitlich weiter nach hinten verlagern mußten, um der Ticketübergabe Bedeutung für den Vertragschluß beilegen zu können.

In HOOD v. ANCHOR LINE machten die Klägervertreter ebenjene auf den Vertragschlußzeitpunkt bezogene Argumentation Lord Chelmsfords aus HENDERSON v. STEVENSON geltend;[115] die Mitglieder des House of Lords hingegen sahen den Vertrag als erst in dem Moment geschlossen an, in dem das Ticket übergeben worden sei.[116] Zur Begründung hoben sie allein darauf ab, daß ein vernünftiger Teilnehmer am Rechtsverkehr allgemein um

man sich für jede noch so kurze Bahnfahrt eingehend über die zugrundeliegenden conditions informieren müsse, aaO. pp. 105 f.

[114] [1874-80] All E.R. (Repr.) 436, 440 f. per Lord Chelmsford; siehe dazu oben auf S. 92.

[115] (1918) A.C. 837, 838.

[116] Lord Parmoor aaO. p. 847. Mit der Auffassung Lord Chelmsfords in HENDERSON v. STEVENSON, aaO. (N. 114) p. 441, daß das Ticket erst nach Übergabe und somit erst nach Vertragschluß gelesen werden könne, setzte man sich jedoch nicht auseinander.

die Geltung von AGB in solchen Fällen wisse.[117] Lord Finlay L.C. meinte zusätzlich, der Kläger bzw. dessen Dienstbote hätte das Ticket vor dessen Entgegennahme ja überprüfen und noch zurückweisen können, obwohl er selbst offenbar davon ausging, daß der Vertrag zu diesem Zeitpunkt bereits geschlossen gewesen sei.[118]

In THOMPSON v. L.M.& S. RY. und PENTON v. S. RY. gingen die Gerichte von der Überlegung aus, daß die Übergabe des bedruckten Tickets das Vertragsangebot des Verwenders darstelle, auf der Grundlage seiner Bedingungen abzuschließen. Dies müsse für alle Verträge gelten, bei deren Abschluß ein Vertragspartner dem anderen ein "common form" überreiche; bei widerspruchsloser Entgegennahme des Tickets sei der Vertragspartner an dessen Inhalt gebunden.[119]

In beiden Ansätzen wirkt die Verschiebung des Vertragschlusses auf einen spätestmöglichen Zeitpunkt gekünstelt. Der Erklärungsversuch Lord Finlays in HOOD v. ANCHOR LINE, der Kunde habe das Ticket bei Entgegennahme ja noch zurückweisen können, geht an der Sache vorbei, nicht nur, weil zu diesem Zeitpunkt ja schon längst bezahlt war und keine der Seiten wirklich an einer Vertragsauflösung interessiert gewesen sein könnte.[120] Es geht vielmehr auch dann, wenn der Vertragspartner des Verwenders darauf verzichtet, die AGB durchzulesen, darum, objektiv zu ermitteln, ob diese nach den für alle Verträge geltenden Regeln Vertragsinhalt geworden sind.

Diesen Anforderungen wurden die genannten Fälle nicht hinreichend gerecht. Sie stufen die Erklärungen der Parteien vor der Übergabe des Tickets als rechtsgeschäftlich unerhebliche Absichtserklärungen, allenfalls noch als invitatio ad offerendum ein. Bei genauer Betrachtung muß man jedoch davon ausgehen, daß die Parteien im Zeitpunkt der Ticketübergabe ihre Willenserklärungen, ausdrücklich oder konkludent, bereits abgegeben und somit das

---

[117] Z.B. Lord Dunedin, aaO. p. 847: "common knowledge".

[118] Lord Finlay L.C. aaO. p. 843.

[119] Lord Hanworth in THOMPSON v.L.M.&S. RY. CO. [1930] 1 K.B. 41, 47; Swift J. in NUNAN v. S. RY. CO. [1923] 2 K.B. 703, 707 und PENTON v. S. RY. CO. [1931] 2 K.B. 103, 105.

[120] Zu Recht hat Lord Denning dieses Denkmuster in THORNTON v. SHOE LANE PARKING LTD., [1971] 2 Q.B. 163, 169 B als Theorie bzw. Fiktion bezeichnet: "These cases were based on the theory that the customer, on being handed the ticket, could refuse it and decline to enter into the contract on those terms. He could ask for his money back. That theory was, of course, a fiction. No customer in a thousand ever read the conditions. If he had stopped to do so, he would have missed the train or the boat."

vertragliche Einverständnis längst erzielt haben: Entweder sieht man das Vertragsangebot bereits im Aushang der Fahrplantafeln durch die Beförderungsgesellschaft als Offerte ad incertas personas,[121] die der Kunde am Schalter durch Angabe seines Leistungswunschs annimmt. Oder man sieht in dieser Erklärung des Kunden das Vertragsangebot, das durch Ausstellung des Tickets und Nennung des Vergütungsbetrages angenommen wird. Zudem hat der Fahrgast seinerseits schon erfüllt, wenn er nach oder anläßlich der Fahrpreiszahlung das Ticket erhält. Die Übergabe des Fahrscheins ist streng genommen bereits eine Teilerfüllungshandlung des Beförderers, denn dieser ist verpflichtet, den Fahrschein dem Fahrgast als Nachweis der Fahrtberechtigung auszuhändigen.

Läßt man demgegenüber die auf dem Ticket aufgedruckten Bedingungen dann noch in den Vertrag einfließen, ohne die strengen Voraussetzungen der variation zu berücksichtigen,[122] so sind diese nicht von einem feststellbaren vertraglichen Willen des Kunden umfaßt. Die Einbeziehung beruht dann nicht auf den vertraglichen Erklärungen, sondern auf der einseitigen Kundgabe durch den Verwender.[123]

Wie sehr die vertragliche Stellung des Vertragspartners des Verwenders durch einen solchen Ansatz beeinträchtigt wird, zeigt sich besonders dann, wenn zur Erreichung desselben Vertragsziels verschiedene Vertragsgestaltungen mit unterschiedlich weitgehenden Risikoverlagerungen in Betracht kommen: Dort steht die Hypothese, die allgemeine Kenntnis von der Geltung konkret nicht kundgegebener Vertragsbedingungen reiche für die Einbeziehung aus, auf tönernen Füßen. Gerade hier muß deutlich gemacht werden, welche der individuellen Vertragsgestaltungen denn eingreifen soll, denn eine Vertragsannahme kann auch dann, wenn das Angebot in der Ticketübergabe liegen soll, nur zum Vertragschluß führen, wenn die individuell zugrundegelegten Vertragsbedingungen der anderen Seite erkennbar mitgeteilt werden.[124] Ist dies nicht gewährleistet, so kann der Verwender nicht damit rechnen, sein Vertragspartner habe der einseitig gewählten Alternativgestaltung konkludent

---

[121] So z.B. DENTON v. G.N. RY. CO. (1856) 5 E. & B. 860 (119 E.R. 701).

[122] Vgl. dazu *Lütkenhaus*, UCTA 1977 und AGBG 1976, pp. 104 ff.

[123] *Hughes*, (1931) 47 L.Q.R. 459, 460.

[124] *Hughes*, (1931) 47 L.Q.R. 459, 460.

zugestimmt. Auch nach dem Rechtsverständnis des common law besteht dann keine Einigkeit über die vertraglichen Bedingungen.[125]

Das gilt insbesondere für den THOMPSON-Fall: Dort hatte die Klägerin bzw. ihr Vertreter überhaupt keine Möglichkeit, von den Klauseln Kenntnis zu nehmen, so daß ein konkreter vertraglicher Einbeziehungswille nicht feststellbar war. Auch im PENTON-Fall war für den Kläger nicht hinreichend ersichtlich, daß er nicht auf der Basis der üblichen Bedingungen, sondern ausnahmsweise zu ungünstigeren Haftungsbedingungen befördert werden sollte.

Im Ergebnis beruht die Einbeziehung der Sondertarifbedingungen in THOMPSON wie in PENTON nicht mehr auf einer nachvollziehbaren Willensübereinstimmung, sondern auf dem einseitigen Diktat der Beklagten. Die rechtliche Konstruktion, die in der Übergabe eines common form das Vertragsangebot sah und der anderen Seite die common knowledge zurechnete, führte die Rechtsprechung weit weg von der vertraglichen Einbeziehungskonstruktion. Mit der Verobjektivierung der Vertragschlußanalyse war der Kunde gegenüber der Einbeziehung jedweder Klauseln in den Vertrag im Ergebnis schutzloser gestellt als im Falle des unterschriebenen Vertrags, denn seine Zustimmung zu den AGB des Verwenders wurde allein an äußeren Umständen, nämlich Ticketübergabe und common knowledge, angeknüpft, während die Anforderungen an die Klarstellungslast des Verwenders aus dem Blickfeld verschwunden waren. In Weiterführung des Bildes von der Unterwerfung der einen Vertragspartei unter das Klauseldiktat der anderen Seite kann man hier von einer Unterwerfung der Rechtsprechung unter die von der Verwenderpraxis gewählten Vertragschlußmuster sprechen.

Demgegenüber lassen sich in der nachfolgenden Rechtsprechung entgegengesetzte Tendenzen ausmachen. Zunächst zögernd, dann jedoch mit zunehmender Deutlichkeit, hat jene sich von dem Stand abgesetzt, den die reasonable notice mit den zuvor behandelten Entscheidungen erreicht hatte. Insgesamt läßt sich dabei eine wieder kritischer werdende Haltung gegenüber Vertragschlußpraktiken der Verwender erkennen. Signifikant für die Entscheidungen, die für diese Entwicklung stehen, ist der gezielte Einsatz traditioneller Vertragschlußkriterien, insbesondere die sorgsamere Ermittlung des Vertragschlußzeitpunkts anhand einer konkret nachvollziehbaren Willenseini-

[125] Zum Erfordernis der hinreichenden Bestimmtheit des Vertragsinhalts (certainty of terms) *Samek*, (1970) 47 The Canadian Bar Rev. 203 ff.; *Treitel*, The Law of Contract, pp. 40 ff.

gung als zeitliche Einbeziehungsgrenze für einseitige Geschäftsbedingungen. Aus historischem Blickwinkel läßt sich in den fraglichen Entscheidungen aber noch eine andere Ausrichtung ausmachen, nämlich die mehr oder minder offene Rückkehr zu der Einbeziehungsanalyse in HENDERSON v. STEVENSON.[126]

III. Gezielter Einbeziehungsschutz durch Aufwertung der traditionellen Vertragschlußelemente

1. CHAPELTON v. BARRY U.D.C.[127]

Zu den ersten Entscheidungen, in denen ein vorsichtiges Abrücken von dem Status quo der reasonable notice der ticket cases erkennbar wird, gehört die Entscheidung des Court of Appeal CHAPELTON v. BARRY U.D.C. aus dem Jahre 1940. In diesem Fall hatte sich der Kläger bei der Benutzung eines Liegestuhls verletzt, den er am Strand der beklagten Gemeinde für 2d. angemietet hatte. Die Beklagte hatte an der Ausgabestelle ein Hinweisschild angebracht, dessen Aufschrift für die Nutzung der Liegestühle warb und die Interessenten dazu anhielt, sich vom Aufsichtspersonal Tickets aushändigen zu lassen, die bei Kontrollen vorzuzeigen seien. Auf der Rückseite des Tickets war eine Haftungsausschlußklausel abgedruckt, die der Kläger aber nicht bemerkte. Der Court of Appeal stufte das Ticket als bloßen Zahlungsbeleg ein und verneinte die Einbeziehung der Haftungsfreizeichnung.

CHAPELTON v. BARRY wird wegen dieser Begründung regelmäßig als leading case für das Kriterium des contractual document zitiert:[128] Während für die typischen ticket cases in Beförderungsverträgen nunmehr jedes überreichte, mit aufgedruckter notice versehene Ticket als Vertragsangebot und damit als vertraglich erhebliches Dokument galt, hielt der C. A. in CHAPELTON v. BARRY zu einer fallbezogen differenzierteren Sichtweise an und stellte wieder, wie in HENDERSON v. STEVENSON vorexerziert, auf die Unterscheidung zwischen Vertragsdokument und Quittung bzw. Zahlungsnachweis, also einem nach Vertragschluß begebenen Dokument ab.

---

[126] Oben auf S. 90 ff.

[127] CHAPELTON v. BARRY URBAN DISTRICT COUNCIL [1940] 1 K.B. 532.

[128] *Lawson*, Exclusion clauses p. 4; *Schmitz*, Haftungsausschlußklauseln in allgemeinen Geschäftsbedingungen ... p. 18; *Anson's* Law of Contract p. 143.

Systematisch gesehen ist das Kriterium des contractual document jedoch lediglich äußerer Aspekt der Vertragschlußanalyse des C.A., der im Aufstellen von Liegestühlen und Hinweisschild ein "general offer to the general public",[129] also ein Vertragsangebot ad incertas personas erblickte. Der Mietvertrag kam demnach zustande, bevor das Ticket übergeben wurde.[130] Das Ticket konnte folglich nicht als offer gelten. Um dieses Ziel zu erreichen, mußte sich der C.A. im Wege des distinguishing von den Beförderungsticket-Fällen absetzen, was jedoch nur wenig überzeugt, denn die abstrakte Grundkonstellation von öffentlich angebotener Leistung und Ticketübergabe nach Bezahlung der Vergütung ist in beiden Fallgruppen vergleichbar. Daß der C.A. letztlich die Vertragschlußkonstruktion der ticket cases von HOOD v. ANCHOR LINE, PENTON v. S. RY. CO. und THOMPSON v. L.M. & S. RY. CO. nicht nachvollziehen mochte, zeigt sich auch darin, daß der C.A. wie schon die Gerichte in jenen Entscheidungen[131] die Einbeziehung als Rechtsfrage, aber eben entgegengesetzt, entschied.[132]

Das Abgrenzungskriterium Slessers gegenüber den Beförderungsticketfällen, das Ticket habe vorliegend nur dem Nachweis für die gezahlten 2d. gedient,[133] trifft im Grunde genommen auch auf das Eisenbahn- oder Schiffsticket zu, welche ja ebenfalls vorrangig dem Nachweis der Benutzungsberechtigung dienen.

Insgesamt gesehen fällt auf, daß der C.A. wieder mehr den Vertrauensschutz für den Kunden des Verwenders verfolgte, indem er den Erklärungswert des angebrachten Hinweisschildes, auf dem sich kein Hinweis auf die Haftungsfreizeichnung fand, als abschließend betrachtete; auf Gedanken wie "common knowledge", also allgemein bekannte Üblichkeit der Geltung von Freizeichnungsklauseln, ging das Gericht hingegen nicht näher ein. Damit konzentrierte sich der C.A. wieder mehr auf die Sorgfaltsobliegenheiten des Verwenders, ohne diese über Gebühr zu erhöhen, denn ein deutlicher Freizeichnungshinweis auf einem Hinweisschild war dem Verwender ohne weiteres zuzumuten.

---

129 Slesser L.J. aaO. (N. 127) p. 537.

130 Der Kläger hatte sich den Liegestuhl, wie üblich, selbst geholt und das Ticket danach bekommen, vgl. Slesser L.J. aaO. p. 536.

131 Insbesondere Viscount Haldane in HOOD v. ANCHOR LINE [1918] A.C. 837, 843 ff.; Lord Hanworth M.R. in THOMPSON v. L.M.& S. RY CO. [1930] 1 K.B. 41, 47.

132 Slesser L.J. aaO. (N. 126) p. 538.

133 Slesser aaO. p. 538

2. OLLEY v. MARLBOROUGH COURT HOTEL LTD.[134]

Noch pointierter hob der C.A. in seiner Entscheidung OLLEY v. MARLBOROUGH COURT LTD. auf den genauen Vertragschlußzeitpunkt ab, wobei es allerdings nicht um einen Ticket-Fall ging: Während eines Hotelaufenthalts waren der Klägerin infolge nachlässiger Verwahrung der Zimmerschlüssel durch die Beklagte mehrere Wertgegenstände und Kleider gestohlen worden, wofür sie von der Beklagten Ersatz verlangte. Diese berief sich auf eine von der Klägerin nicht beachtete Freizeichnungsnotiz, die an der Wand des Hotelzimmers angeschlagen war. Am Empfangstisch, wo die Klägerin und ihr Ehemann das Zimmer gemietet und für eine Woche im voraus bezahlt hatten, war keine derartige Hinweistafel angebracht.[135]

Der C.A. gab, ebenso wie die Vorinstanz, der Klage u.a.[136] mit der Begründung statt, die nur auf den Hotelzimmern ausgehängten conditions seien nicht zum Vertragsbestandteil geworden. Singleton und Denning L.JJ. gingen dabei als selbstverständlich davon aus, daß der Beherbergungsvertrag am Empfangstisch abschließend zustandegekommen war. Nach Ansicht beider konnte daher der bloße Aushang besonderer Bedingungen ohne deutlichen Hinweis am Empfangstisch nicht zur Einbeziehung genügen; entscheidender Zeitpunkt hierbei sei der Moment, in dem der Gast als Vertragspartner akzeptiert sei, was bereits am Empfangstisch geschehe.[137] Lord Denning betonte unter ausdrücklicher Bezugnahme auf die ratio decidendi im CHAPELTON-Fall, daß die Hinweistafel im Hotelzimmer nicht einseitig zur Geltung der Klausel führen könne; wenn der Verwender nicht rechtzeitig auf seine Geschäftsbedingungen hinweise, handele es sich um dessen bloße Hoffnung auf Einbeziehung.[138]

Auch hier spielte das hauptsächliche Rechtfertigungsargument der engeren Ticket-Rechtsprechung, nämlich die kategorische Unterstellung einer Kennt-

---

[134] [1949] 1 K.B. 532.

[135] In der Hotelhalle war lediglich der vorgeschriebene Hinweis gemäß s. 3 Innkeeper's Liability Act 1863 (26 & 27 Vict. c.41) angeschlagen, wonach der Betreiber für den Verlust oder die Beschädigung eingebrachter Sachen nur in Sonderfällen, etwa Diebstahl durch das eigene Personal bzw. zur verschlossenen Aufbewahrung übergebener Sachen, sowie infolge Fahrlässigkeit des Betreibers, haftete.

[136] In allen Voten spielte die Auslegungsfrage eine wesentliche Rolle.

[137] Singleton L.J. aaO. (N. 134) p. 548; Denning L.J. aaO. p. 549.

[138] ".. in my opinion, notices put up in bedrooms do not in themselves make a contract."

nis der Klauselpraxis des Verwenders beim Kunden, keine sichtbare Rolle. Dies ist umso bemerkenswerter, als man für das Jahr 1945 davon ausgehen darf, daß weitgehende Risikoverlagerungen nicht nur im Transportwesen, sondern auch im Hotelgewerbe üblich und allgemein bekannt waren. Wenn dieser Umstand vorliegend gleichwohl unbeachtet blieb, so zeigt dies, daß man sich von dem bisher zentralen Begründungskriterium der abstrakten Kenntnis der Klauselgeltung abwandte und wieder den Vorgaben von HENDERSON v. STEVENSON und PARKER v. S.E. RY. näherte, nämlich der Maßgeblichkeit eines deutlichen, angemessenen Hinweises im Zeitpunkt der Willenseinigung und am Handlungsort des Vertragschlusses.[139]

OLLEY v. MARLBOROUGH COURT LTD. steht damit im Ergebnis ebenfalls für eine Rechtsprechung, die den Vertrauensschutz des Verbrauchers bei der Frage der Einbeziehung wieder höher bewertete, zugleich aber die Anforderungen an die Verwendersorgfalt nur maßvoll verschärfte, denn die Anbringung einer deutlich lesbaren Hinweistafel am Ort des Vertragschlusses hätte ausgereicht.

3. McCUTCHEON v. DAVID MACBRAYNE LTD.[140]

Das House of Lords schloß sich dieser herausgehobenen Betonung des Vertragschlußzeitpunkts und des rechtzeitigen Hinweises in McCUTCHEON v. DAVID MACBRAYNE LTD. an. In diesem Fall verlangte der Kläger von der beklagten Schiffahrtgesellschaft Ersatz für sein Auto, das mit einem Schiff der Beklagten untergegangen war. Die Beklagte berief sich auf eine Haftungsausschlußklausel in ihren AGB, welche in den Geschäftsräumen aushingen und auf die der Text des Quittungsbelegs hinwies, den der Schwager des Klä-

---

[139] Wie sorgfältig der C.A. mit dem Vertragschlußinstrumentarium umging, geht auch daraus hervor, daß die Sachen der Klägerin erst sechs Monate nach Einmietung im Hotel der Beklagten, also im November 1945, dort abhanden kamen. Das Gericht war nicht bereit, selbst für diesen langen Zeitraum, in dem die Klägerin problemlos von dem Aushang in ihrem Hotelzimmer Kenntnis nehmen und evtl. widersprechen konnte, eine nachfolgende Einbeziehung in den Vertrag zu bejahen; im Gegensatz etwa zu Lord Finlays Argumentation in HOOD v. ANCHOR LINE, 1918 A.C. 837, 843, zeigte Singleton L.J., aaO. p. 548, keine Neigung, die Klägerin an die nachträglich kundgegebene Klausel zu binden, nur weil sie dem nicht ausdrücklich widersprochen hatte.

[140] [1964] 1 W.L.R. 125; die Entscheidung erging eigentlich zum schottischen Recht, wird aber in allen die Einbeziehung betreffenden Gesichtspunkten immer auch für das common law zitiert, insbesondere hinsichtlich der Bedeutung des Falles für die Einbeziehung durch course of dealing, vgl. etwa *Lawson*, Exclusion clauses, pp. 11 f., *Lütkenhaus*, UCTA 1977 und AGBG 1976, p. 100.

gers bei der Aufgabe des Wagens nach Zahlung der Frachtvergütung erhalten hatte.

Das House of Lords verneinte die Einbeziehung der Haftungsfreizeichnung in den Vertrag: Der Zahlungsbeleg sei kein vertragserhebliches Schriftstück, weil er nach Vertragschluß übergeben worden sei; der Vertrag sei als normaler Frachtvertrag zu dem Zeitpunkt geschlossen worden, als die Beklagte sich mit der Übernahme der Beförderung einverstanden gezeigt habe. Die Übergabe des Belegs könne daher nicht als Vertragsangebot gedeutet werden.[141] Besonders pointiert hob Lord Devlin in seinem Votum hervor, daß es auf die Kenntnis des Vertragspartners von der Geltung von AGB im exakten Zeitpunkt des Vertragschlusses ankomme: Wenn jenem die Geltung der conditions nicht aktuell bewußt sei bzw. durch die Gegenseite zu Bewußtsein gebracht werde, so fehle es an der Willenseinigung. Bedingungen, die der anderen Seite nicht mitgeteilt worden seien, könnten nicht Vertragsinhalt werden, "general knowledge" reiche insofern nicht aus.[142] Auf das positive Wissen um die Geltung der AGB komme es auch dann an, wenn der Vertragspartner bereits früher Geschäftskontakte zu dem Verwender gehabt habe.[143]

Vor allem mit der letztgenannten Überlegung, der auch die anderen Lords im Ergebnis zustimmten, rückte das House of Lords besonders weit von dem Gedanken der Maßgeblichkeit abstrakter Kenntnis ab. Insofern hätte man durchaus auch anders entscheiden können, denn sowohl der Kläger als auch dessen Schwager hatten mehrfach die Dienste der Beklagten in Anspruch genommen und wußten, daß die Beklagte regelmäßig ihre AGB zugrundelegte. In allen diesen Fällen hatten sie, wie bei der Beklagten üblich, zusätzlich noch eine risk note, auf der die Haftungsbedingungen verzeichnet waren, unterschrieben, die die Beklagte dieses eine Mal aber versehentlich nicht vorgelegt hatte. Wenn das House of Lords die Beklagten gleichwohl an diesem einmaligen Versehen festhielt, darf daraus wohl mit Recht gefolgert werden, daß das House of Lords die Einbeziehung gezielt erschweren wollte.[144]

---

[141] Lord Reid aaO. pp. 126 f.; Lord Hodson p. 130; Lord Guest p. 131.

[142] Lord Devlin aaO. p. 135.

[143] Lord Devlin aaO. p. 134.

[144] *Evans*, (1964) 27 M.L.R. 354, spricht hier sogar von einer "feindlichen" Haltung ("hostility towards exemption clauses").

4. COCKERTON v. NAVIERA AZNAR und THE "EAGLE"

Besonders deutlich läßt sich an der Gegenüberstellung zweier Entscheidungen der Queen's Bench Division ablesen, wie zielorientiert die verschiedenen aufgezeigten Vertragsanalysen - Hinauszögerung des Vertragschlußzeitpunkts und unterstellte Kenntnis von der Geltung von AGB einerseits, Festhalten am traditionellen Vertragschlußinstrumentarium andererseits - verwenderfreundlich oder zugunsten der anderen Vertragspartei eingesetzt worden sind. Dabei werden zudem hinter der jeweiligen vertragschlußrechtlichen Konstruktion auch unterschiedliche richterliche Grundhaltungen gegenüber der Geltung einseitiger AGB erkennbar.

Die Sachverhalte der Entscheidungen COCKERTON v. NAVIERA AZNAR S.A.[145] und HOLLINGWORTH v. SOUTHERN FERRIES LTD. (THE "EAGLE")[146] weisen einige Gemeinsamkeiten auf: In beiden Fällen erlitten die Kläger Verletzungen auf den Schiffen der jeweiligen Beklagten, als sie bei hohem Seegang in der Biskaya im Speisesaal mitsamt den mangelhaft gesicherten Stühlen und Tischen umstürzten.

a) In COCKERTON v. NAVIERA war der Reisevertrag zustandegekommen, nachdem eines der klagenden Ehepaare bei einem Agenten der Beklagten telefonisch um entsprechende Buchung nachgesucht hatte. Der Agent teilte daraufhin in Briefen an die Kläger die Vornahme der gewünschten Buchungen und den Preis für die jeweilige Unterbringung mit und bat um Bestätigung bis zu einem bestimmten Termin mit dem Wortlaut "..subject to your acceptance reaching us latest 11th October, 1957...".[147] Im Anschluß daran sandten die Kläger der Beklagten Schecks über die von der Beklagten angegebenen Beträge zu, woraufhin die Beklagte ihrerseits den Klägern die Schiffstickets zuschickte, in deren Text auch eine umfassende Haftungsfreizeichnung der Beklagten untergebracht war.

Die Kläger sahen in der Übersendung der Schecks und entsprechenden Mitteilung an die Beklagte die Annahme des schriftlichen Buchungsangebots der Beklagten; die nachfolgende Zusendung der Tickets habe, da insofern verspä-

---

[145] [1960] 2 Lloyd's Rep. 450.

[146] [1977] 2 Lloyd's Rep. 70.

[147] [1960] 2 Lloyd's Rep. 450, 458. Für eines der Ehepaare ergab sich noch eine Änderung des Vorschlags, zu dessen Annahme die Kläger in einem späteren Brief mit etwa gleichlautender Formulierung aufgefordert wurden, vgl. Streatfeild J. aaO. p. 459.

tet, nicht zur Einbeziehung der conditions geführt. Hierfür beriefen sich die Kläger auf die Entscheidung OLLEY v. MARLBOROUGH COURT LTD. Außerdem habe die Beklagte nicht hinreichend deutlich auf die Geltung ihrer Geschäftsbedingungen hingewiesen.[148]

Streatfeild J. entschied jedoch entgegengesetzt; unter Weiterführung der überkommenen Ticketrechtsprechung kam er zu dem Schluß, die Reiseverträge seien erst mit der Übersendung der Schiffskarten geschlossen worden. Zur Begründung hob er im wesentlichen darauf ab, daß jedermann, der eine Schiffsüberfahrt buche, im Gegensatz zur Anmietung eines Hotelzimmers die Geltung besonderer Geschäftsbedingungen hinsichtlich der Passagiersicherheit sowie der Haftung der Schiffsbetreiber kenne und sogar erwarte.[149]

Das postalisch übersandte Angebot der Beklagten mit der Aufforderung zur Annahme sei nur ein Detail des Geschäfts ("business detail"); da die Kläger mit der Zusendung der Tickets rechneten, seien auch sie davon ausgegangen, daß der endgültige Vertrag erst mit Zusendung der Tickets geschlossen sei. Der Überzeugungskraft dieser Argumentation offensichtlich selbst nicht sicher, interpretierte Streatfeild den Vertrag für den Fall, daß dieser schon mit Scheckzusendung zustandegekommen sei, alternativ dahingehend, die Kläger hätten sich bereit erklärt, die Tickets zu den üblichen Bedingungen anzunehmen bzw. die Berechtigung der Schiffseigner anerkannt, besondere Bedingungen einseitig zu diktieren.[150]

Gerade der letztere Argumentationsstrang läßt erkennen, daß Streatfeild eine verwenderfreundliche Richtung verfolgte, um die Einbeziehung der Haftungsfreizeichnung, zur Not sogar in Form der unterstellten Billigung eines einseitigen Klauseldiktats des Verwenders, bejahen zu können, und dabei seine Vertragschlußkonstruktion an diesem Ziel ausrichtete. Anstatt die Beklagten daran festzuhalten, daß in ihrem brieflich übermittelten Buchungsangebot ein deutlicher Hinweis auf die Geltung ihrer AGB sowie die Möglichkeit der Kenntnisnahme fehlten und die Beklagten darin überdies selbst von einer "Annahme" des Angebots durch die Kläger sprachen, mußte Streatfeild den Ver-

---

148 aaO. pp. 457, 460 ff. Ein Hinweis auf die "terms and conditions" der Beklagten war in der linken unteren Ecke des Tickethefts abgedruckt.

149 aaO. p. 460; Streatfeild ist zuzugeben, daß die klagenden Ehemänner als Hotelkaufleute und erfahrene Schiffsreisende mit der AGB-Praxis im Reisegewerbe bestens vertraut gewesen sein dürften, vgl. pp. 458, 463.

150 aaO. p. 461.

tragschlußzeitpunkt in gekünstelt wirkender Weise hinauszögern und dafür wieder auf verobjektivierte Umstände wie die allgemein übliche und bekannte Geltung von AGB im Reisevetragsgeschäft zurückgreifen.[151] Die gefundene Lösung steht nicht nur im Gegensatz zur mailbox-rule des common law, nach der eine per Post übersandte Annahmeerklärung im Moment der Aufgabe zur Post zur Vertragsannahme führt; danach wäre also auch dann, wenn die Ticketzusendung die Annahmeerklärung darstellte, der Reisevertrag vor Zugang der Tickets bei den Klägern geschlossen gewesen.[152]

Zudem widerspricht die Vertragskonstruktion, die den Vertragschluß und damit die Bindung an den Vertrag erst im Moment der Ticketzusendung annimmt, in vielen Fällen den Vorstellungen beider Vertragspartner: Sicherlich hätte die Beklagte die zur Wahrnehmung der Schiffsreise berechtigenden Dokumente nicht an Personen geschickt, denen gegenüber sie sich nicht bereits vertraglich gebunden fühlte; auch hier paßt die griffige Formulierung Lord Dennings im OLLEY-Fall, entscheidend für den Vertragschluß sei der Moment, in dem die Gegenseite "als Gast" akzeptiert worden sei.[153] Darüber hinaus muß beachtet werden, daß zwischen Buchung der Reise und Aushändigung der Tickets ggf. sogar Monate liegen können: In einem solchen Fall bestünde für beide Seiten bis kurz vor Antritt der Fahrt erhebliche Unsicherheit über die Bindung der Gegenseite an den Vertrag, was keinesfalls mit den Absichten der Parteien vereinbar wäre.[154]

b) Die Entscheidung der Queen's Bench Division in HOLLINGWORTH v. SOUTHERN FERRIES LTD (THE "EAGLE")[155] steht in Gedankenführung und Ergebnis im direkten Kontrast zur Entscheidung Streatfeilds: Hier war die Schiffsreise der Klägerin von einem Bekannten, Colonel Bowley, gebucht worden, der aus dem Werbeprospekt der Beklagten von deren AGB wußte: Laut dem Prospekt waren die Bedingungen im Büro der Beklagten einzusehen

---

[151] Insofern überzeugt auch das distinguishing gegenüber OLLEY v. MARLBOROUGH COURT HOTEL nicht: Im Jahre 1957 dürfte bei Anmietung eines Hotelzimmers ebenfalls die Zugrundelegung besonderer Haftungsbedingungen üblich und bekannt gewesen sein.

[152] Zur mailbox-rule vgl. statt vieler *Treitel*, The Law of Contract, pp. 19 ff.

[153] [1949] 1 K.B. 532, 549.

[154] Hierauf hob Brandon J. in der Entscheidung der Queen's Bench Division (Admiralty Court) DALY v. GENERAL STEAM NAVIGATION CO. LTD (THE "DRAGON"), [1979] 1 Lloyd's Rep. 257, 262, ab; Brandon lehnte die Vertragschlußkonstruktion Streatfeilds alternativ zu einem distinguishing als unkorrekt ab, was erkennen läßt, daß Brandon die entgegengesetzte, verbraucherfreundlichere Einbeziehungslinie verfolgte.

[155] [1977] 2 Lloyd's Rep. 70.

bzw. aus der Ticketbeschriftung zu entnehmen. Nach der Lektüre der Werbebroschüre wandte sich Bowley an das Reisebüro, welches im Beisein Bowleys telefonisch alle Einzelheiten mit der Beklagten klärte, und leistete eine Vorauszahlung. Einige Zeit später holte Bowley die Tickets im Reisebüro ab und zahlte den Restpreis. Auf den Tickets, deren Text Bowley erst später durchlas, war ein umfassender Haftungsausschluß für Körperverletzung und Tod abgedruckt.[156]

Richter Ogden Q.C. entschied zugunsten der Klägerin und lehnte die Einbeziehung der Haftungsfreizeichnung unter Bezugnahme auf die Entscheidungsgründe in OLLEY v. MARLBOROUGH COURT LTD. ab.[157] Demgegenüber verwarf er ausdrücklich die Entscheidung Streatfeilds in COCKERTON v. NAVIERA mit der Begründung, er sehe keinen logisch nachvollziehbaren Grund dafür, spezielle Vertragschlußregeln für die Passagierbeförderung anzuwenden, es sei denn, man wolle dem Reisenden Freizeichnungsklauseln einseitig "aufhalsen".[158] Vor allem dürfe die Einbeziehung nicht an eine unterstellte allgemeine Kenntnis von der Geltung von AGB angeknüpft werden, denn der weitreichende Umfang dieser Klauseln sei dem Einzelnen oftmals gerade nicht bekannt.

Daher seien die "ordinary rules relating to contracts" für die Einbeziehung anzuwenden;[159] die Tickets seien mithin keine Vertragsdokumente, weil sie nach Vertragschluß übergeben worden seien.

Dem Einwand der Beklagten, Bowley habe aber doch aus dem Prospekt über die Geltung der AGB Bescheid gewußt, begegnete Ogden mit dem Argument, dies sei nur ein "Voraushinweis"; die vertragliche Einbeziehung setze jedoch einen Hinweis im unmittelbaren Zusammenhang mit dem Vertrag-

---

[156] Dieser wäre heute, ebenso wie die entsprechende Haftungsklausel in COCKERTON v. NAVIERA, gemäß s. 2 (1) UCTA nichtig. Richter Ogden kam hingegen nach damaligem Recht nicht daran vorbei, die Klausel als grundsätzlich zulässig anzusehen.

[157] aaO. (N. 155) p. 74.

[158] aaO. p. 75: "I can see no logical reason why contracts for the carriage of passengers by sea should be in a sprecial category in the law of contract in so far as the law relating to when a contract is concluded are concerned. Indeed, the same observations apply to journeys by rail. ....as far as I can see the sole reason for the need to advocate such a position seems to be in order to saddle passengers with exclusion clauses."

[159] In der Tat war Colonel Bowley offensichtlich sehr besorgt, als er den erst aus den Tickets ersichtlichen Umfang der Haftungsfreizeichnung kurz vor der Reise zur Kenntnis nahm, aaO. pp. 74 f.

schluß voraus, bloße Vorkenntnis reiche insofern nicht aus.[160] Hiermit ging Ogden sicherlich sehr weit: Stellt man darauf ab, ob der Vertragspartner zum Zeitpunkt des Vertragschlusses weiß, daß die andere Seite ihre AGB einbeziehen will, so konnte Colonel Bowley nicht wirklich daran zweifeln, daß die Beklagten ihre AGB zugrundelegen wollten.[161]

Alternativ stützte Ogden seine Entscheidung schließlich auch auf die Überlegung, daß die Schadensersatzhaftung nach common law und Gesetz für Verletzung und Tod nur durch einen besonders deutlichen Hinweis ausgeschlossen werden könne, für den der Text in der Werbebroschüre aber nicht ausreiche.[162]

Liest man Ogdens Urteilsbegründung im Zusammenhang, so steht außer Zweifel, daß seine Gedankenführung von einer verwenderkritischen Grundhaltung geprägt ist, was bei einem Blick auf den zeitlichen Zusammenhang zum Inkrafttreten des UCTA 1977 nicht verwundern kann; es ist aber frappierend zu sehen, daß Ogden sein erkennbar verbraucherfreundlich orientiertes Ergebnis mittels der wesentlichen Kriterien der um einhundert Jahre älteren Entscheidung des House of Lords in HENDERSON v. STEVENSON erzielte, nämlich der Forderung nach einem besonders eindringlichen Hinweis auf weitreichende Haftungsfreizeichnungen im unmittelbaren zeitlichen Zusammenhang mit dem Vertragschluß, welcher anhand einer konkret feststellbaren Willenseinigung, nicht an äußerlichen Aspekten wie unterstellter Allgemeinkenntnis oder Ticketübergabe, festzumachen ist.[163]

IV. Zwischenresümee

Im Gegensatz zur direkten Inhaltskontrolle hat das common law schon sehr früh ein auch aus heutiger Sicht taugliches Regelungsinstrumentarium entwickelt, mittels dessen die Einbeziehung einseitiger Klauselkataloge in mündlich geschlossene Verträge unterschiedlich verhandlungsstarker Vertragspartner in für beide Seiten fairer Weise bewältigt werden konnte. Es spricht für

---

[160] aaO. pp. 76 f. unter Berufung auf McCUTCHEON v. MACBRAYNE, oben auf S. 120 f.

[161] Vgl. insofern die Kritik bei *Clarke*, [1978] C.L.J., 21, 23.

[162] aaO. pp. 77 ff.

[163] Ogden berief sich insofern nicht ausdrücklich auf HENDERSON, sondern vor allem auf PARKER v. S.E. RY. CO., HOOD v. ANCHOR LINE, McCUTCHEON v. DAVID MACBRAYNE LTD. sowie THORNTON v. SHOE LANE PARKING [1971] 2 Q.B. 163.

die Qualität des common law-Vertragsrechts des 19. Jahrhunderts, daß es sich dabei nicht wirklich um Spezialregeln, sondern um das akkurat angewandte allgemeine Vertragschlußinstrumentarium des common law handelte; diese Regeln wurden lediglich auf die besonderen Erfordernisse gegenüber vorformulierten Klauselkatalogen abgestimmt, indem die Sorgfaltsobliegenheiten des daraus begünstigten Verwenders, insbesondere hinsichtlich der Deutlichkeit des Einbeziehungshinweises, betont wurden. Der durch HENDERSON v. STEVENSON[164] und PARKER v. S.E. RY.[165] markierte Status quo dieser Rechtsprechung bot mit Mitteln des Vertragsrechts eine ausgesprochen moderne Ausgangsbasis für das zwanzigste Jahrhundert.

Die nachfolgende Rechtsprechung hat die anhand der frühen ticket cases entwickelte Maxime der reasonable notice jedoch nicht auf breiter Ebene fortgeführt, sondern die Einbeziehung wie beim unterschriebenen Vertrag im Ergebnis deutlich erleichert, indem sie vorrangig äußerlichen Aspekten des Parteiverhaltens bei Vertragschluß, insbesondere der Übergabe eines "common form", vertragsbegründende Bedeutung einräumte. Die Bedeutung einer konkret nachvollziehbaren Willenseinigung für die Ermittlung des Vertragsinhalts trat so in den Hintergrund.

Die vertragsbeherrschende Stellung des Verwenders wurde infolgedessen weiter aufgewertet, denn neben dessen bei der Vertragsgestaltung privilegierter Stellung wurde so auch die Einbringung einseitig vorformulierter Klauseln in den Vertrag erheblich erleichtert.

In dieser Rechtsprechung liegt eine auffallende Inkonsequenz, die man vielleicht mit der noch nicht hinreichend erkannten Notwendigkeit der "Wachsamkeit" im Sinne Lord Dennings[166] gegenüber dem Grundproblem der Freizeichnung durch AGB erklären kann: Einerseits propagierte das common law weiterhin den Vorrang des Parteiwillens, indem es mit der sanctity-rule die Inhaltskontrolle vertraglicher Vereinbarungen ablehnte. Auf der anderen Seite begnügte man sich mit zusehends geringeren Anforderungen an die Ermittlung der konkreten Zustimmung der Gegenseite zu den Klauseln des Verwenders und gab sich mit standardisierten Einbeziehungsformen zufrieden, die letztlich allein den Einbeziehungsinteressen der Verwender entge-

---

164 Siehe auf S. 90 ff.

165 Siehe auf S. 93 ff.

166 Oben S. 19.

genkamen. Im Ergebnis schützte die Vertragsfreiheitsmaxime in solchen Fällen somit Vertragsinhalte, die nicht - nach vertragsrechtlichen Regeln - in freier Willensübereinstimmung, sondern durch einseitiges Diktat der Verwenderseite zustandekamen. Nicht zu Unrecht hat Lord Denning diese umfassende Billigung der Klauselpraxis durch die Rechtsprechung, insbesondere in THOMPSON v. LONDON, MIDLAND AND SCOTTISH RY. CO. und L'ESTRANGE v. GRAUCOB, als einen Tiefpunkt für das Vertragsrecht bezeichnet.[167]

Die in wachsendem Maße verbraucherfreundlich eingestellte Nachkriegsrechtsprechung hat diese Inhomogenität offensichtlich erkannt und mit Mitteln des Vertragsrechts zurechtgerückt: Ihre für den Vertragspartner des Verwenders deutlich faireren Ergebnisse hat sie rechtstechnisch erreicht, indem sie sich um eine kritischere Vertragschlußanalyse nach den Maximen des allgemeinen Vertragschlußrechts bemüht hat, was nichts anderes als eine Rückbesinnung auf die traditionellen Prinzipien des 19. Jahrhunderts bedeutete. Diesen Effekt hat Lord Denning gezielt gesteigert, indem er noch striktere Anforderungen an die Hinweisobliegenheiten der Verwender bei bestimmten Klauseln aufgestellt hat. Dieser systematisch zur Einbeziehungsfrage zählende Aspekt soll im folgenden Kapitel im Zusammenhang mit Lord Dennings Lösungsansätzen zur Bewältigung von unreasonable clauses besprochen werden.[168]

---

[167] "It was a bleak winter for our law of contract", in GEORGE MITCHELL (CHESTERHALL) v. FINNEY LOCK SEEDS (C.A.) [1983] 1 All ER 108, 113 h. Zu dieser Entscheidung siehe ferner unten, S. 183 ff.

[168] S. 153 ff.

Kapitel 3

Ansätze zur Anerkennung der reasonableness als eigenes Kriterium des common law in Parallele zum neueren Gesetzesrecht

I. Neue gesetzliche Kontrollinstrumente im Vertragsrecht

1. Der Parlamentsgesetzgeber als Träger der law reform

In den beiden vorigen Kapiteln ging es im wesentlichen darum, für den Zeitraum bis etwa Mitte der siebziger Jahre aufzuzeigen, wie nachhaltig die Denkstrukturen des 19. Jahrhunderts und die darauf beruhenden rechtlichen Maximen das common law-Vertragsrecht bis in die heutige Zeit hinein beherrschen. Während das vertragstechnische Instrument der reasonable sufficiency of notice im Rahmen seines Einsatzbereichs auch aus heutiger Sicht noch zur Erreichung fairer und interessengerechter Lösungen geeignet ist, sofern es nur akkurat angewandt wird, hat sich das starre Festhalten an den übergeordneten Maximen von freedom of contract bzw. sanctity of contracts in dieser Hinsicht kontraproduktiv ausgewirkt und im Ergebnis die reale Vertragsfreiheit im Sinne individueller Gestaltungsfreiheit beider Vertragsparteien nicht garantiert. Man verlor hierbei den Umstand aus den Augen, daß die Maxime der richterlichen Anerkennung des Parteiwillens nach dem traditionellen Verständnis maßgeblich auf dem beiderseitigen Aushandeln der Vertragsbedingungen beruhte. Mit dem Aufkommen einseitig vorformulierter Verträge kam der Vertragschlußprozedur typischerweise nur noch vertragsbegründende Wirkung, nicht mehr hingegen inhaltsgestaltender Einfluß zu.[1] In solchen Konstellationen einseitig beherrschter Inhaltsgestaltung bestand daher eigentlich kein Grund, weiterhin ohne entsprechende Differenzierung an der sanctity-Doktrin festzuhalten. Auch das Argument der Sicherheit und Rechtsklarheit im Vertragsrecht stand einer vorsichtigen Loslösung von der sanctity-Maxime nur bedingt entgegen, denn die bisherige Rechtspre-

1 *Atiyah*, Introduction to the Law of Contract, p. 26.

chung hatte im Ergebnis Rechtssicherheit vorrangig für den Verwender, nicht unbedingt immer für beide Seiten gebracht.

An die prinzipiellen Vorgaben früherer Epochen ist demgegenüber die parlamentarische Gesetzgebung - neben common law und equity die dritte bedeutende Rechtsquelle im englischen Recht - nicht gebunden, denn sie ist nicht der doctrine of precedent unterworfen. Längst hat daher die Gesetzgebung auch in England die federführende Rolle bei der law reform übernommen und ist mittlerweile zur wichtigsten Rechtsquelle für das heutige Recht geworden.

Diese Beobachtung gilt auch für das Vertragsrecht, insbesondere das Verbrauchervertragsrecht.[2] Die gesetzgeberischen Aktivitäten auf diesem Gebiet haben sich in den letzten ca. 25 Jahren stetig intensiviert, wozu die Einrichtung der Law Commission durch den Law Commissions Act 1965 einen erheblichen Beitrag geleistet hat.[3] Die Vorarbeiten der Law Commission, jeweils veröffentlicht als Diskussionspapier in Gestalt des "Working Paper" und als abschließender Bericht samt Empfehlungen an den Gesetzgeber in Form des "Report", sind seither die wesentliche Grundlage zahlreicher Gesetze gewesen.

2. Spezialgesetzliche Ergänzung statt Reform der Prinzipien

Mit der Einrichtung der Law Commission war zugleich auch eine Richtungsentscheidung verbunden, die zu einer fast revolutionär anmutenden Umgestaltung des englischen Rechts hätte führen können: Gemäß s. 3(1) Law Commissions Act besteht die Hauptaufgabe der Law Commission in der Überarbeitung des jeweiligen Rechtsgebietes mit dem Ziel der systematischen Weiterentwicklung und Reform, insbesondere auch der Kodifikation sowie allgemein der Vereinfachung und Modernisierung des Rechts. Die Frage, welche Auswirkungen eine derartige Überarbeitung des Rechts bis hin zu den grundlegenden Maximen und Prinzipien auf das common law haben könnte, wurde seinerzeit heftig diskutiert.

---

2 *Borrie* geht sogar so weit, die Entscheidung des House of Lords in DONOGHUE v. STEVENSON, [1932] A.C. 562, die als Grundlage der deliktischen Produzentenhaftung gilt, als den letzten wesentlichen Beitrag des common law zum Verbraucherschutzrecht zu bezeichnen, siehe The Development of Consumer Law and Policy - Bold Spirits and Timorous Souls pp. 8 f.

3 c.22. Durch dasselbe Gesetz wurde auch die Scottish Law Commission eingeführt, für die die folgenden Ausführungen sinngemäß gelten.

Festgehalten werden soll an dieser Stelle nur, daß immerhin Lord Wilberforce anläßlich der Gesetzesberatungen zum Law Commissions Act die Auffassung geäußert hat, eine Gesetzgebung, die sich in intelligenter Weise auf die Festlegung einfach zugänglicher rechtlicher Prinzipien beschränke, könne den "Geist des common law" wiederbeleben, indem sie der Richterschaft den Weg aus dem "Dschungel" einer in Details verwickelten Gesetzeslandschaft hin zur Auslegung des Rechts auf Grundlage allgemeiner Prinzipien eröffne.[4]

In diesem Sinne machte es sich die Law Commission zunächst zum Ziel, das Vertragsrecht unter Einschluß der allgemeinen Prinzipien zu reformieren und kodifizieren.[5] Nach einer langanhaltenden und kontroversen Diskussion[6] ließ die Law Commission später jedoch wieder von ihrem Vorhaben ab und propagierte den Vorrang einer spezialgesetzlichen Ergänzung des Vertragsrechts.[7] Nach Auffassung von Kötz ist die Kodifikationsidee im englischen Vertragsrecht definitiv gescheitert.[8] Der Grund hierfür liegt wohl in der Befürchtung, eine Kodifikation nach kontinentalem Bild - und damit beispielsweise ein allgemeines Obligationenrecht - sei der englischen Rechtssetzungstradition fremd und berge die Gefahr in sich, durch ungewohnt weitgefaßte übergeordnete Prinzipien dem einzelnen Richter unannehmbar weitgehende Auslegungs- und Anwendungsbefugnisse zu übertragen.[9]

Die Rolle von common law bzw. equity[10] einerseits und statute law andererseits für das gegenwärtige Bild des Vertragsrechts läßt sich infolgedessen

---

4 H.L. Deb., Vol. 264, cols. 1175-1176 (1. April 1965), abgedruckt bei *Kötz* in (1987) 50 M.L.R. 1.

5 *The Law Commission*, First Annual Report 1965-66, pp. 7 ff.; First Programme of the Law Commission (Law Com. No. 1), p. 6.

6 Vgl. etwa *Scarman*, A Code of English Law?; *ders.*, Law Reform, The New Pattern p. 19; *Gower* in (1967) 30 M.L.R. 259; *Diamond* in (1968) 31 M.L.R. 361; *Topping/Vandenlinden* in (1970) 33 M.L.R. 170 sowie die Gegenposition beispielsweise bei *Hahlo* in (1967) 30 M.L.R. 241 und (1975) 38 M.L.R. 23.

7 *The Law Commission*, Eigth Annual Report 1972-73 p. 2; zu der gleichlautenden Stellungnahme des Lordkanzlers Hailsham of Saint Marylebone im Oberhaus vgl. *Hahlo* in (1975) 38 M.L.R. 23, 26.

8 (1987) 50 M.L.R. 1, 2; ebenso *Borrie* in [1988] J.B.L. 116, 119.

9 So in (1980) 96 L.Q.R. 505, 528 *Kerr L.J.*, seinerzeit immerhin Chairman der Law Commission; die vermittelnde Sicht bei *Lawson*, Kodifikationen seien keine "monsters", konnte sich also nicht durchsetzen, vgl. *Lawson*, A Common Lawyer Looks at Codification, in Selected Essays I: Many Laws (1977), p. 48.

10 Die strikte Trennung von equity und common law ist durch die Judicature Acts 1873-75 organisatorisch und infolgedessen allmählich auch bei der Rechtsanwendung eingeebnet worden; zumindest im Vertragsrecht ist die unterschiedliche Herkunft der Behelfe aus common law oder equity heutzutage ohne wirkliche Bedeutung. Gemäß s. 49 Supreme Court Act 1981 (c.54) kann

wie folgt beschreiben: Die Mehrzahl der grundlegenden Prinzipien findet noch immer ihren Ursprung in common law bzw. equity, somit also weitgehend im Rechtsdenken früherer Epochen, während die konkreten Einzelheiten mittlerweile überwiegend in statutes geregelt sind.[11] Das äußere Bild der Gesetzgebung hebt sich mithin nicht wesentlich von der Beschreibung Radbruchs aus dem Jahre 1946 ab: Es dominiert weiterhin das inhaltlich beschränkt agierende Spezialgesetz zur Regelung einzelner Problemfelder neben dem Konsolidationsgesetz zur Zusammenfassung der bisherigen Rechtsprechung auf einem bestimmten Gebiet.[12]

Dies hat die Übersichtlichkeit des Vertragsrechts entgegen den Vorgaben des Law Commissions Act nicht unbedingt gefördert.[13] Die verschiedenen Formen des Warenerwerbs etwa sind seit Mitte der sechziger Jahre mehrfach überarbeitet worden: Neben den Hire Purchase Acts 1964 und 1965 zur Regelung des Mietkaufs[14] sind immerhin der Supply of Goods (Implied Terms) Act 1973, der Sale of Goods Act 1979 sowie der Supply of Goods and Services Act 1982 mit sich zum Teil überdeckenden Anwendungsbereichen zu beachten.

Das Gesetz von 1973 diente vornehmlich der überfälligen Reformierung und Ergänzung des Sale of Goods Act 1893 und des Hire-Purchase Act 1965 im Hinblick auf die Rechts- und Sachmängelhaftung des Veräußerers.[15] Die den Warenkauf betreffenden Teile des Supply of Goods(Implied Terms) Act 1973 gingen später gemeinsam mit dem Sale of Goods Act 1893 im konsolidierten Sale of Goods Act 1979[16] auf. Die Bestimmungen des ss. 8 ff. des

---

das Gericht nunmehr beispielsweise die common law remedy Schadensersatz aussprechen, selbst wenn der Klageantrag auf die der equity entstammenden Behelfe der specific performance oder injunction geht.

[11] *Walker/Walker*, The English Legal System p. 58.

[12] Der Geist des englischen Rechts pp. 38 f. Siehe dazu auch oben auf S. 46 f.

[13] Einen umfassenden Überblick über die den Verbraucherschutz betreffende Gesetzgebung geben in chronologischer Abfolge *Tallon/Salvat* in R.I.D.C. 1982, 959, 977 ff.

[14] c.53 (1964) und c.66 (1965).

[15] Supply of Goods (Implied Terms) Act 1973, c.13. Einen Überblick dazu gibt *Yates* in [1973] J.B.L. 135. Das Gesetz beruhte auf dem ersten Bericht der Law Commission zur vertraglichen Haftungsfreizeichnung (Law Com. No. 24) Exemption Clauses in Contracts, First Report: Amendments to the Sale of Goods Act 1893, vom 24. Juli 1969, dazu *Schofield* [1970] J.B.L. 7; *Diamond* (1970) 33 M.L.R. 77.

[16] c.54.

Gesetzes von 1973 blieben aber für den Bereich des Mietkaufs weiter in Kraft.

Neben den Sale of Goods Act 1979 trat später der Supply of Goods and Services Act 1982,[17] der in seinem ersten Teil die entsprechenden Vertragspflichten für weitere Vertragsformen der Warenlieferung außerhalb des eigentlichen Kaufrechts, wie z.B. Werklieferungsverträge, sowie Warenvermietung regelt, in seinem zweiten Teil allerdings auch ähnliche Vertragsgarantien im Dienstvertragsrecht festlegt.[18] Weitere Ergänzungen im Recht der Warenlieferungs- und Dienstleistungsverträge hat die Law Commission u.a. mit ihren Reports "Law of Contract, Implied Terms in Contracts for the Supply of Services"[19] und "Sale and Supply of Goods"[20] vorbereitet.

3. Die Stellung des UCTA im Überblick

Mit den zuvor genannten Gesetzen, die im wesentlichen die Vertragsgarantien und weiteren Pflichten der Parteien im Warenlieferungs- und Dienstvertragsrecht festlegen, konnte man nicht wirklich in Konflikt mit den grundlegenden Prinzipien des common law geraten, denn die positive Ausgestaltung der jeweiligen Vertragsverhältnisse durch implied terms gehörte ja schon seit langem zum Programm des common law. Ein Gesetz mit allgemeineren Vorschriften zur richterlichen Kontrolle vertraglicher Haftungsfreizeichnungen mußte hingegen in jedem Fall mit dem Vertragsfreiheitsgrundsatz kollidieren. Nachdem man dem immer dringlicher werdenden Problem gesetzlicher Maßnahmen auf diesem Gebiet nach dem Muster des Ry. and Canal Traffic Act 1854 zunächst punktuell im speziellen Sachzusammenhang entgegengetreten war[21] und darüber hinaus mit dem Fair Trading Act 1973 eine wirksame

---

[17] c.29.

[18] Zur inhaltlichen Abgrenzung gegenüber den vorgenannten Gesetzen siehe *Woodroffe*, Goods and Services - The New Law; vgl. auch *James* [1983] J.B.L. 10.

[19] (Law Com. No. 156) vom April 1986, Cmnd. 9773.

[20] (Law Com. No. 160) vom Mai 1987, Cmnd. 137.

[21] Beispielsweise in Vorschriften wie ss. 151 Road Traffic Act 1960 (c.16), 148(3) Road Traffic Act 1972 (c.27), die im Bereich der Personenbeförderung im Straßenverkehr Haftungsfreizeichnungen für Tod und Körperverletzung bzw. andere dem Haftpflichtversicherungszwang unterliegenden Risiken für nichtig erklären; entsprechend erklärt s. 43(7) Transport Act 1962 (c.46) Klauseln im Eisenbahnverkehr wie diejenige in THOMPSON v. L.M.&S. RY. CO. LTD., [1930] 1 K.B. 41, für ungültig. Für deren jeweiligen Anwendungsbereich finden sich entsprechende Vorschriften auch in s. 18 Hire-Purchase Act 1965, s. 3 Misrepresentation Act 1967 (c.7) sowie in s. 4 Supply of Goods (Implied Terms) Act 1973.

Verwaltungskontrolle für Klauselkataloge eröffnet hatte,[22] verkörperte der Unfair Contract Terms Act 1977,[23] der am 1. Februar 1978 nach langen Vorbereitungen in Kraft getreten ist, denn auch die wohl nachhaltigste Zäsur im common law-Vertragsrecht:

Zweifelsohne gehört der UCTA zu den meistbeachteten gesetzlichen Neuerscheinungen überhaupt - aus den zahlreichen Bewertungen sei an dieser Stelle nur diejenige zitiert, die den UCTA als bedeutendstes Gesetz auf dem Gebiet des Vertragsrechts seit dem Statute of Frauds aus dem Jahre 1677 bezeichnet hat.[24]

Ebenfalls aus den Vorarbeiten der Law Commission hervorgegangen,[25] ist der UCTA indes ein weiteres Beispiel dafür, daß die Ziele der Rechtsbereinigung und -neuordnung gemäß s. 3(1) Law Commissions Act nicht konsequent verfolgt werden konnten:[26] Im Gegensatz zum AGBG, das neben seinen Vorschriften über unwirksame Klauseln (§§ 8 bis 11) und den verfahrensrechtlichen Vorschriften in §§ 13 ff. in seinen §§ 1 ff. u. a. auch die allgemein vertragsrechtlichen Aspekte der Einbeziehung und Auslegung mitberücksichtigt und daher den Charakter einer begrenzten Kodifikation des AGB-Rechts beanspruchen darf, hat der UCTA die Sonderregeln des common law zu Frei-

---

[22] c.41. Dieses Gesetz, das weitgehend administrativen Charakter besitzt, dient der Kontrolle von Geschäftspraktiken im Bereich der Versorgung von Verbrauchern mit Waren und Dienstleistungen und bildet die Grundlage für die Einrichtung des "Director General of Fair Trading" sowie des "Consumer Protection Advisory Committee". Für den Bereich privatvertraglicher Haftungsfreizeichnungsklauseln sind insbesondere die ss. 13 ff., 17 und 34 f. FTA von Interesse, die dem Director General zwar keine unmittelbaren Eingriffsbefugnisse hinsichtlich unbilliger Vertragsklauseln verleihen, ihm jedoch ein Empfehlungsrecht für gesetzliche Maßnahmen eröffnen sowie ihn berechtigen, vor dem Restrictive Practices Court auf Unterlassung zu klagen. Eingehender dazu *Lütkenhaus*, UCTA 1977 und AGBG 1976 p. 203 ff sowie die Ausführungen des Director General of Fair Trading, *G. Borrie*, in [1978] J.B.L. 317, 323 ff. und in The Development of Consumer Law and Policy - Bold Spirits and Timorous Souls pp. 71 ff.

[23] c.50.

[24] *Cheshire/Fifoot/Furmston*, Law of Contract, p. 187 und *Sealy* in [1978] C.L.J. 15. Aus der großen Zahl der seinerzeitigen Veröffentlichungen zum Erscheinen des UCTA vgl. beispielsweise *Adams* in (1978) 41 M.L.R. 703; *Coote* in (1978) 41 M.L.R. 312; *Whincup* in (1978) 128 N.L.J. 213; *Triebel* in RIW 1978, 353; *Weick* in ZHR 145 (1981) 68.

[25] Exemption Clauses, Second Report Law Com. No. 69), 5. August 1975. Im Final Report of the Committee on Consumer Protection (1962), Cmnd. 1781, dem sogenannten "Molony Report", war zuvor schon die Notwendigkeit einer gesetzlichen Regelung für Verbrauchergeschäfte herausgearbeitet worden.

[26] Bereits der Gesetzestitel wirkt irreführend: Der UCTA betrifft nicht alle Formen unfairer Vertragsklauseln, sondern ganz vorrangig den Bereich der Freizeichnung; hierbei beschränkt er sich jedoch nicht auf AGB-Klauseln, sondern erfaßt in gleichem Maße individuelle Haftungsfreizeichnungen, die - ebenfalls in Abweichung vom Gesetzestitel - auch in außervertraglichen "notices" enthalten sein können, wie sich aus ss. 2 und 11(3) UCTA ergibt.

zeichnungsklauseln nahezu unberührt gelassen. Anders als im Falle des AGBG sind die von der Rechtsprechung erarbeiteten Regeln nicht einmal in das Gesetz mit eingeflossen. Obwohl hier in Einzelbereichen erheblicher Klärungsbedarf bestanden hätte, hat der Gesetzgeber sich vielmehr im wesentlichen darauf beschränkt, zusätzliche Kontrollinstrumente einzuführen, die mit den klassischen Mitteln des common law nicht zu erreichen waren. Dieses Nebeneinander von Gesetz und den noch keineswegs abschließend geklärten common law rules sowie die enge Vernetzung des UCTA mit den im vorigen Abschnitt angesprochenen neueren Gesetzen zum Warenlieferungs- und Dienstvertragsrecht haben entgegen den einstigen Vorgaben im Law Commissions Act jedenfalls nicht zu gesteigerter Übersichtlichkeit auf dem Feld der Haftungsfreizeichnung beigetragen.

Das Gesetz hat die Rechtsprechung genau genommen sogar vor eine doppelt schwierige Aufgabe gestellt: Zum einen setzt der UCTA auf ein Instrumentarium, dessen richterliche Handhabung trotz der vom Gesetz gegebenen Richtlinien erst nach und nach erarbeitet und auf die Regeln des common law abgestimmt werden mußte. Zum anderen mußte die Rechtsprechung aber auch die Frage klären, inwiefern die Instrumente des common law selbst nach Inkrafttreten des UCTA gestrafft oder gar prinzipiell neu überdacht werden mußten.[27] Es lohnt sich, der Frage nachzugehen, ob der UCTA den von Lord Wilberforce im Jahre 1965 als erwünscht bezeichneten Effekt der Belebung des common law erzielt hat.[28] Dabei interessiert vor allem, ob die Einschränkung der Vertragsfreiheitsmaxime durch den reasonableness-test des UCTA auch auf das common law gewirkt hat. Hierauf soll im weiteren Text dieses Kapitels eingegangen werden, nachdem zunächst das Instrumentarium des UCTA im folgenden Abschnitt im Überblick beleuchtet worden ist.[29]

---

[27] Diese Problemstellung unterscheidet sich eigentlich nicht wesentlich von den Anforderungen an die Rechtsprechung nach Inkrafttreten des Ry. and Canal Traffic Act 1854 (s.o. S. 44 ff.), wobei der prinzipielle Unterschied natürlich in dem wesentlich weiteren Anwendungsbereich des UCTA liegt.

[28] Oben auf S. 131.

[29] Da es vorliegend um das Verhältnis des UCTA zum englischen common law geht, soll der das schottische Recht betreffende Part II des UCTA unberücksichtigt bleiben.

4. Das Kontrollinstrumentarium des UCTA

a) Sachlich-personaler Geltungsbereich

aa) Business liability

Der UCTA arbeitet im Unterschied zum common law bereits auf der Ebene der Anwendungsvoraussetzungen seiner Vorschriften gezielt mit der Unterscheidung nach dem konkreten Status der Parteien im individuellen Fall: Gemäß s. 1(3) UCTA gelten die unmittelbaren Kontrollvorschriften der ss. 2 bis 7 UCTA nur für die Fälle der "business liability", womit laut s. 1(3) (a) UCTA die Haftung für die Verletzung von Pflichten vertraglicher oder nichtvertraglicher Art im Zusammenhang mit einem Geschäftsbetrieb ("in the course of a business") gemeint ist.[30] Mit Ausnahme der Gewährleistung im Kauf- und Mietkaufrecht gemäß s. 6 UCTA sowie der Haftung für außervertragliche Tatsachenzusicherungen (misrepresentation) gemäß s. 8 UCTA ist der Kontrollkatalog des UCTA damit auf Haftungsfreizeichnungen im Rahmen der geschäftlichen Sphäre beschränkt, wozu s. 14 UCTA auch die Aktivitäten von Freiberuflern und der öffentlichen Behörden zählt. Umgekehrt läßt der UCTA Verträge unter Privatpersonen unangetastet, selbst wenn diese ausnahmsweise vorformulierte Geschäftsbedingungen zugrundelegen.

bb) Dealing as consumer

Auf der Seite des Vertragsgegners hebt der UCTA in ss. 3 ff. ebenfalls auf dessen konkretes Auftreten im Einzelfall ab und differenziert im Rahmen der einzelnen Schutzvorschriften jeweils danach, ob jener als Konsument aufgetreten ist oder nicht. Der UCTA teilt Privatpersonen insofern nicht kategorisch dem Konsumentenkreis zu, sondern macht hierfür in s. 12(1) zur Voraussetzung, daß die in Frage stehende Vertragspartei im Unterschied zum Klauselverwender nicht im Rahmen eines Geschäftsbetriebs gehandelt hat und dies auch nicht vorgegeben hat.[31] Soweit es um Kauf oder Mietkauf geht,

---

[30] Dem stellt s. 1(3)(b) die Innehabung von Räumlichkeiten oder Gelände zu Geschäftszwecken gleich, was etwa für gewerbliche Freizeitanlagen, Rennstrecken o.ä. gilt.

[31] Für Kaufleute ist damit der konzeptionelle Unterschied zum AGBG gar nicht besonders groß, denn § 24 Ziff. 1 AGBG, der neben Kaufleuten auch Personen des öffentlichen Rechts und öffentlich-rechtliche Sondervermögen vom Anwendungsbereich seiner schärferen Schutzvorschriften ausschließt, macht insofern zur Voraussetzung, daß der fragliche Vertrag zum Be-

müssen die betreffenden Waren zusätzlich typischerweise für den privaten Ver- bzw. Gebrauch bestimmt sein.

Prozessual gesehen wird das personale Schutzinstrument des dealing as consumer weiter betont, indem s. 12 (3) UCTA die Begründungs- und Nachweislast dafür, daß der Vertragsgegner nicht als Konsument handelte, demjenigen auferlegt, der sich darauf beruft. Im Ergebnis wird damit ein Konsumentengeschäft vermutet, wenn eine Seite geschäftsmäßig handelt.

Unter dem Gesichtspunkt der relativen Verhandlungsmacht der Parteien betrachtet, zieht der UCTA also eine Grenzlinie zwischen dem jeweiligen individuellen Auftreten als Verbraucher und als Geschäftsperson. Den gleichen Schutz, den der Konsument erhält, billigt s. 3 UCTA gegenüber der geschäftsmäßigen Freizeichnung von der allgemeinen Vertragsbruchhaftung übrigens demjenigen zu, der sich den AGB der Gegenseite unterworfen hat. Der bloße Umstand der Verwendung von AGB wird mithin gezielt als Schutzinstrument für die Gegenseite eingesetzt.

b) Instrumente der Inhaltskontrolle

Bei der Inhaltskontrolle unterscheidet der UCTA zwischen absolut ungültigen Vertragsbedingungen und solchen mit widerleglichem Gültigkeitsvorbehalt.[32]

aa) Absolut ungültige Klauseln

Ganz im Vordergrund steht hier die fast schon generalklauselartige Bestimmung der s. 2 (1) UCTA mit ihrem kategorischen Verbot jeglicher Beschränkungen der negligence-Haftung für Tötung oder Verletzung von Personen. Der Stellenwert dieser Vorschrift wird durch s. 1(1) UCTA unterstrichen, die die Definition der negligence gleich an den Anfang des UCTA stellt. Für dessen Anwendungsbereich meint negligence nicht nur den gleichnamigen Deliktstatbestand, sondern die Verletzung jeglicher vertraglicher und nichtvertraglicher Sorgfaltspflichten.

---

triebe deren Handelsgewerbes gehört, stellt also nicht generell auf einen kaufmännischen "Status" ab.

[32] Genau genommen müßte als dritte Kategorie die große Gruppe von Klauseln angeführt werden, die der UCTA unausgesprochen als gültig behandelt.

Erfaßt werden soll jede Form der Haftungsfreizeichnung, sei es durch Vertragsklausel oder durch eine außervertragliche Mitteilung ("notice"), etwa einen Aushang. Wie weit das Verbot der s.2(1) UCTA greift, ergibt der Blick auf die Definitionsvorschrift s. 14, die zu den Personenverletzungen ("personal injury") auch jede Beeinträchtigung der mentalen Verfassung eines Menschen zählt. Zudem beschränkt sich s. 2(1) auch nicht auf die Haftung gegenüber Konsumenten.

Gegen den Ausschluß oder die Beschränkung der außervertraglichen Produkthaftung, insbesondere im Wege sogenannter "Garantien", richtet sich s. 5 UCTA: Beruht danach eine Schädigung auf einem Produktfehler einer typischen Verbraucherware, der auf negligence bei der Produktion oder der Verteilung des Produkts zurückzuführen ist, so sind entsprechende Freizeichnungsbemühungen in jedem Falle unwirksam.[33]

Absolut unwirksam sind darüber hinaus Beschränkung bzw. völliger Ausschluß der Rechtsmängelhaftung bei Kauf und Mietkauf gemäß s. 6(1) UCTA[34] sowie der Gewährleistungshaftung für Qualität, Übereinstimmung der Ware mit Muster oder Beschreibung oder vertragsgemäße Eignung, sofern ein Konsumentengeschäft vorliegt, gemäß s. 6(2).[35] Die gleiche Regelung gilt gemäß s. 7(2) UCTA für andere Arten von Konsumentengeschäften, die auf die Übertragung von Eigentum oder Besitz an Waren gerichtet sind.[36]

Abgesehen von dem allgemeinen Verbot des Haftungsausschlusses für Tod und Personenverletzung setzt der UCTA die Ungültigkeit mithin gezielt auf der konkreten Stufe des jeweiligen Vertragstyps ein. Insbesondere die ss. 6 und 7, noch unübersichtlicher geworden durch spätere Ergänzungen, bieten dabei in ihrer Technik der Verweisung auf den Supply of Goods (Implied Terms) Act, den Sale of Goods Act und den Supply of Goods and Services Act kein Beispiel einer anschaulichen gesetzlichen Regelung, was angesichts

---

[33] S. 5 UCTA betrifft vorrangig die deliktische Produkthaftung, wie sie in DONOGHUE v. STEVENSON, [1932] A.C. 562, begründet worden ist. Gemäß s. 5(3) UCTA greift die Vorschrift nicht zwischen Vertragsparteien, für die s. 6 einschlägig ist.

[34] Mit Recht weist *Weick*, ZHR 145 (1981), 68, 73 auf die diesbezüglich unangemessene Großzügigkeit des AGBG hin.

[35] Entsprechende Regelungen hatten zuvor bereits ss. 4, 12 Supply of Goods (Implied Terms) Act in den Sale of Goods Act 1893 und den Hire Purchase Act 1965 eingefügt.

[36] Gemäß der später eingefügten s. 7(3A) UCTA können die entsprechenden Vertragspflichten bei Lieferverträgen gemäß s. 2 Supply of Goods and Services Act 1982, ohne Beschränkung auf Konsumentengeschäfte, ebenfalls nicht abbedungen werden.

der Bestimmung des UCTA als Verbraucherschutzgesetz besonders ins Gewicht fällt.[37] Es ist also erforderlich, das jeweils in Verweisung genommene Gesetz parallel zu lesen.

bb) Der reasonableness-Vorbehalt

(a) Anwendungsbereich

Hinsichtlich aller übrigen, dem Anwendungsbereich des UCTA unterfallenden Klauseln gilt eine widerlegliche Ungültigkeitsvermutung: Sie werden nur insoweit als gültig behandelt, als sie dem reasonableness-Erfordernis genügen. Auch hier trägt derjenige, der sich auf die Klausel beruft, in aller Regel also der Verwender, die Begründungs- und Nachweislast, vgl. s. 11(5) UCTA. Wie schon bei den kategorischen Ungültigkeitsnormen läßt sich eine allgemeinere Stufe von speziellen Schutzvorschriften unterscheiden:

Dem reasonableness-Vorbehalt unterfallen zunächst gemäß s. 2(2) UCTA alle Beschränkungen der negligence-Haftung für Schäden außer Tod und Personenverletzung, also Sach- und Vermögensschäden. Hinzu kommen gemäß s. 3 UCTA, wenn der Vertragsgegner als Konsument oder zu den "written standard terms of business" des Verwenders handelt, Vertragsbedingungen, die die Vertragsbruchhaftung beschränken bzw. den Verwender berechtigen sollen, den Vertrag in wesentlicher Abweichung von dem vernünftigerweise zu Erwartenden oder überhaupt nicht bzw. nur teilweise zu erfüllen.

Section 4 UCTA schließlich kontrolliert die Anerkennung von Freistellungsverpflichtungen für negligence und Vertragsverletzungen gegenüber Dritten in Konsumentenverträgen.[38]

Im Unterschied zu Konsumentengeschäften sind bei Verträgen mit Nichtverbrauchern Beschränkungen der Gewährleistungspflichten in Kauf- und Mietkaufverträgen sowie den übrigen Formen besitz- bzw. eigentumsübertragender Verträge nicht nichtig, sondern unterfallen gemäß ss.6(3), 7(3) UCTA

---

[37] Dies gilt umso mehr angesichts der schnell aufeinanderfolgenden Änderungen in der Gesetzeslandschaft durch den Sale of Goods Act 1979 und den Supply of Goods and Services Act 1982. Siehe auch *Sealy* in [1978] C.L.J. 15, 17 sowie die Kritik bei *Weick*, ZHR 145 (1981) 68, 81.

[38] Zu den Vorschriften mit allgemeinerem Charakter ist auch s. 8 UCTA zu zählen, die die Freizeichnungskontrolle in s. 3 Misrepresentation Act 1967 den Anforderungen des UCTA anpaßt.

dem reasonableness-Vorbehalt. Das Gleiche gilt für die zuletzt genannten Vertragstypen gemäß s. 7(4) hinsichtlich der Rechtsmängelhaftung.

Wenn man die flankierenden Vorschriften der ss. 10 und 13 UCTA mitberücksichtigt, die Umgehungsversuche wie die Abbedingung vertraglicher Rechte durch separate Verträge sowie die Beschränkung der Rechtsverfolgung einschließlich der Vollstreckung kontrollieren, ergibt sich, daß der UCTA einen breiten Anwendungsbereich abdeckt. Ersichtlich verbleibt aber auch ein nicht unbeträchtlicher Kreis von einseitig belastenden Vertragsbedingungen außerhalb des Kontrollbereichs. Dies gilt, neben dem ausdrücklichen Ausnahmekatalog[39], vor allem für Klauseln, die in ihrer einseitig belastenden Wirkung Haftungsfreizeichnungen nahekommen, wie etwa Vertragsbedingungen, die nicht den vertragsrechtlichen Behelf beschränken, sondern unter rein definitorischem Ansatz den Pflichteninhalt oder den Grad vertraglicher Sorgfalt von vorneherein niedriger als üblich ansetzen.[40] Daneben ist an Vereinbarungen zu denken, mit denen sich der Verwender einseitige Preiserhöhungen oder den Verfall einer überhöhten, obligatorischen Vorauszahlung des Vertragsgegners vorbehält, falls dieser vom Vertrag zurücktreten will.[41]

Für solche und viele andere Vertragsbedingungen bietet der UCTA keine Handhabe: Anders als das AGBG in § 9 oder s. 2-302(1) des US-amerikanischen Uniform Commercial Code, die den Gerichten gestattet, unbillige ("unconscionable") Verträge bzw. Vertragsklauseln als nichtig zu behandeln oder einzuschränken, beinhaltet der UCTA keine Generalklausel, die eine Angemessenheitsprüfung unabhängig vom Typus eines Vertrags oder der jeweiligen Haftungsform erlaubte. Der UCTA ist also kein Gesetz, das - wie es sein Titel glauben macht - unfaire Vertragsklauseln im weiteren Sinne kontrolliert.

---

[39] Dies gilt zum einen schon für den zentralen Kern der Vorschriften ss. 2 bis 7 UCTA, deren Anwendung auf die Fälle der business liability beschränkt ist. Ferner finden sich Einschränkungen des sachlichen und persönlichen Anwendungsbereichs in Schedule 1: Nach Ziff. 1 (a) sind alle Arten von Versicherungsverträgen vom Anwendungsbereich des UCTA ausgenommen, gemäß Ziff. 1 (b) Verträge über die Begründung, Übertragung oder Beendigung von Rechten an Grundstücken, gemäß Ziff. 1 (c) Verträge betreffend Patent- und Urheberrechte sowie andere Schutzrechte für geistiges Eigentum, laut Ziff. 1 (d) Verträge über die Begründung von Gesellschaften bzw. Änderung deren Verfassung und laut Ziff 1 (e) Verträge über die Begründung, Änderung und Übertragung von Wertpapieren oder Rechten daran. Weitere, selten einschlägige Konstellationen regeln die Ziffern 2 bis 5. Zum Ganzen eingehend *Lütkenhaus*, UCTA 1977 und AGBG 1976, pp. 31 ff.

[40] Zur Problematik solcher definitorisch statt rechtsbeschränkend operierender Vertragsbedingungen vgl. *Palmer* in (1986) Bus. Law Rev. 57 ff. im Anschluß an *Coote*, Exception Clauses p. 9.

[41] *Thompson*, UCTA 1977, p. 26 paras. 73 f.

Der UCTA schränkt den Vertragsfreiheitsgrundsatz nur im Rahmen der jeweils ausdrücklich aufgezählten Konstellationen ein; er besitzt mithin, trotz der weiträumigen Erfassung der negligence- und Vertragsbruchhaftung einen eher gezielt-remedialen denn einen "prinzipiellen" Charakter.

(b) Anwendungskriterien

Gleichwohl bedeutete die Erstreckung des reasonableness-Tests auf einen beträchtlichen Bereich der Haftungsfreizeichnung in der Praxis eine nachhaltige Zäsur für die Rechtsanwendung, denn auch für einen gesetzlichen Angemessenheitstest mußte die Rechtsprechung ja geeignete Handhabungskriterien entwickeln. Der UCTA selbst gibt keine Legaldefinition, sondern weitgefaßte, nicht als abschließend gedachte Anwendungsrichtlinien, die überdies keineswegs einheitlich für alle unter (a) aufgeführten Fallkonstellationen gelten:

Gemäß s. 11(1) UCTA kommt es bei Vertragsklauseln für die Beurteilung der reasonableness auf den Vertragschluß und die zu diesem Zeitpunkt den Parteien bekannten bzw. vernünftigerweise zu bedenkenden Umstände an, während für außervertragliche Haftungshinweise gemäß s. 11(3)UCTA der Zeitpunkt des haftungsbegründenden Ereignisses maßgeblich ist.

Bei Haftungsbeschränkungen auf eine bestimmte Summe ist gemäß s. 11(4) UCTA die dem Verwender zur Verfügung stehende Haftungsmasse sowie die Möglichkeit der Versicherung zu berücksichtigen.

Lediglich für die Zwecke der ss. 6(3) und 7(3),(4) UCTA, also die Gewährleistung in Kauf-, Mietkauf- und ähnlichen warenveräußernden Verträgen, sind schließlich gemäß Schedule 2 UCTA noch Umstände wie die relative Verhandlungsstärke der Parteien oder alternative Möglichkeiten zur Erreichung der Wünsche des Kunden erheblich, sowie ferner die Möglichkeit, vergleichbare Verträge mit Dritten ohne eine Klausel der vertraglichen Art zu schließen. Von Bedeutung soll auch sein, ob der Kunde den Inhalt der Klausel kannte oder vernünftigerweise kennen mußte, ob im Falle der bedingten Freizeichnung der Bedingungseintritt bei Vertragsabschluß zu erwarten war, sowie schließlich, ob die Vertragsware auf besondere Weisung des Kunden hergestellt oder verarbeitet wurde.

Diese Richtlinien waren der Rechtsprechung im wesentlichen bereits aus der durch den Supply of Goods (Implied Terms) Act 1973 geänderten s. 55(4) des Sale of Goods Act 1893 bekannt, wonach ebenfalls schon die Freizeichnung von der Gewährleistungshaftung des Verkäufers für handelsübliche Qualität, Eignung zu dem vereinbarten Zweck sowie Übereinstimmung mit Beschreibung oder Warenprobe von deren reasonableness abhing. Trotzdem unterscheidet sich der reasonableness-test des UCTA nicht unerheblich von dem vier Jahre zuvor reformierten Ansatz der s. 55(4) Sale of Goods Act 1893, denn darin hatte der Gesetzgeber für die Beurteilung der reasonableness nicht auf den Vertragschlußzeitpunkt abgestellt; vielmehr hob s. 55(4) noch auf die reasonableness of reliance ab, wofür gemäß s. 55(5) alle Umstände des Falles maßgeblich sein sollten, also auch das Parteiverhalten nach Vertragschluß, etwa anläßlich eines Vertragsbruchs.[42] Gegenüber den Warnungen der englischen Law Commission, innerhalb so kurzer Zeit gleich zwei unterschiedliche gesetzliche reasonableness-Tests anzubieten, hatte sich im Gesetzgebungsverfahren des UCTA die Argumentation der schottischen Law Commission durchgesetzt, nach deren Auffassung das Abstellen auf den Vertragschlußzeitpunkt mehr Sicherheit bei der vertraglichen Planung und Kalkulation gewährleistete.[43]

Selbst wenn man berücksichtigt, daß bis zum Inkrafttreten des UCTA lediglich zwei Entscheidungen des High Court zum früheren reasonableness-test vorlagen,[44] bietet eine solche Gesetzgebungstechnik nicht unbedingt ein Bild der Beständigkeit und Geradlinigkeit, wie es grundsätzlich dem common law eigen ist.[45]

---

[42] Außerdem traf gemäß s. 55(4) Sale of Goods Act 1893 die Nachweislast für die Unfairneß der Freizeichnung noch den Haftungsgläubiger. Eine ähnliche Vorschrift fand sich zuvor schon in s. 3 Misrepresentation Act 1967.

[43] Vgl. *The Law Commission and The Scottish Law Commission*, Exemption Clauses, Second Report, paras. 170 ff. (Scottish Law Commission) und paras. 178 ff. (Law Commission). Die Scottish Law Commission sah zudem einen Widerspruch zu den grundlegenden Prinzipien des Rechts, wenn man nicht auf die Parteiabsichten, sondern auf die ex post facto-Situation abstelle. Dahinter stand möglicherweise die Befürchtung der Vertreter der Scottish Law Commission, die Maßgeblichkeit des Parteiwillens für die Vertragsbeurteilung könnte allzu nachhaltig dem reasonableness test geopfert werden. Siehe dazu auch die Darstellung bei *Adams/Brownsword* (1988) 104 L.Q.R. 94, 117.

[44] RASBORA LTD. v. J.C.L. MARINE LTD. [1977] 1 Lloyd's Rep. 645, die Ausführungen von Lawson J. zum reasonableness-test auf p. 651 col. I sind zudem nur obiter dicta; R.W. GREEN LTD. v. CADE BROS. FARMS [1978] 1 Lloyd's Rep. 602. Zu beiden Fällen *Yates*, Exclusion Clauses in Contracts pp. 99 ff. und *Yates/Hawkins*, Standard Business Contracts: Exclusion Clauses and Related Devices p. 51 ff.

[45] Vgl. das Zitat Lord Reids oben in der Einleitung, S. 21.

c) Die Haltung der Rechtsprechung zum UCTA

Den klaren und unmißverständlichen Richtungsentscheidungen des UCTA in seinen absolut eingreifenden Vorschriften wie z. B. s. 2(1) sowie seinen besonderen Verbraucherschutznormen stehen mithin Unwägbarkeiten in beträchtlichem Umfange gegenüber, die der Klärung durch die Gerichte überlassen blieben. Dies galt bereits für den quasi vor die Klammer gezogenen Maßstab der business liability, obwohl das Kriterium des in the course of a business schon in früheren Gesetzen wie z. B. dem Trade Descriptions Act[46] aufgetaucht und von der Rechtsprechung angewandt worden war.[47]

Wegen der im wesentlichen am business-Begriff ausgerichteten Definition des Konsumentengeschäfts in s. 12 UCTA hängt die Abgrenzung beider Kriterien eng zusammen; in den wenigen hierzu ergangenen Entscheidungen hat die Rechtsprechung mehrfach Verträge, bei denen auf beiden Seiten Geschäftsleute beteiligt waren, gleichwohl als Konsumentengeschäfte behandelt, wobei es in aller Regel um den Kauf von Kraftfahrzeugen ging.[48] Die Abgrenzung in s. 12 UCTA, die zwei noch nicht vollständig geklärte Begriffe gegenüberstellt, hat sich bislang sicherlich nicht bewährt, sondern zumindest bei Verträgen unter Geschäftsleuten für den Klauselverwender wenig Klarheit gebracht.[49]

Auch zum reasonableness-Test liegen noch immer, weit über ein Jahrzehnt nach Inkrafttreten des UCTA, nur wenige obergerichtliche Entscheidungen vor; das House of Lords hat gar zur reasonableness vertraglicher Freizeich-

---

46 c.29.

47 Vgl. z.B. ASHINGTON PIGGERIES LTD. v. CHRISTOPHER HILL LTD. (H.L.) [1972] A.C. 441; HAVERING LONDON BOROUGH COUNCIL v. STEVENSON [1970] 1 W.L.R. 1375. Ebenfalls zu s. 1(1) Trade Descriptions Act 1968, aber mit mittelbarer Bedeutung auch für den UCTA: DAVIES v. SUMNER [1984] 1 W.L.R. 405 und 1301 (H.L.). Eingehend dazu *Brown* in [1988] J.B.L. 386, 387 ff.

48 PETER SYMMONS & CO. v. COOK (1981) 131 N.L.J. 758; R. & B. CUSTOMS BROKERS CO. LTD. v. UNITED DOMINIONS TRUST LTD. [1988] 1 W.L.R. 321 (C.A.); vgl. auch DAVIES v. SUMNER aaO. (oben N. 47) und RASBORA LTD. v. J.C.L. MARINE LTD. aaO. (oben N. 44), wo die klagende Gesellschaft zur Vermeidung der Mehrwertsteuerpflicht als Käuferin eines für ihren Gesellschafter bestimmten Motorboots aufgetreten war. Lawson J., aaO. p. 651, stufte den Kauf als Konsumentengeschäft ein. Vgl. hierzu neben *Brown* aaO. (N. 47) pp. 392 ff. auch *Harvey* in (1983) 127 Solicitor's Journal 163, 179 und *Price* in (1989) 52 M.L.R. 245, jeweils m.w.N.

49 So *Brown* aaO. (N. 47) p. 396 f.

nungen nach dem UCTA noch überhaupt nicht Stellung genommen.[50] Die Zahl der einschlägigen Entscheidungen des Court of Appeal ist ebenfalls gering.[51] Größer ist die Zahl untergerichtlicher Entscheidungen nebst einigen wenigen High Court-Fällen.[52] Da der reasonableness-test des UCTA auf eine richterliche Begriffsklärung angelegt ist, muß die - verglichen mit der reichhaltigen Rechtsprechung zum AGBG - ausgesprochen zurückhaltende Behandlung in der Rechtsprechung notwendigerweise zu einer gewissen Unsicherheit in der Praxis führen. Die grundsätzliche Eignung des privatrechtlichen Rechtsstreits zur praktischen Bewältigung der Freizeichnungsproblematik ist daher unmißverständlich angezweifelt worden.[53]

In der Tat ist die Rechtsprechung für diesen Zustand mitverantwortlich: Viele Entscheidungen dringen nicht zu den Obergerichten durch, weil das House of Lords in GEORGE MITCHELL (CHESTERHALL) LTD. v. FINNEY LOCK SEEDS LTD.[54] eine unmißverständliche Richtungsentscheidung gegeben hat: Danach sind die Appellationsgerichte gehalten, die untergerichtliche Bewertung der reasonableness - ähnlich den common law-Regeln für Ermessensentscheidungen - mit äußerstem Respekt zu behandeln und nur dann nicht aufrecht zu erhalten, wenn jene auf irrtümlicher Gedankenführung beruht oder schlichtweg ganz offensichtlich falsch ist.[55]

---

[50] Die Entscheidung GEORGE MITCHELL (CHESTERHALL) LTD. v. FINNEY LOCK SEEDS LTD. [1983] 2 A.C. 803 (unten auf S. 185 f.) erging noch zum reasonableness-test nach dem Muster des Supply of Goods (Implied Terms) Act 1973, also ohne Beschränkung auf die bei Vertragschluß erkennbaren Umstände; die Entscheidung SMITH v. ERIC S. BUSH [1989] 2 W.L.R. 790 betraf keinen Fall vertraglicher Haftung, vgl. dazu *Horton Rogers* in [1989] C.L.J. 366 sowie zur Entscheidung des Court of Appeal in [1987] 3 W.L.R. 889 *Sealy* in [1988] C.L.J. 6.

[51] Z.B. PHILLIPS PRODUCTS LTD. v. HYLAND [1987] 1 W.L.R. 659; THOMPSON v. T. LOHAN (PLANT HIRE) LTD. [1987] 1 W.L.R. 649 und SMITH v. BUSH aaO. (vorige Note).

[52] Z.B. STAG LINE LTD. v. TYNE SHIPREPAIR GROUP LTD. (THE "ZINNIA") [1984] 2 Lloyd's Rep. 211; SPRIGGS v. SOTHEBY PARKE BERNET & CO.LTD. (1984) E.G. 1171; SOUTH WESTERN GENERAL PROPERTY CO.LTD.v. MARTON (1982) 263 E.G. 1090; STEVENSON v. NATIONWIDE BUILDING SOCIETY (1984) 272 E.G. 663; Überblicke über die z.T. unveröffentlichten untergerichtlichen Entscheidungen geben *Samuels* in (1983) 127 Solicitor's Journal 98 und *Lawson* in (1981) 131 N.L.J. 933; 1982 L.S.Gaz. 1114; 1985 L.S.Gaz. 2393.

[53] *Borrie* in [1988] J.B.L. 116, 120 sowie zuvor schon in The Development of Consumer Law and Policy ... pp. 12 bis 15 mit dem Hinweis, daß die meisten Streitfälle außergerichtlich beigelegt werden.

[54] [1983] 2 A.C. 803; [1983] 2 All ER 737.

[55] aaO. pp. 815 f. (743) per Lord Bridge of Harwich: "..the appellate court should treat the original decision with the utmost respect and refrain from interference with it unless satisfied

Zwar trägt diese Vorgabe dazu bei, daß der Konsument im Einzelfall flexibel und schnell abschließende Klarheit erhalten kann, ohne dem Risiko abweichender Beurteilung in mehreren Instanzen ausgesetzt zu sein. Die programmatische Stellungnahme des House of Lords motiviert die in erster Instanz unterlegene Partei jedoch nicht zur Rechtsmitteleinlegung. Da die Urteile untergerichtlicher Entscheidungen, selbst diejenigen des High Court, schon für andere Gerichte derselben Stufe nicht bindend sind,[56] fehlt es ausgerechnet für das im UCTA nur vage umrissene reasonableness-Kriterium an verbindlichen Handhabungsrichtlinien aus der Rechtsprechung. Die mittelbare Folge der Haltung des House of Lords ist ein Zustand, der der gerade im common law-Vertragsrecht besonders betonten Maxime der Rechtssicherheit und -klarheit entgegenwirkt.

Diese Unwägbarkeiten wirken sich primär zu Lasten der kommerziellen Klauselverwender aus. Vor allem für AGB-Verträge ergibt sich, wie Adams und Brownsword in ihrer Kritik an der Haltung des House of Lords aufzeigen, eine doppelte Unsicherheit: Die Abfassung allgemein als angemessen anerkannter Klauselkataloge wird erschwert, wenn selbst angemessene Klauseln dem permanenten Risiko ausgesetzt sind, in einer einmaligen untergerichtlichen Entscheidung als ungültig verworfen zu werden.[57] Ebenso besteht die Gefahr, daß unangemessene Klauseln nicht sogleich angepaßt werden, wenn sie in einer Einzelentscheidung für unreasonable befunden worden sind.[58] Im Ergebnis hat die Haltung des House of Lords zur Überprüfung untergerichtlicher reasonableness-Beurteilungen mithin zwar im Einzelfall die Chance umgehender Klärung begünstigt, mittelbar jedoch den Zielen der Rechtsklarheit entgegengewirkt, weil die Ermittlung definitiv verläßlicher Kriterien für den gesetzlichen Fairneßtest erschwert worden ist.

Vor allem aber führt die vom House of Lords verordnete Zurückhaltung bei der obergerichtlichen Überprüfung zu einer richterlichen Handhabung des UCTA, die der Methodik des common law in zweierlei Hinsicht grundlegend

---

that it proceeded on some erroneous principle or was plainly and obviously wrong." Obwohl es hier um die Anwendung des "älteren" reasonableness-Tests aus dem Gesetz von 1973 ging, erstreckte Lord Bridge diese Maßgabe ausdrücklich auch auf die Anwendungsfälle des UCTA.

56 *Smith/Bailey*, The Modern English Legal System, pp. 284 f.

57 In der Praxis ist deutlich geworden, daß in den Fällen der Anwendung des reasonableness-Tests auf Konsumentengeschäfte die Vermutung für die Ungültigkeit von der Verwenderseite regelmäßig nur schwer zu widerlegen ist, vgl. *Lawson* in (1982) L.S.Gaz. 1114, 1116 und (1985) L.S.Gaz. 2393.

58 *Adams/Brownsword* in (1988) 104 L.Q.R. 94, 118 f.

zuwiderläuft: Zum einen wird gerade die wertende Entscheidung des einzelnen Richters, sofern sie nicht ganz offensichtlich unrichtig oder irrig ist, zum letztlich entscheidenden Maßstab gemacht, obwohl diese Gefahr eines der zentralen Argumente gegen die Anerkennung allgemeiner Fairneßmaximen im common law ist. Zum anderen liegt hierin die Abkehr von der ureigenen Systematik des common law, die bekanntlich auf der bindenden Wirkung maßgeblicher Präzedenzentscheidungen, und zwar genauer der darin niedergelegten Prinzipien beruht. Gerade der UCTA muß jedoch eng verzahnt mit Regeln des common law angewandt werden, weil er diese nicht ersetzt, sondern einschränkt und ergänzt. Wird er aber methodologisch wie ein Fremdkörper aus der bewährten common law-Systematik ausgegrenzt, so ist dies einer gedeihlichen Symbiose von statute law und common law eher abträglich.[59]

II. Inequality of bargaining power als selbständiges Kontrollinstrument der Rechtsprechung des House of Lords

1. Das Fallrecht als geschlossenes System

Gegenüber der Gesetzgebung, die bei der Schaffung neuer Kontrollinstrumente wie der personal-sachlichen Kategorien von "in the course of a business" und "dealing as consumer" sowie des Inhaltsmaßstabs der "reasonableness" praktisch freie Hand hatte, konnte das case-law aus traditioneller Sicht weiterhin nicht als eigenständige Operationsbasis für die Entwicklung gänzlich neuer Eingriffsnormen dienen, weil es noch immer an die Vertragsfreiheitsmaxime gebunden blieb. Diese Bindung ist dafür verantwortlich, daß dem common law im Vertragsrecht - im Unterschied etwa zum Deliktsrecht, wo man ja die Rechtsfortbildung des negligence-Tatbestandes umfassend akzeptiert hat - nur der Weg blieb, die vorhandenen Instrumente in den Bahnen eben jenes geschlossenen Systems weiterzuentwickeln, wie im zweiten Kapitel am Beispiel der Einbeziehungsregeln aufgezeigt worden ist.

Auch in diesem Rahmen war die maßgebliche Linie in der Rechtsprechung eher reserviert geblieben und hatte sich allen Bemühungen entgegengestellt, mit Mitteln des common law Instrumente der Inhaltskontrolle einzuführen. Dies gilt nicht nur, wie im ersten Kapitel aufgezeigt, für das aus s. 7 Ry. and Canal Traffic Act abgeleitete reasonableness-Kriterium in der früheren Rechtsprechung, sondern beispielsweise auch für den vor allem von Lord Denning

---

[59] *Atiyah* in (1985) 48 M.L.R. 1, 4.

seit den fünfziger Jahren unternommenen Versuch, aus den Regeln über die deviation im Seefrachtrecht über die four corners rule die fundamental breach rule als eigenständige Rechtsregel zu etablieren, wonach die Berufung auf eine Haftungsfreizeichnung unzulässig sein sollte, wenn der daraus begünstigte Vertragsteil seinerseits seinen grundlegenden Vertragspflichten zuwidergehandelt hat.[60]

Das House of Lords hatte diesen Versuch bereits im SUISSE ATLANTIQUE-Fall aus dem Jahre 1966 zurückgewiesen und die fundamental breach rule als bloße Auslegungsregel behandelt. Die anschaulichste Begründung hierfür gab seinerzeit Lord Reid, der in seiner opinion zwei Hauptkategorien von Haftungsklauseln ausmachte:[61] Einerseits die besonders "vorwerfbare" Form der formularmäßigen Freizeichnung, gegenüber der der Kunde, selbst wenn er sie durchlesen und verstehen könne, machtlos sei, weil er vom Verwender vor die Wahl gestellt werde: "...take it or leave it.."; andererseits die von gleichwertigen Verhandlungspartners frei ausgehandelten Bedingungen im Rahmen eines ausgewogenen Vertragsverhältnisses. Das Fallrecht gebe den Gerichten keine Handhabe, Klauseln danach zu beurteilen, ob sie unter allen Umständen des Einzelfalls fair oder mißbräuchlich und unbillig seien bzw. ob der Kunde frei zugestimmt habe. Nach Auffassung Lord Reids war auch die fundamental breach rule nicht geeignet, die unterschiedlichen Erscheinungsformen von Haftungsfreizeichnungen zu bewältigen; diese Aufgabe müsse man dem Parlament überlassen.

Nachdem die fundamental breach rule, wiederum vor allem von seiten Lord Dennings, auch weiterhin als selbständige Rechtsregel gehandhabt wurde,[62] nutzte das House of Lords das Inkrafttreten des UCTA mit seinen Sonderregeln für Verbraucherverträge, um die fundamental breach rule endgültig als bloße Auslegungsregel festzuschreiben.[63]

---

[60] Zur Figur des fundamental breach bzw. breach of a fundamental term vgl. die eingehenden Darstellungen bei *Kern*, "Rescission" nach Vertragsverletzung im englischen Recht, pp. 62 ff. sowie *Lütkenhaus*, UCTA 1977 und AGBG 1976, pp. 253 ff.

[61] [1967] 1 A.C. 361, 406.

[62] Insbesondere in HARBUTT'S PLASTICINE LTD. v. WAYNE TANK and PUMP CO. LTD. [1970] 1 Q.B. 447 und MENDELSSOHN v. NORMAND LTD. [1969] 2 All ER 1215.

[63] PHOTO PRODUCTION LTD. v. SECURICOR TRANSPORT LTD. [1980] A.C. 827.

2. Der Ansatz in A. SCHROEDER MUSIC PUBLISHING CO. LTD. v. MACAULAY[64]

Die fundamental breach rule ist jedoch nicht die einzige Figur des Fallrechts, deren Schicksal von der neueren Verbraucherschutzgesetzgebung beeinflußt worden ist. Das Gleiche gilt für die sich in der Entscheidung SCHROEDER v. MACAULAY andeutende Bereitschaft des House of Lords, die von Lord Reid im SUISSE ATLANTIQUE-Fall herausgearbeitete Problematik der Auswirkung mißbräuchlich eingesetzter vertraglicher Verhandlungsübermacht in vorformulierten Verträgen mit richterrechtlichen Instrumenten anzugehen.

In diesem Fall hatte das House of Lords einen Vertrag zu beurteilen, in dem sich ein junger Popmusikautor zu Zeiten, als er noch gänzlich unbekannt war, auf lange Zeit an einen Musikverlag gebunden hatte. Mittels des vorformulierten Standardvertrags erwarb der Verlag für zunächst fünf Jahre alle Rechte an den Werken des Künstlers, ohne seinerseits zur Veröffentlichung verpflichtet zu sein. Während dem Verlag die Kündigung bzw. im Erfolgsfalle die einseitige Verlängerung des Vertrags für weitere fünf Jahre offenstand, fehlte eine entsprechende Regelung zugunsten des Künstlers.

Das House of Lords wandte zugunsten des klagenden Künstlers die Regeln über restraint of trade an, bei der schon das common law des 19. Jahrhunderts in bestimmten eng abgegrenzten Fallgruppen auf die Kriterien der relativen Verhandlungsmacht und des Verhältnisses der beiderseitigen Leistungen abgehoben hatte.[65] Interessant hierbei ist zunächst die offene Bereitschaft des House of Lords, diese eigentlich auf einen Vertrag der vorliegenden Art unanwendbaren Regeln nunmehr auch auf unbillige standard form-Verträge auszudehnen.[66] Besonders aufschlußreich sind jedoch vor allem die Ausführungen Lord Diplocks, in denen er für eine neue public policy im Zusammenhang mit einseitig vorteilhaften Verträgen plädierte: Es sei zu begrüßen, daß das House of Lords sich nunmehr von den ökonomischen Theorien des 19. Jahrhunderts abwende und offen den Schutz des verhandlungsschwächeren Vertragsteils vor unbilligen Vertragsbedingungen der Gegenseite verfolge. Lord Diplock machte allein die laissez-faire-Doktrin des 19. Jahrhunderts und

---

64 [1974] 1 W.L.R. 1308; [1974] 3 All ER 616.

65 Vgl. hierzu *Treitel*, The Law of Contract, pp. 345 ff. sowie bereits oben auf S. 41 f.

66 Ausdrücklich Lord Reid [1974] 3 All ER 616, 622 g.

den Einfluß Benthams dafür verantwortlich, daß die frühere Praxis der Gerichte, unbillige Verträge ("unconscionable bargains") unter Berufung auf die public policy zu verwerfen, nur noch in eng begrenzten Fallgruppen überlebt habe; bei Anwendung dieser begrenzten Fallgruppen sei es den Gerichten jedoch in Wirklichkeit immer um die Frage der Billigkeit bzw. Fairneß des Vertrags gegangen. Die Testfrage sei daher, ob der Vertrag unter Berücksichtigung aller Vereinbarungen fair sei.[67]

Den Zusammenhang zu anderen Erscheinungsformen vorformulierter Verträge stellte Diplock schließlich in einem obiter dictum her, bei dem vor allem der programmatische Aspekt von Interesse ist: Ähnlich wie Lord Reid im SUISSE ATLANTIQUE-Fall teilte auch Diplock vorformulierte Vertragstexte in die zwei Kategorien der eingeführten Musterverträge im kommerziellen Verkehr und der einseitig aufdiktierten "Take it or leave it"-Vertragsgestaltungen auf, für die die ticket cases des 19. Jahrhunderts das früheste Beispiel seien. In solchen Fällen einseitiger Übermacht müsse das Gericht darüber wachen, daß diese nicht mißbräuchlich ausgenutzt werde.[68]

Lord Diplock bezog sich dabei zwar ausdrücklich nur auf restraint of trade; seine Formulierungen, insbesondere die Bezugnahme auf die Fallgruppe der ticket cases und damit mittelbar auf das gesamte Regelwerk des common law zu Freizeichnungsklauseln, lassen aber den Schluß zu, daß Diplock geneigt war, das Instrument des restraint of trade, das ursprünglich der Aufrechterhaltung eines funktionierenden Handels und damit dem öffentlichen Interesse diente, auch als Prototyp einer neuen public policy im Vertragsverhältnis zu nutzen.[69] Besonders pointiert hat Waddams die Verwendung des Bildes der "Wachsamkeit" bei Lord Diplock unter Anspielung auf das eingangs zitierte dictum Lord Dennings aus dem Jahre 1949[70] kommentiert: "This is surely the language of a vigilant court that allows freedom of contract, but watches to see that it is not abused."[71]

---

[67] Lord Diplock aaO. p. 623 e bis h.

[68] Lord Diplock aaO. p. 624 a bis f.

[69] *Yates*, Exclusion Clauses in Contracts, pp. 281 f.

[70] Vgl. oben auf S. 19.

[71] (1976) 39 M.L.R. 369, 389.

3. Vergleichbare Überlegungen bei Lord Denning

Auch inhaltlich lassen sich Bezüge zwischen der opinion Lord Diplocks und den Ideen Lord Dennings herstellen: Denning hatte nur wenige Monate zuvor in LLOYDS BANK LTD. v. BUNDY[72] die Auffassung vertreten, aus den Einzelkategorien mit jeweils engem Anwendungsbereich, in denen das common law bzw. die equity die mißbräuchliche Ausnutzung einer stärkeren Position im Vertragsverhältnis ausnahmsweise zum Anlaß nehme, den Vertrag für ungültig zu erklären, könne auf ein selbständig anwendbares übergeordnetes Prinzip der "inequality of bargaining power" geschlossen werden, das wie folgt laute: Das "englische Recht" - gemeint ist das common law - komme demjenigen zu Hilfe, der einen Vertrag ohne unabhängigen rechtlichen Rat zu unzweifelhaft unfairen Bedingungen abschließe, sofern seine Verhandlungsmacht durch seine konkreten Bedürfnisseoder seine eigene Unkenntnis bzw. Gebrechlichkeit beeinträchtigt sei und er außerdem von der anderen Seite in unbilliger Weise zu deren alleinigem Vorteil beeinflußt werde.[73]

Wie Lord Denning entschieden auch seine beiden Beisitzer zugunsten des Beklagten, weil dieser von der klagenden Bank nicht auf die Einholung unabhängigen rechtlichen Rats hingewiesen worden sei; sie leiteten eine entsprechende Treuepflicht der Bank jedoch unmittelbar aus der der equity entstammenden Maxime der undue influence ab, nach der in bestimmten Treueverhältnissen die Vermutung einer ungebührlichen Einflußnahme besteht, was das Gericht berechtigt, den jeweiligen Vertrag als ungültig zu behandeln.[74] Nur am Rande äußerte Sir Eric Sachs eine "gewisse Sympathie" für Dennings Vorschlag.[75]

---

[72] [1975] 1 Q.B. 326

[73] Lord Denning aaO. p. 339 C, D: "through all these instances there runs a single thread. They rest on 'inequality of bargaining power'. By virtue of it, the English law gives relief to one who, without independent advice, enters into a contract upon terms which are very unfair or transfers property for a consideration which is grossly inadequate, when his bargaining power is grievously impaired by reason of his own needs or desires, or by his own ignorance or infirmity, coupled with undue influences or pressures brought to bear on him by or for the benefit of the other."

[74] Lord Cairns und Sir Eric Sachs aaO. pp. 766 ff.; zur Figur der undue influence vgl. *Treitel*, The Law of Contract pp. 314 ff. sowie *Clark*, Inequality of bargaining power, pp. 93 ff.

[75] So Sachs aaO. p. 771 j. Vgl. aus dem Schrifttum auch *Carr* in (1975) 38 M.L.R. 463; *Trebilcock* in (1976) 26 U. of Toronto L.J. 359; *Beale* in (1986) 6 Oxford J. of Legal Studies 123; *Thal* in (1988) 8 Oxford J. of Legal Studies 17.

Der Umstand, daß weder Lord Reid noch Lord Diplock im SCHROEDER-Fall trotz ihrer Bezugnahme auf den Terminus der bargaining power auf Dennings opinion in LLOYDS BANK v. BUNDY eingingen und auch den Gesichtspunkt des unabhängigen rechtlichen Beistands nicht aufgriffen, kann natürlich in mehrfacher Richtung gedeutet werden. Lord Denning nutzte indes die sich nur wenig später bietende Gelegenheit, einen Zusammenhang zwischen beiden Ansätzen herzustellen: Obwohl er mit seiner ausgesprochen weit gefaßten, nahe an den konkreten Umständen des Falles orientierten Maxime erheblich weiter gegangen war als Lord Diplock im SCHROEDER-Fall,[76] berief sich Denning in dem vom Sachverhalt her vergleichbaren Fall CLIFFORD DAVIS MANAGEMENT LTD. v. WEA RECORDS LTD.[77] zur Stützung seiner neuen Theorie ausdrücklich auf die Voten Diplocks und Reids im SCHROEDER-Fall, hob aber auch hier wieder zusätzlich darauf ab, daß der marktstärkere Musikverlag den unter Vertrag genommenen Komponisten nicht auf einen getrennt einzuholenden rechtlichen Rat hingewiesen hatte.

4. Zurückdrängung des Ansatzes durch das House of Lords

Die von Lord Diplock angedeutete und von Lord Denning extensiv vertretene neue public policy, nach der die unfaire Ausnutzung einer einseitigen Verhandlungs- bzw. Gestaltungsübermacht zur Ungültigkeit der daraus resultierenden vertraglichen Vereinbarung führen konnte, hat sich letztlich aber nicht durchgesetzt. Im Unterschied zur Reaktion kanadischer Gerichte[78] hat das House of Lords einen so breiten Ansatz unmißverständlich verworfen. In PAO ON v. LAU YIU LONG[79] lehnte das House of Lords durch Lord Scarman eine dergestalt weiterentwickelte public policy mit der Begründung ab, dies gefährde die Rechtssicherheit. Erneut durch Lord Scarman sprach sich das House of Lords später in NATIONAL WESTMINSTER BANK PLC. v. MORGAN[80] deutlich gegen die Zulassung eines so umfassenden Prinzips

---

[76] Die Fallkonstellationen liegen, gemessen am traditionellen Verständnis des common law, weit auseinander: In LLOYDS BANK v. BUNDY hatte ein älterer, geschäftsunerfahrener Bauer seinen Hof, der seit Generationen im Familienbesitz war, zur Sicherung der Geschäftskredite seines Sohnes in dessen Beisein hypothekarisch an die Klägerin verpfändet und sah sich nun der Zwangsvollstreckung ausgesetzt.

[77] [1975] 1 All ER 237, 240 a bis e.

[78] Vgl. dazu Schlochtermeyer, Das Recht der AGB in Kanada, pp. 91 ff. sowie *Clark*, Inequality of bargaining power, pp. 71 ff.

[79] [1980] A.C. 614, 634 E per Lord Scarman.

[80] [1985] 2 W.L.R. 588, 600.

zum Schutze gegen ungleiche Verhandlungsmacht im Vertragsrecht aus: Diese Aufgabe obliege allein der Gesetzgebung, die mit ihren neueren Gesetzen zum Verbraucherschutz das Vertragsfreiheitsprinzip bereits so weit wie nötig eingeschränkt habe.

Nach dieser unmißverständlichen Stellungnahme wird man davon auszugehen haben, daß die Ansätze in SCHROEDER v. MACAULAY- jedenfalls seitens des House of Lords - höchstwahrscheinlich nicht wieder aufgegriffen werden. Bedenkt man, daß die von Lord Diplock angedeutete breitere vertragliche Fairneßkontrolle ihrer Anlage nach auch Vertragsbedingungen erfassen könnte, die - wie wettbewerbsbeschränkende Klauseln - nicht durch die von Lord Scarman im NATIONAL WESTMINSTER-Fall angeführten Gesetze[81] erfaßt werden, von denen keines eine generalklauselartige Kontrollnorm wie etwa § 242 BGB, § 9 AGBG oder s. 2-302 UCC beinhaltet, so sind Zweifel erlaubt, ob die Argumentation Lord Scarmans der methodischen Herleitung eines allgemeineren Fairneßprinzips aus den Einzelregeln des common law wirklich zwingend entgegensteht.

Dem House of Lords ist beizupflichten, daß eine Rechtsregel nach dem von Denning verfolgten Zuschnitt zu einem höchst unsicher vorauszubeurteilenden Instrument ausufern könnte.[82] Aus deutscher Sicht betrachtet, hätte der Ansatz Dennings jedoch, eingedämmt auf die bei Lord Diplock angedeutete Dimension, die Herausforderung an das common law bedeuten können, speziell für den verbleibenden Bereich der nicht gesetzlich erfaßten unfairen Vertragsbedingungen, für die das deutsche Recht Kontrollinstrumente aus § 242 oder § 138 BGB ableitet, eine geeignete Eingriffsgrundlage unabhängig von den Instrumenten des früheren common law bzw. der equity zu schaffen. In maßvoller Weiterentwicklung wären auf diese Weise die Grundwertsetzungen des UCTA, nämlich eine unterschiedliche Beurteilung der Gültigkeit vertraglicher Vereinbarungen nach der jeweiligen Verhandlungs- bzw. Gestaltungsmacht der Vertragsparteien, im common law vielleicht noch flexibler nachzuvollziehen gewesen. Im Ergebnis hat hier jedoch ausgerechnet die parlamentarische Verbraucherschutzgesetzgebung einen Effekt erzielt, der dem Bild Lord Wilberforces von der Belebung des common law durch neue gesetzliche Prinzi-

---

[81] Aufgeführt sind u. a. der Supply of Goods (Implied Terms) Act 1973 und der Supply of Goods and Services Act 1982; aufgrund deren enger Vernetzung mit dem UCTA gehört dieser aber wohl ebenfalls zu den von Lord Scarman gemeinten Gesetzen.

[82] Ähnlich *Sealy* in [1975] C.L.J. 21, 24.

pien zuwiderläuft, nämlich die Eindämmung der kreativen Weiterentwicklung des common law in dessen eigenen Grenzen.

III. Reasonableness als eigenständiges Instrument des common law in der Rechtsprechung Lord Dennings

1. Der angestrebte Gleichklang mit dem statute law

Im Unterschied zu der letztlich restriktiven Reaktion des House of Lords hat Lord Denning die Einführung des gesetzlichen reasonableness-Kriteriums zum Anlaß genommen, dieses umgehend auch in das common law zu integrieren. Die gesetzlichen Bemühungen zur Einschränkung der sanctity rule fielen bei Denning gleichsam auf "fruchtbaren Boden", denn Lord Denning hatte ja bereits zuvor, zumindest seit Ende der vierziger Jahre, nach entsprechenden Instrumenten gesucht: Wie aus dem einleitend angeführten Zitat Dennings aus dem Jahre 1949 zu ersehen ist,[83] hat sich Denning hier keineswegs im Widerspruch zum common law gesehen, sondern eine sinnvolle Begrenzung der überkommenen Vertragsfreiheitsmaxime gerade auf dem Boden und mit weiterentwickelten Mitteln des common law vor dem Hintergrund der gewandelten Vertragspraxis angestrebt.

Schon seit jener Zeit verfolgte Denning außerdem das Ziel, Gesetze und common law in ein einheitliches Recht zu integrieren.[84] Nachdem er bereits seit den fünfziger Jahren verschärfte Kriterien für unreasonable clauses propagiert hatte, zunächst insbesondere unter dem Blickwinkel der vertraglichen Einbeziehung, nutzte Denning dann ab den siebziger Jahren die Gelegenheit, die sich ihm mit den Vorarbeiten der Law Commission für den Supply of Goods (Implied Terms) Act 1973 und den UCTA 1977 bot und versuchte, deren eigentlich an den Parlamentsgesetzgeber gerichteten Anregungen aus den beiden "Reports" zu "exemption clauses" zur Einführung einer inhaltlichen reasonableness-Kontrolle von Haftungsklauseln unmittelbar in das common law einfließen zu lassen oder zumindest seine eigenen Reformvorschläge für das common law mit den seinerzeitigen Aktivitäten des Gesetzgebers zu recht-

---

[83] Oben auf S. 1.

[84] "Statute law and common law should be integrated as one law" per Lord Denning in BROOM v. MORGAN [1953] 1 Q.B. 597, 609.

fertigen. Zu diesem Einfluß der Law Commission hat sich Denning in mehreren Entscheidungen offen bekannt.[85]

Neu daran war weniger die Idee einer harmonischeren Einheit von statute law und common law[86] als vielmehr die Bereitschaft zur Übernahme eines gesetzlichen Instruments in das common law, während sonst gesetzliche Regelungen traditionell allenfalls zur Konkretisierung oder Eindämmung bestimmter Entwicklungen des Fallrechts hergehalten hatten.[87] Die Bemühungen Dennings, besondere Kriterien für unreasonable clauses im common law zu verankern, werden zwar dadurch relativiert, daß es sich insofern entweder um obiter dicta oder ebenso wie bei dem Instrument der inequality of bargaining power um concurring opinions gehandelt hat, von denen sich die jeweiligen Beisitzer z. T. ausdrücklich distanziert haben. Die Bindungskraft einiger Vorschläge Dennings ist daher begrenzt.[88]

Dem kann allerdings entgegengehalten werden, daß auch andere richtungsweisende Erneuerungen des common law letztlich in obiter dicta fußen, also nicht unbedingt zu den tragenden Entscheidungsgründen der jeweiligen Urteile gehört haben: Bezeichnenderweise gehört dazu das neighbour principle Lord Atkins aus DONOGHUE v. STEVENSON,[89] das bekanntlich die Grundlage der modernen deliktischen Produkthaftung bildet.[90] Möglicherweise gehört es gerade zu den Charakteristika und den treibenden Kräften der Rechtsfortbildung des common law im Verbraucherhaftungsrecht, daß die überkommenen Strukturen, die noch auf den Gegebenheiten des 19. Jahrhunderts beruhen, nur mit einem gewissen kreativen, renovatorisch orientierten richterlichen "animus legislatoris" reformiert werden könnne, verbunden mit der Bereitschaft, gegebenenfalls das System von judicial precedent und der

---

[85] Ausdrücklich in GEORGE MITCHELL (CHESTERHALL) LTD. v. FINNEY LOCK SEEDS LTD. (C.A.) [1983] 1 All ER 108, 115 b. Zuvor schon in GILLESPIE BROS. & CO. LTD. v. ROY BOWLES TRANSPORT LTD. [1973] 1 All ER 193, 201 b. und LEVISON v. PATENT STEAM CARPET CLEANING CO. LTD. [1977] 3 All ER 503 a, b; auf diese Entscheidungen wird weiter unten, S. 169 ff., näher eingegangen.

[86] Eine vergleichbare Zielsetzung findet sich bereits in HENDERSON v. STEVENSON aus dem Jahre 1875, vgl. oben S. 95, N. 56.

[87] Vgl. dazu die Nachweise bei *Atiyah* in (1985) 48 M.L.R. 1, 21 f.

[88] *Lawson*, Exclusion clauses, pp. 69 ff.; *Yates/Hawkins*, Standard Business Contracts...pp. 56 f.

[89] [1932] A.C. 562, 580.

[90] *Cheshire/Fifoot/Furmston*, Law of Contract, p. 289.

alleinigen Maßgeblichkeit der ratio decidendi dem Ziel einer angemessenen Rechtsreform unterzuordnen.

Dennings Bemühungen sollen im Folgenden wiederum aus den Blickwinkeln der vertraglichen Einbeziehung und der Inhaltskontrolle betrachtet werden, in der historischen Folge seiner Ansätze diesmal zunächst hinsichtlich der Einbeziehung. Hier konnte Denning auf den bereits anerkannten Regeln des common law aufbauen und hat sich, insbesondere auch weil der UCTA sich zur Einbeziehungsfrage ausschweigt, mit seinen Ideen eher durchsetzen können als mit seinen Vorschlägen zur reasonableness-Inhaltskontrolle.

2. Höhere Anforderungen an die reasonable sufficiency of notice bei bestimmten Klauseln

a) Unreasonable clauses - Lord Dennings "red hand rule"[91]

Die Frage der reasonableness als Beurteilungskriterium für Freizeichnungsklauseln hat Lord Denning zunächst im Zusammenhang mit der vertraglichen Einbeziehung in die Diskussion gebracht. Dies ist rechtshistorisch gesehen durchaus konsequent, denn schon die früheren Ansätze bei Lord Bramwell oder Byles J. zu unreasonable clauses betrafen - wie im ersten Kapitel aufgezeigt - ja mehr die Frage der Einbeziehung denn der inhaltlichen Gültigkeit der fraglichen Bedingungen.[92]

In der Entscheidung des Court of Appeal J. SPURLING LTD. v. BRADSHAW[93] aus dem Jahre 1956 vertrat Lord Denning obiter die Auffassung, je unangemessener eine vorformulierte Freizeichnungsklausel sei, desto deutlicher müsse auf sie hingewiesen werden, um sie in den Vertrag einzubringen:

> " ..the more unreasonable a clause is, the greater the notice which must be given of it. Some clauses which I have seen would need to be printed in red ink on the face of the document with a red hand pointing to it before the notice could be held to be sufficient."[94]

---

91 Formulierung nach *Macdonald*, [1988] J.B.L. 375 f.

92 Siehe oben auf S. 55 ff.

93 [1956] 1 W.L.R. 461

94 aaO. (vorige N.) p. 466.

Was er unter einer unreasonable clause verstand, führte Lord Denning allerdings nicht weiter aus, denn er hielt die AGB-Klausel, mit der sich die klagenden Betreiber eines Lagerhauses umfassend von ihrer Haftung für die Beschädigung der aufbewahrten Waren freigezeichnet hatten, für angemessen.

Eine nähere Umschreibung findet sich jedoch in Lord Dennings Votum in THORNTON v. SHOE LANE PARKING LTD. aus dem Jahre 1970.[95] In diesem Fall hatte der Kläger Verletzungen erlitten, als er seinen in der Parkgarage der Beklagten abgestellten Wagen wieder abholen wollte. Gegenüber dem Schadensersatzanspruch des Klägers aus negligence berief sich die Beklagte auf die umfassende Freizeichnungvon jeglicher Haftung in ihren AGB. Das mit einem knappen Hinweis auf die aushängenden Geschäftsbedingungen bedruckte Parkplatzticket war beim Einfahren von einem Automaten ausgegeben worden. Der Court of Appeal verneinte die Einbeziehung der Freizeichnung in den Vertrag, weil dieser schon zustandegekommen sei, bevor der Kläger das Ticket habe durchlesen können.[96]

Lord Denning und Megaw L.J. nahmen obiter noch zusätzlich zu der Frage Stellung, ob die Beklagte hinreichend deutlich auf die Klausel hingewiesen hatte, was das Gericht übereinstimmend verneinte. Lord Denning begründete dies damit, die Klausel greife derart weitreichend in die Rechte des Klägers ein, daß niemand daran gebunden sei, sofern die fragliche Klausel ihm nicht auf die expliziteste Weise zur Kenntnis gebracht worden sei. Dies sei ein Beispiel für das, was er in SPURLING v. BRADSHAW gemeint habe.[97] Aus der Formulierung "..so wide and so destructive of rights.." ist zu ersehen, daß Denning die unreasonableness der Klausel nicht etwa relativ aus dem Verhältnis von Leistung und Gegenleistung ableiten wollte, sondern schlichtweg absolut aus dem Umfang der Haftungsfreizeichnung. Unreasonable clauses sind danach solche, die besonders tief in die Rechte des Vertragspartners nach common law oder Gesetz eingreifen. Damit nahm Denning nicht die Extrembeispiele abwegiger oder arglistig formulierter Klauseln aus der früheren

---

95 [1971] 2 Q.B. 163.

96 per Lord Denning aaO. (vorige N.) p. 169 und per Sir Gordon Willmer p. 174.

97 aaO. p. 170. Zugleich ließ Denning offen, ob die Klausel nicht schon wegen unreasonableness ungültig sei: "I do not pause to inquire whether the exempting condition is void for unreasonableness. All I say is that it is so wide and destructive of rights that the court should not hold any man bound by it unless it is drawn to his attention in the most explicit way. It is an instance what I had in mind in J. SPURLING LTD. v. BRADSHAW... In order to give sufficient notice, it would need to be printed in red ink with a red hand pointing to it - or something equally startling."

Rechtsprechung etwa von Lord Bramwell in PARKER v. SOUTH EASTERN RY. CO.[98] auf, sondern zog den Kreis erheblich weiter.

Im Grunde genommen knüpfte Denning hierbei unmittelbar an die Überlegungen Lord Chelmsfords in HENDERSON v. STEVENSON an, der die Einbeziehung vorformulierter Freizeichnungsklauseln, die die essentiellen Vertragspflichten betreffen, davon abhängig machen wollte, daß diese dem Vertragspartner unmittelbar zur Kenntnis gebracht worden seien. Letztlich modifizierte Lord Denning auf diese Weise die Einbeziehungsmaximen Mellishs aus PARKER v. S.E. RY. CO. dahingehend, daß der Vertragspartner des Verwenders an eine besonders belastende Vertragsbedingung nur gebunden ist, wenn er diese selbst, nicht lediglich allgemein die Geltung von conditions, zur Kenntnis gebracht bekommen hat.

Es ist keineswegs unlogisch, den Grad der reasonably sufficient notice nach dem Inhalt der konkreten Klausel zu beurteilen, wie Brownsword und Macdonald meinen.[99] Zum einen kann man in dem Ruf nach einer verschärften Klarstellungslast des Verwenders bei besonders nachteiligen Risikoverlagerungen einfach das Bemühen sehen, eine fairere Lösung für die Einbeziehung solcher nur einseitig vorteilhafter Klauseln zu gewährleisten, also eine Art neuer "public policy" bei der vertraglichen Einbeziehung. Da die Einbeziehung von unreasonable clauses im Sinne Dennings nicht etwa ausgeschlossen sein soll, sondern lediglich von entsprechender Verwendersorgfalt abhängt, liegt in diesem Fairneßstandard auch kein Verstoß gegen die klassische Vertragsfreiheitsmaxime.

Zum anderen führt die Forderung nach einem unübersehbar deutlichen Hinweis das traditionelle Vertragskonzept weiter, das die vertragliche Bindung an die Zustimmung zu den Bedingungen des anderen knüpft. Dies setzt wiederum grundsätzlich Kenntnis der Vertragsbedingungen, zumindest aber Veranlassung und Gelegenheit zur Kenntnisnahme voraus. Um von der Zustimmung des Vertragspartners zu einer für ihn besonders nachteiligen Bedingung ausgehen zu können, muß ihm deren Existenz und Inhalt also entsprechend deutlich vor Augen geführt werden.[100] Dies gilt für den AGB-Vertrag und hier vor allem für den Konsumentenvertrag umso mehr, als die Vielzahl

---

[98] Vgl. dazu oben auf S. 57 ff.

[99] *Brownsword* (1972) 35 M.L.R. 179, 183; *Macdonald* [1988] J.B.L. 375, 379.

[100] So mit Recht *Malcolm Clarke* in [1976] C.L.J. 51, 70.

der Klauseln die Erfassung und Prüfung der kritischen Vertragsbedingungen erheblich unübersichtlicher macht als beim individuell ausgehandelten Geschäft.

Im Ergebnis betont die "red hand rule" schließlich auch das für das common law noch immer grundlegende Ziel der certainty im Vertragsrecht, hier auf der Einbeziehungsebene: Die frühere Rechtsprechung, die alle conditions praktisch gleichbehandelte, hatte in der typischen Verbrauchervertragskonstellation, in der der Vertragspartner die Klauseln regelmäßig nicht einzeln prüft, weil er ohnehin keinen Einfluß auf sie hat, letztlich nur für den Verwender Sicherheit über das Ausmaß der vertraglichen Risikoverteilung geschaffen.

Der Kunde des Verwenders war so auch ohne konkrete Kenntnis an für ihn nachteilige, weitreichende Risikoverlagerungen gebunden, die er neben den bloß regulativen Klauseln zudem nur mit Mühe und hohem Zeitaufwand ausmachen konnte. Im Ergebnis zog nur der Verwender hieraus Vorteile. Demgegenüber bietet die explizite Herausstellung besonders grundlegender Risikoverlagerungen dem Vertragspartner eine wesentlich fairere Möglichkeit, vor Vertragschluß schnell und unkompliziert Kenntnis vom Umfang der beabsichtigten Risikoverteilung nehmen zu können, was im Endeffekt den Grad der Rechtssicherheit für beide Seiten ausbalanciert.

b) Gesteigerte Informationsobliegenheiten

Die Frage der Klarheit über den Vertragsinhalt verband Lord Denning in der Entscheidung JAQUES v. LLOYD D. GEORGE & PARTNERS LTD aus dem Jahre 1968[101] mit dem Kriterium der unreasonableness. In diesem Fall ging es nicht um die Beurteilung einer Freizeichnungsklausel, sondern um eine Klausel in den AGB der beklagten Immobilienmaklergesellschaft, nach deren Wortlaut die Maklerprovision fällig sein sollte, sobald die Beklagte einen Interessenten nachwies, der zum Abschluß des fraglichen Grundstücksgeschäfts bereit war.[102] Ein Vertreter der Beklagten wies dem Kläger, der seinen Geschäftsbetrieb verkaufen wollte, einen Interessenten nach und

---

[101] [1968] 1 W.L.R. 625.

[102] Die recht unscharf formulierte Klausel lautete: "(3) Should you be instrumental in introducing a person willing to sign a document capable of becoming a contract to purchase at a price, which at any stage of the negotiations has been agreed by me, I agree to pay you a commission of ...."

versicherte dem Kläger anläßlich der Unterzeichnung des formularmäßigen Verkaufauftrags entgegen dem Wortlaut der fraglichen Klausel, die Provision werde erst mit Zustandekommen des Verkaufs fällig. Als es hierzu nicht kam, forderte der Kläger von den Beklagten die vorausbezahlte Kaution in Höhe des Provisionsbetrags zurück.

Der Court of Appeal entschied zugunsten des Klägers und verneinte dessen Bindung an die Klausel trotz der Unterschrift unter den Formularvertrag, weil die Beklagten gegenüber dem Kläger irreführende Angaben über den Klauselinhalt gemacht hätten.[103]

Lord Denning stellte zusätzlich darauf ab, die Klausel sei wholly unreasonable and totally uncertain, weil sie dem üblichen Verständnis zuwiderlaufe, wonach die Maklerprovision erst mit Zustandekommen des vermittelten Geschäfts zu zahlen sei. Wer per AGB von dieser üblichen und wohlverstandenen Regel abweichen wolle, müsse dies so deutlich machen, daß die Zustimmung der anderen Seite sicher sei. Dazu gehöre es, Inhalt und Folgen der Klausel notfalls zu erklären; ohne eine solche zusätzliche Erklärung dürfe der Vertragspartner davon ausgehen, das Dokument enthalte keine Bedingungen, die als unreasonable or oppressive anzusehen seien.[104]

Diese Überlegungen Dennings sind in mehrfacher Hinsicht interessant: Zunächst fällt auf, daß Denning seinen reasonableness-Gedanken auch auf schriftliche Verträge anwenden will, sich insofern also über die immer noch auf L'ESTRANGE v. GRAUCOB[105] beruhenden Grundsätze der strikten Bindung an den unterschriebenen Vertrag hinwegsetzt. Denning verfolgt damit eine einheitliche Beurteilung der Einbeziehung besonders belastender AGB-Klauseln für schriftliche wie nichtschriftliche Vertragschlüsse. Eine weitere Vereinheitlichung liegt darin, daß Denning die Maxime der reasonable sufficiency of notice aus PARKER v. S.E. RY., die ohnehin schon längst nicht mehr nur auf typische ticket cases Anwendung fand, über Frei-

---

[103] Der C.A. sah hierin eine misrepresentation zum Nachteil des Klägers und nutzte insofern die in L'ESTRANGE v. GRAUCOB, [1934] 2 K.B. 394, 403, aufgestellte Ausnahme von der strikten Bindung des Unterzeichners eines Vertragsdokuments an dessen Inhalt im Falle der misrepresentation; vgl. dazu schon CURTIS v. CHEMICAL CLEANING & DYEING CO., [1951] 1 K.B. 805 (C.A.), ebenfalls unter Mitwirkung von Lord Denning.

[104] [1968] 1 W.L.R. 630.

[105] [1934] 2 K.B. 394, 403. Siehe dazu schon oben auf S. 104 ff.

zeichnungsklauseln hinaus auf die Einbeziehung anderer einseitig nachteiliger Vertragsbestimmungen ausdehnt.

Zugleich soll auch bei solchen Bedingungen die inhaltliche Tragweite, von Denning unter dem Kriterium der reasonableness betrachtet, maßgeblich sein für die Anforderungen an die Klarstellungslast des Verwenders. Ob die "notice" "reasonable" ist, hängt danach nicht mehr im Sinne Mellishs als Tatsachenfrage allein von äußeren Umständen ab, sondern richtet sich als Rechtsfrage auch nach der inhaltlichen reasonableness der einzelnen condition.

Insofern geht Denning hier erheblich weiter als in den zuvor angesprochenen Fällen und besteht, zusätzlich zu einem herausgehobenen Hinweis auf die Geltung der Klausel an sich, auf einer Erläuterung von Inhalt und Tragweite der in Frage stehenden Bedingungen. Denning verlagert insofern den Anknüpfungspunkt für die Einbeziehung besonders belastender Klauseln in den Bereich vorvertraglicher Verhaltensanforderungen, der im deutschen Recht von den Maximen des § 242 BGB mitbestimmt wird. Von seiten der anderen Vertragspartei betrachtet, tritt hier deren Vertrauen in eine ausgewogene Gestaltung des Formularvertrags in den Vordergrund: Es obliegt dem Verwender, durch geeignete Sorgfalt bei der Vertragsanbahnung über die bloße Abgabe der Willenserklärungen und den äußeren Hinweis auf die Geltung von AGB hinaus, seinem Vertragspartner rechtzeitig zusätzlich die Tragweite des Vertragsinhalts klarzumachen.[106]

Auch hier führt Denning Gedanken des 19. Jahrhunderts weiter: Zum einen die Auffassung des House of Lords in HENDERSON v. STEVENSON, das Vertrauen in die Geltung der üblichen common law-Regeln so lange als geschützt anzusehen, als nicht die Abweichung von diesen Regeln zum einseitigen Vorteil des Verwenders besonders nachdrücklich klargestellt worden ist.[107] Zum anderen die seinerzeit noch auf extrem abwegige, gleichsam arglistig formulierte Klauseln beschränkten Ansätze bei Lord Bramwell und Byles J.[108]

---

[106] In LLOYDS BANK v. BUNDY hat Denning einige Jahre später eine eigentlich ganz ähnliche Idee verfolgt, indem er dort die verhandlungsstärkere Vertragspartei quasi verpflichtete, die Gegenseite zur Einholung unabhängiger rechtlicher Beratung anzuhalten, vgl. oben auf S. 150 f.

[107] Siehe oben S. 96.

[108] Vgl. oben S. 55 ff.

Schließlich ist an die richterliche Handhabung des Kriteriums "fair and reasonable" in section 7 Ry. and Canal Traffic Act 1854 zu erinnern, bei der das vorvertragliche Verhalten der Parteien, nämlich das Angebot einer alternativen Vertragsgestaltung, zum Maßstab der reasonableness der Risikoverlagerung gemacht worden ist.[109]

Über die Figur der zusätzlichen Sorgfaltsobliegenheiten des Verwenders vermeidet Denning den Konflikt mit der Vertragsfreiheitsmaxime, denn er überprüft nicht die inhaltliche Gültigkeit der Klausel auf deren reasonableness, sondern er beurteilt deren Maßgeblichkeit für den Vertrag nach Vertragschlußregeln. Auf diese Weise gliedert Denning die Figur der reasonableness der fraglichen Vertragsbedingung geschickt in das System des common law-Vertragsrechts ein, wo die reasonableness zur Teilfrage bei der Einbeziehung wird.

Etwas unbestimmt bleibt allenfalls die Definition der reasonableness. Aus den genannten drei Entscheidungen ergibt sich aber, daß Lord Denning die reasonableness nach der Üblichkeit der Klausel bzw. dem Ausmaß der Abweichung von der gemeinhin als üblich geltenden Vertragsausgestaltung zum Nachteil der anderen Seite bestimmen will, ferner auch nach der Verständlichkeit der Klauselformulierung. An diesen Kriterien sollen sich sodann die Anforderungen an Hinweis und zusätzliche Erläuterung seitens des Verwenders orientieren.

c) Unübliche bzw. belastende Klauseln

Die übrige Rechtsprechung stellte sich der von Denning verfolgten Grundidee nicht entgegen, vermied es jedoch, die speziell herauszustellenden Klauseln als unreasonable clauses zu bezeichnen. In COCKERTON v. NAVIERA übernahm Streatfeild J. Lord Dennings Ansatz aus SPURLING v. BRADSHAW mit der abweichenden Formulierung "onerous conditions",[110] also belastende Bedingungen, eine Sicht, die Denning ja im THORNTON-Fall später mittelbar bestätigt hat.

Im THORNTON-Fall folgte Megaw L.J. Dennings Forderung nach einem herausgehobenen Hinweis auf bestimmte Einzelbedingungen, stellte dafür je-

---

[109] Vgl. oben auf S. 51 ff.

[110] [1960] 2 Lloyd's Rep. 450, 461 f., oben auf S. 122 ff.

doch allein und unmittelbar auf die Üblichkeit der Klausel ab: Wolle sich der Verwender auf eine Klausel berufen, deren Üblichkeit für den betreffenden Vertragstypus er nicht nachweisen könne, so obliege es ihm zu belegen, daß er die andere Seite in fairer Weise auf die fragliche Klausel hingewiesen habe.[111] Hierfür stützte sich Megaw auf einzelne Passagen in der Entscheidung HOOD v. ANCHOR LINE (HENDERSON BROS.) aus dem Jahre 1918[112], sowie auf Mellish L.J.in PARKER v. S.E. RY.[113] Der Hinweis müsse dabei klar genug sein, um einem durchschnittlich sensiblen Teilnehmer am Rechtsverkehr klarzumachen, daß die Haftung für Körperverletzung ausgeschlossen werden solle.[114]

Megaws Vorschlag, auf die Üblichkeit der Klausel zu schauen, was die Klarheit der Klauselformulierung und vor allem das Ausmaß des Eingriffs in die Rechte des Vertragspartners gegenüber dem Ansatz Dennings nicht ausreichend berücksichtigt, beinhaltet indes einen mehr als nur graduellen Unterschied zu den Vorschlägen Dennings: Während dieser eher dazu tendiert, die Klausel daraufhin zu untersuchen, ob sie die üblichen Rechte, also die Rechte aus statute law und common law, ausschließt, wozu die unmittelbare Inhaltsanalyse der Klausel ausreicht, stellt Megaw auf die Üblichkeit der Verwendung der Klausel in dem konkreten Vertragstypenbereich ab. Dies erfordert einen entsprechenden Vortrag und ggf. Beweis, der nach Megaws Formulierung dem Verwender obliegen soll.

d) Gegenwärtige Rechtslage: Der Weg zur Generalklausel?

In der Literatur hat sich offensichtlich die Betrachtungsweise Megaws durchgesetzt.[115] Für die Rechtsprechung schienen die Festlegung und die weitere Ausarbeitung in dieser Frage nach Inkrafttreten des UCTA 1977 prak-

---

[111] "..where the particular condition relied on involves a sort of restriction that is not shown to be usual in that class of contract, a defendant must show that his intention to attach an unusual condition of *that particular nature* was fairly brought to the notice of the other party. " [1971] 2 Q.B. 163, 172 G und H (Hervorhebung aus dem Votum von Megaw L.J.).

[112] Insbesondere Lord Dunedin, [1918] A.C. 837, 864 f. Ähnlich schon zuvor für unübliche Klauseln in Seefrachtbriefen Lush J. in CROOKS v. ALLEN (1879) Q.B.D. 38, 40.

[113] Wie Denning stellte auch Megaw, aaO. p. 172 F auf die Verwendung des Singulars the condition am Ende des Votums von Mellish ab, womit Mellish die Notwendigkeit des Hinweises auf die einzelne, konkret in Frage stehende Bedingung gemeint habe.

[114] Megaw L.J. aaO. p. 173 C.

[115] *Treitel*, The Law of Contracts, p. 169; *Clarke* in [1976] C.L.J. 51, 68 ff.; *Lawson*, Exclusion clauses, p. 7.

tisch gegenstandslos zu werden, da nun die meisten Fälle, die zuvor zu einer Art verdeckter Inhaltskontrolle über die Instrumente der Einbeziehung und Auslegung genötigt hatten, unmittelbar der gesetzlichen Inhaltskontrolle unterfielen. Dies ist aus systematischer Sicht bedenklich, denn der UCTA 1977 deckt keineswegs alle denkbaren Vertragskonstellationen oder Fälle unangemessen einseitiger Vertragsbedingungen ab, läßt also zahlreiche Lücken, für die die Regeln des common law allein maßgeblich bleiben.[116] Die vertragliche Einbeziehung regelt der UCTA ohnehin nicht. Anhand einer neueren Entscheidung des Court of Appeal aus dem Jahre 1987 wird deutlich, daß die Rechtslage betreffend die Einbeziehung besonders belastender Klauseln noch keineswegs umfassend geklärt ist und die Lösungsvorschläge Lord Dennings auf diesem Gebiet weiterhin aktuell sind:

In INTERFOTO PICTURE LIBRARY LTD. v. STILETTO VISUAL PROGRAMMES LTD.[117] knüpfte der C.A. unmittelbar an die von PARKER v. S.E. RY. über SPURLING v. BRADSHAW bis zu THORNTON v. SHOE LANE PARKING führende Linie an und nahm speziell die Überlegungen Lord Dennings in den beiden letztgenannten Fällen so auf, als handele es sich dabei nicht um obiter dicta, sondern um die entscheidungsrelevanten rationes decidendi.[118] Die Bestrebungen Dennings in JAQUES v. LLOYD D. GEORGE & PARTNERS, die Einbeziehungsregeln zu Freizeichnungsklauseln auch auf pflichtenbegründende Typen von AGB-Klauseln anzuwenden, finden in der Entscheidung ebenfalls ihren Niederschlag.[119]

Im INTERFOTO-Fall sandten die Kläger, Betreiber eines gewerblichen Foto-Archivs, der beklagten Werbeagentur auf deren telefonische Anfrage nach Fotomotiven aus den fünfziger Jahren für eine Werbeaktion insgesamt 47 Diapositive zur Auswahl zu; der Sendung beigefügt war eine delivery note, auf der unter der Rubrik "Conditions" neun Vertragsbedingungen abgedruckt waren. Laut der zweiten Bedingung waren die Diapositive binnen zweier Wochen zurückzugeben; bei Überschreitung der Frist sollte ein Zuschlag von 5 Pfund Sterling pro Diapositiv und Tag zuzüglich Mehrwert-

---

[116] Siehe oben S. 140, N. 39; hinzu kommt, daß die Frage der Einbeziehung gegenüber der Inhaltskontrolle logischen Vorrang hat.

[117] [1988] W.L.R. 615; [1988] 1 All ER 348.

[118] Dies stützt die Beobachtung von oben, S. 154, daß die prinzipielle Unterscheidung zwischen ratio decidendi und obiter dictum speziell in den Bereichen der Rechtsfortbildung bisweilen unbeachtet bleibt.

[119] Dillon L.J., [1988] 2 W.L.R. 615, 620 B.

steuer fällig werden, während üblicherweise - wie ein vergleichender Blick auf etwa zehn weitere Fotoarchive ergab - pro Exemplar und Woche Zuschläge in Höhe von 3,50 Pfund, lediglich einmal 4 Pfund Sterling, erhoben wurden. Als die Beklagte die Frist versäumte, berechneten die Kläger ihr insgesamt 3.783,50 Pfund Sterling für die Überlassung der Diapositive. Die Beklagte hielt dem entgegen, condition 2 sei nicht Vertragsbestandteil geworden.

Der Court of Appeal folgte entgegen dem erstinstanzlichen Urteil im Ergebnis der Argumentation der Beklagten und verurteilte diese lediglich zur Zahlung eines quantum meruit für den Überlassungszeitraum in Höhe eines angemessenen Betrages von 3,50 Pfund Sterling pro Diapositiv und Woche.[120] Beide Richter wandten den Test der reasonably sufficient notice auf die in Frage stehende Klausel an und kamen zu dem Schluß, die Klägerin habe nicht hinreichend deutlich auf die Geltung der condition 2 hingewiesen; diese sei angesichts ihrer eklatanten Abweichung zu den üblichen Tarifen so onerous[121] bzw. unreasonable and extortionate,[122] daß die Klägerin gesondert darauf hätte hinweisen müssen.[123]

Diese Gedanken bilden, im Unterschied zu den entsprechenden Überlegungen Dennings in den zuvor angesprochenen Fällen, im INTERFOTO-Fall die ratio decidendi der jeweiligen opinion.[124] Dies allein ist indes weniger bemerkenswert als die Begründungswege Dillons und Binghams, die vor allem auf grundsätzliche Überlegungen abstellten.

Dillon leitete aus den Urteilsbegründungen Dennings und Megaws in THORNTON v. SHOE LANE PARKING ein allgemeingültiges Prinzip ab,

---

[120] Dillon L.J., [1988] 2 W.L.R. 615, 620 G, bezeichnete diesen Betrag als "reasonable charge"; Bingham L.J. aaO. p. 626. Zur Rechtsfigur quantum meruit, die die Festsetzung einer angemessenen Vergütung für Dienstleistung oder Warenüberlassung z. B. bei unwirksamem Vertrag oder fehlender Vergütungsabrede betrifft, vgl. *Treitel*, The Law of Contract, pp. 813 ff.

[121] Dillon L.J. aaO. p. 620 B-E.

[122] Bingham L.J. aaO. p. 626 H.

[123] Übereinstimmend sahen beide Richter nicht in der telefonischen Anfrage der Beklagten bei der Klägerin, sondern in der Zusendung von Dias und Lieferschein das Vertragsangebot, das der Direktor der Beklagten angenommen habe, als er gegenüber der Klägerin den Erhalt der Sendung telefonisch bestätigt und Interesse an einigen der zugesandten Fotos angemeldet habe, vgl. Dillon L.J. aaO. pp. 617 A, 618 D; Bingham L.J. aaO. p. 626 E.

[124] In der concurring opinion von Megaw L.J. in THORNTON v. SHOE LANE PARKING ist die Frage der Unüblichkeit der fraglichen Klauseln wohl ebenfalls zur ratio decidendi zu zählen, da Megaw die Frage des Vertragschlußzeitpunkts ausdrücklich offen lassen wollte, vgl. [1971] 2 Q.B. 163, 170 H.

wonach sich der Verwender von vorformulierten Geschäftsbedingungen auf eine darin enthaltene besonders belastende oder unübliche Einzelbedingung nur stützen dürfe, wenn er seinem Vertragspartner die Kenntnisnahme von ebenjener Bedingung in fairer Weise ermöglicht habe und dies vor Gericht nachweise. Dieses Prinzip gelte nicht nur für Freizeichnungsklauseln, sondern für jegliche Arten besonders belastender Einzelbedingungen in AGB-Texten: Es handele sich hierbei um das Ergebnis einer logischen Entwicklung im common law seit PARKER v. S.E. RY. CO.[125] Dillon vermied zwar die Formulierung "unreasonable", überführte in der Sache jedoch die Ansätze Dennings und Megaws in ein gemeinsames Prinzip, was insofern überzeugt, als in beiden Fällen die Zustimmung des Vertragsgegners nicht von vorneherein erwartet werden kann.

Bingham L.J., der seine Urteilsbegründung in ähnlich unorthodoxer Weise einleitete wie früher Lord Denning,[126] stellte die Frage fairer Einbeziehungsregeln in den größeren Gesamtzusammenhang allgemeiner schuldrechtlicher Fairneßprinzipien, wie sie in den Generalklauseln anderer Zivilrechtssysteme zum Ausdruck kommen:

Außerhalb der Welt des common law erkenne das Schuldrecht nahezu überall ein übergeordnetes Fairneßprinzip an, das die Parteien bei Abschluß und Ausführung von Verträgen an die Maxime von "good faith" binde. Dabei gehe es nicht allein um den Gedanken des "playing fair", den jede Rechtsordnung anerkenne, sondern vor allem um das grundlegende Gebot eines umfassenden "fair and open dealing". Auf der Grundlage eines derartigen Prinzips sei ein Klauselverwender bei den Fakten des vorliegenden Falls ohne Zweifel gehalten, in aller Fairneß die Aufmerksamkeit seines Vertragspartners zielgerichtet auf die hohen Säumniszuschläge zu ziehen und nach Ablauf der Zweiwochenfrist erneut auf die Gefahr hoher Kosten hinzuweisen.[127]

Dem stellte Bingham sodann das englische Recht gegenüber: Dieses habe, ganz seinem Charakter entsprechend, kein derartiges übergeordnetes Prinzip

---

[125] Dillon L.J. aaO. pp. 619 A, 620 A-E.

[126] Vgl. zum Beispiel die einleitenden Sequenzen Lord Dennings in LLOYDS BANK LTD. v. BUNDY, [1974] 2 All ER 757, 761 oder in GEORGE MITCHELL (CHESTERHALL) LTD. v. FINNEY LOCK SEEDS LTD., [1983] 1 All ER 108, 111 (C.A.). Man darf es zumindest als sehr ungewöhnlich bezeichnen, daß Bingham seine Urteilsbegründung mit einem rechtsvergleichenden Blick auf die "civil law systems" einleitete, um dessen Lösung dann dem common law gegenüberzustellen, vgl. [1988] 2 W.L.R. 620 H, 621 A, B.

[127] Bingham L.J. aaO. pp. 620 H, 621 A.

entwickelt, sondern auf die konkret aufgetretenen Probleme der vertraglichen Fairneß mit einer "Stückwerklösung"[128] geantwortet. In den Kontext der Beispiele aus Gesetzgebung, equity und common law für Fairneßregeln des englischen Rechts[129] stellte Bingham auch die Einbeziehungsmaximen der reasonably sufficient notice nach PARKER v. S.E. RY. CO.: Hier gehe es nicht allein um eine reine Vertragschlußanalyse auf der Basis von Angebot und Annahme, sondern im weiteren Rahmen um die davon zu unterscheidende Frage, ob es im Einzelfall fair oder reasonable sei, die Bindung einer Partei an unübliche oder strenge Vertragsbedingungen auszusprechen.[130]

Unter Bezugnahme auf mehrere Zitate aus der Rechtsprechung zur reasonably sufficient notice[131] kam Bingham schließlich zu dem Ergebnis, die bisherige Rechtsprechung erreiche auf dem Feld der Einbeziehung ein ähnliches Ergebnis wie das zivilrechtliche Prinzip von "good faith", indem es die Natur der fraglichen Verpflichtung und die Stellung der Parteien betrachte, daraus den Grad der "notice" ableiteund so ermittle, ob es nach den Umständen des Einzelfalls fair sei, den Vertragspartner an die betreffende Klausel zu binden.[132]

Für die im INTERFOTO-Fall zu beurteilende Klausel verneinte Bingham diese Frage, weil die Anwendung der Klausel angesichts der entschuldbaren Überziehung um ca. zwei Wochen im Ergebnis zu einem unmäßig hohen Haftungsbetrag führe; die außergewöhnlichen Summe von netto 235 Pfund Sterling pro Tag beruhe zudem darauf, daß die Klägerin der Beklagtenseite die hohe Zahl von 47 Diapositiven zugesandt habe. Die Einbeziehung in den Vertrag scheitere daher nicht an der unterbliebenen Prüfung der conditions seitens der Beklagten, sondern an dem unzureichenden Hinweis auf eine derart unangemessene und wucherische Klausel.[133]

---

[128] "... piecemeal solutions", was auch negativer mit "kunterbunter" oder unsystematischer Lösung übersetzt werden könnte.

[129] Exemplarisch verweist Bingham auf den UCTA 1977, den equity-Grundsatz der unconscionability sowie auf die common law-Regeln zu Vertragstrafen, aaO. p. 621 B, C.

[130] Bingham aaO. p. 621 D und 624 H.

[131] Vgl. im einzelnen Bingham aaO. pp. 621 ff mit ausgiebigen Zitaten der einschlägigen Passagen aus PARKER v. S.E. RY. CO. (1877) 2 C.P.D. pp. 427 f.; Viscount Haldane in HOOD v. ANCHOR LINE (HENDERSON BROTHERS) LTD. [1918] A.C. 837; J. SPURLING LTD. v. BRADSHAW [1956] 1 W.L.R. 461; McCUTCHEON v. DAVID MACBRAYNE LTD. [1964] 1 W.L.R. 125 und THORNTON v. SHOE LANE PARKING LTD. [1971] 2 Q.B. 163.

[132] Bingham aaO. p. 626 C.

An der Gedankenführung Binghams ist natürlich vor allem interessant, daß er keineswegs zögert, das in der früheren Rechtsprechung oftmals zur verdeckten Inhaltskontrolle eingesetzte Instrument der reasonably sufficient notice[134] ganz offen und ausdrücklich unter einen übergeordneten vertragsrechtlichen Fairneß-Gedanken zu subsumieren und demgemäß die Einbeziehungsmaximen, die in den von ihm zitierten Entscheidungen allein Freizeichnungsklauseln betrafen, konsequent auch auf andere Typen von Klauseln anzuwenden. Diesem Bemühen ist beizupflichten, weil, entgegen der kritischen Entscheidungsanmerkung McLeans,[135] kein sachlich nachvollziehbarer Grund besteht, einseitig kraß nachteilige Vertragsbedingungen bei der Einbeziehungsfrage danach zu unterscheiden, ob es sich dabei um Freizeichnungsklauseln oder beispielsweise Bestimmungen handelt, die dem Vertragspartner zusätzliche Pflichten aufbürden. Dies geht für das deutsche Recht aus §§ 2 und 3 AGBG hervor, die ebenfalls pauschal auf AGB bzw. Bestimmungen in AGB abstellen. Binghams Ansatz trägt daher zur Vereinheitlichung und Entzerrung der AGB-Einbeziehungsregeln des common law bei.[136]

Zu Recht weist McLean allerdings darauf hin, daß die Ausführungen Dennings und Megaws im THORNTON-Fall auf die Bedürfnisse von Verbrauchern zugeschnitten sind, vorliegend beide Parteien jedoch Geschäftsleute waren. In der Tat hat gerade Lord Denning auch bei der Einbeziehung strikt nach der relativen Verhandlungsmacht der Parteien differenziert: In BRITISH CRANE HIRE CORP. LTD. v. IPSWICH PLANT HIRE LTD.[137] bejahte der C.A. unter Mitwirkung Lord Dennings die Einbeziehung der AGB der Klägerin, die diese der Beklagten nach Entgegennahme eines telefonischen Auftrags zugesandt hatte, in den dortigen Mietvertrag, ohne daß die Beklagte

---

[133] Bingham aaO. p. 626 G, H mit der Formulierung "unreasonable and extortionate clause."

[134] Schon in seinem Beitrag in [1976] C.L.J. 51, 70 hat *M. Clarke* kritisch angemerkt, die Rechtsprechung umgehe mit den Sonderregeln zur Einbeziehung unüblicher Klauseln lediglich die fehlende Möglichkeit, den reasonableness-test im common law unmittelbar anzuwenden: "unable to declare a clause void because it is unreasonable, the courts are now declaring it unincorporated because it is unusual."

[135] [1988] C.L.J. 173 f.

[136] Soweit *McLean*, aaO. p. 174, demgegenüber auf die Unwägbarkeiten bei der Anwendung der reasonably sufficient notice-Regel auf alle unüblichen oder belastenden Klauseln abstellt, ist ihr entgegenzuhalten, daß die Beseitigung solcher Unsicherheiten der Einbeziehung von AGB schon seit PARKER v. S.E. RY. CO zum vertrauten Betätigungsfeld des common law gehört und von der nachfolgenden Rechtsprechung bewältigt werden muß.

[137] [1975] Q.B. 303.

die AGB inhaltlich zur Kenntnis genommen hatte. Wesentlich für die Entscheidungsfindung Lord Dennings war der Umstand, daß die Parteien aus derselben Branche stammten und von etwa gleicher Verhandlungsmacht waren.[138] Entsprechende Ausführungen fehlen im INTERFOTO-Fall.

Hierin liegt indes kein hinreichendes Argument gegen die Überzeugungskraft der Überlegungen des C.A., da insofern genügend Freiraum für die nachfolgende Rechtsprechung bleibt. Diese wird auch Stellung beziehen müssen, ob sie die Idee eines übergeordneten Fairneßprinzips bei der Anwendung der vertraglichen Einbeziehungsregeln anzunehmen bereit ist oder ob sie den Ansatz Binghams insofern als verdeckte Inhaltskontrolle interpretiert: Immerhin haben beide Mitglieder des C.A. unmißverständlich zu erkennen gegeben, daß die Säumniszuschlagsklausel im INTERFOTO-Fall höchstwahrscheinlich nach den Regeln über penalty clauses ungültig gewesen wäre; mangels eines entsprechenden Beklagtenvortrags konnte das Gericht darüber jedoch nicht entscheiden.[139]

Zumindest im Wege des distinguishing wird auch nach der INTERFOTO-Entscheidung die Möglichkeit verbleiben, auf diese Besonderheit des Sachverhalts abzuheben und entgegengesetzt zu entscheiden. Insgesamt gesehen sind die Voraussetzungen der Einbeziehung bei besonders belastenden Klauseln also auch weit über einhundert Jahre nach Parker v. S.E. RY. CO. immer noch nicht abschließend geklärt. Die reasonably sufficient notice Mellishs und die obiter dicta Bramwells zu den Einbeziehungsvoraussetzungen bei unreasonable clauses[140] bleiben weiterhin Bestandteil der Bemühungen des common law zur Erarbeitung eines adäquaten Regelwerks der vertraglichen Einbeziehung von AGB. Vielleicht liegt daher der besondere Wert der INTERFOTO-Entscheidung des Court of Appeal gerade darin, daß sie die Einbeziehungsregeln des common law, die lange im Schatten des UCTA gestanden haben,

---

[138] aaO. p. 310. Zu beachten ist jedoch, daß hier im Unterschied zum INTERFOTO-Fall eine im Geschäftsbereich beider Parteien, der Vermietung von Baumaschinen, nach Inhalt und Ausmaß keineswegs unübliche Risikoverlagerung vorlag.

[139] Dillon L.J. aaO. p. 618 A; Bingham L.J. aaO. p. 627 A. Als Penalty clauses gelten Vertragstrafenbestimmungen, die den Vertragspartner in unzulässiger Weise zur Erfüllung seiner vertraglichen Verpflichtung zwingen sollen; ursprünglich den Regeln der equity entstammend, behandelt auch das common law penalty clauses seit langem als ungültig, vgl. etwa DUNLOP PNEUMATIC TYRE CO. LTD. v. NEW GARAGE & MOTOR CO. LTD. [1915] A.C. 79, 86; *Treitel*, The Law of Contract, pp. 769 ff; *Waddams* in [1976] 39 M.L.R. 369, 373.

[140] Siehe oben S. 57 ff. und 100.

wieder in das Blickfeld gerückt und deren noch immer vorhandene Entwicklungsfähigkeit speziell unter dem Gesichtspunkt der vertraglichen Fairneß in Erinnerung gerufen hat.[141]

3. Reasonableness als inhaltliches Gültigkeitskriterium für Haftungsklauseln

Mit seinen Überlegungen im INTERFOTO-Fall, aus einzelnen Instrumenten des common law einen übergeordneten Fairneßgedanken abzuleiten und diesen sodann zum Maßstab für die vertragliche Einbeziehung zu machen, hat Bingham L.J. Ansätze Lord Dennings aus weitaus mehr Fällen als lediglich den beiden zitierten opinions in SPURLING v. BRADSHAW und THORNTON v. SHOE LANE PARKING umgesetzt. Dennings Bemühen, im Gleichklang mit den Fortschritten des statute law den reasonableness-test auch im common law zu verankern, wird vor allem in den nachfolgend angesprochenen vier Entscheidungen aus einem Zeitraum von etwa zehn Jahren zwischen 1972 und 1982 erkennbar. Denning hat hier den Versuch unternommen, die Anregungen der Law Commission in deren Reports zu Exemption Clauses gleichsam parallel auch im common law zu realisieren, zum Teil sogar bevor die jeweiligen gesetzlichen Änderungen überhaupt in Kraft getreten waren.[142] Unübersehbar ist dies diejenige Epoche des Vertragsrechts, in der die Schaffung geeigneter Regeln für vorformulierte Vertragsklauseln nicht nur in England in eine entscheidende Phase getreten ist.[143]

In rechtssystematischer Hinsicht ist Denning hier ähnlich vorgegangen wie bei seiner inequality of bargaining power rule aus LLOYDS BANK v. BUNDY, indem er die einzelnen Instrumente des common law als Ausdruck eines abstrakten, übergeordneten Prinzips begriffen und dieses zur eigentlich maß-

---

[141] Ähnlich auch *Chandler/Holland* in (1988) 104 L.Q.R. 359, 361 f.

[142] In seiner opinion in BONSOR v. MUSICIANS UNION, [1954] 1 All ER 822, 826, hatte Lord Denning zuvor schon einmal die Auffassung vertreten, AGB müßten nach den für Verordnungen geltenden Regeln beurteilt werden, wenn weder Gestaltungs- noch Abschlußfreiheit bestehe; eine Klausel, die unfair bzw. unreasonable sei, also gegen die Grundsätze der natürlichen Gerechtigkeit verstoße, sei ungültig. Dieser Übertragung der Regeln des Verordnungsrechts auf das Vertragsrecht widersprach später Lord Diplock in FARAMUS v. FILM ARTISTES' ASSOCIATION, [1963] 2 Q.B. 527, 554, vehement. Vgl. hierzu Sayn-Wittgenstein-Berleburg, Allgemeine Geschäftsbedingungen im englischen Recht, p. 41. In den Entscheidungen der 70er Jahre hat sich Denning nicht erkennbar auf seine Bemerkungen von 1954 bezogen.

[143] Neben dem deutschen AGBG von 1976 gehören in diese Epoche beispielsweise die französische loi 78-23 vom 10. Januar 1978 [1978] D.86 oder s. 34(2) des Consumer Protection Acts der Provinz Ontario von 1980, R.S.O. 1980, Bd. 1, Kap. 87, abgedruckt bei *Schlochtermeyer*, Das Recht der Allgemeinen Geschäftsbedingungen in Kanada, pp. 66, 210.

geblichen Maxime erklärt hat. In beiderlei Hinsicht hat sich Lord Denning ganz offen gegen die Vertragsfreiheitsmaxime des common law gestellt, weshalb nachzuvollziehen ist, daß die herrschende Richtung im common law dieser "Revolution"[144] bislang nicht offen zu folgen bereit war. Da jedoch die Gesetzgebung keineswegs alle Bereiche des Vertragsrechts abdeckt, in denen ein Bedürfnis nach Einschränkung oder zumindest Differenzierung der Vertragsfreiheitsdoktrin besteht, ist Dennings Konzeption - wie gerade auch der INTERFOTO-Fall zeigt - sicherlich noch nicht endgültig aus dem Blickfeld des common law geraten.

a) GILLESPIE BROTHERS & CO. LTD. v. ROY BOWLES TRANSPORT LTD. AND ANOTHER[145]

In der Entscheidung des Court of Appeal GILLESPIE BROTHERS LTD. v. ROY BOWLES TRANSPORT LTD. aus dem Jahre 1972 ging es um die Beurteilung einer Haftungsfreistellungsklausel, die zu den Standardbedingungen des britischen Straßentransportverbandes "Road Haulage Association" von 1967 gehörte. Nach deren Wortlaut war der Güterbeförderer von seinem unmittelbaren Auftraggeber, hier einer Spedition, gegenüber den Haftungsansprüchen Dritter freizustellen, die über einen begrenzten Haftungshöchstbetrag hinausgingen. Kernfrage des Rechtsstreits war die Frage, ob die beklagte Transportfirma, die von der Klägerin auf Schadenersatz für den Verlust wertvollen Transportgutes in Anspruch genommen worden war, dafür Freistellung von ihrer Auftraggeberin, der im Wege der Streitverkündung auf der Beklagtenseite als third party beteiligten Spedition, verlangen konnte, obwohl der Verlust der beförderten wertvollen Uhren auf die Fahrlässigkeit des Fahrers der Beklagten zurückzuführen war.

Buckley und Orr L.JJ. entschieden die Frage, ob der Klauselwortlaut auch die Freistellung von der negligence-Haftung des Transporteurs gegenüber Dritten umfasse, in unmittelbarer Anwendung der Auslegungsregeln für negligence-Freizeichnungen zugunsten der Transportfirma.[146] Lord Denning kam ebenfalls zu dem Ergebnis, die Klausel sei nach der normalen Bedeutung ihres Wortlauts und damit zugunsten der Beklagten auszulegen, hielt es aber für er-

---

[144] So Lord Denning selbst in GEORGE MITCHELL (CHESTERHALL) LTD. v. FINNEY LOCK SEEDS [1983] 1 All ER 108, 115 e (C.A.).

[145] [1973] 1 Q.B. 400; [1973] 1 All ER 193.

[146] [1973] 1 All ER pp. 202 ff.

forderlich, zusätzlich zu untersuchen, ob die Klauseln "reasonable" sei, was er als "neu" bezeichnete.[147] Zur Rechtfertigung des zusätzlichen reasonableness-Kriteriums führte er aus, die bisherige Rechtsprechung mit ihren besonders strikten Auslegungsregeln für den Ausschluß der negligence-Haftung habe letztlich immer das Ziel der Inhaltskontrolle verfolgt: Unter dem Deckmantel der strikten Auslegung habe man unreasonable clauses trotz ihres eindeutigen Wortlauts auf reasonable proportions reduziert.[148] Wo die Klausel für jedermann verständlich und klar formuliert, aber unangemessen weit gegangen sei, habe man unnötig nach der Art des Schadens und der Form der Schadensverursachung differenziert, so daß der Haftungsausschluß für jeden "wie auch immer verursachten" Schaden ("however caused") die negligence erfasse, die Freizeichnung von "jeglichem Schaden" ("any loss") jedoch nicht.[149]

Im Grenzbereich der Auslegungsmethode, nämlich gegenüber eindeutigen Klauselformulierungen, dürfe das common law nicht hilflos dastehen, sondern müsse dem Verwender verwehren, sich auf eine unbillige Klausel zu berufen. Hierbei griff Lord Denning auf seine Formulierung in JOHN LEE & SON (GRANTHAM) LTD. v. RAILWAY EXECUTIVE aus dem Jahre 1949 zurück,[150] das common law gestatte zwar die Vertragsfreiheit, schütze diese zugleich jedoch vor Mißbrauch.[151]

Lord Denning hielt es infolgedessen für geboten, risikoverlagernde Klauseln nunmehr offen auf ihre reasonableness zu untersuchen, denn obwohl sich die Gerichte bislang nicht offen dazu bekannt hätten, sei dieser Gedanke doch die "treibende Kraft" vieler Entscheidungen gewesen. Man müsse daher die fragliche Klausel nach der üblichen Bedeutung des von den Parteien gewählten Wortlauts anwenden, vorausgesetzt, "that it is reasonable as between the parties and is applied reasonably in the circumstances of the particular case."[152]

Nach Lord Dennings Vorstellung soll die reasonableness also individuell nach Maßgabe des Verhältnisses der Parteien zueinander ermittelt werden, so-

---

147 aaO. p. 201 b und zusammenfassend p. 202 a, b.

148 aaO. p. 200 d.

149 aaO. p. 200 e.

150 [1949] 2 All ER 581, 584; vgl. oben auf S. 19.

151 [1973] 1 All ER p. 200 g, h.

152 aaO. p. 201 a-c.

wie danach, ob die Anwendung der Klausel nach Maßgabe der Einzelfallumstände zu einem vernünftigen Resultat führt. Die reasonableness soll mithin keine Eingangstelle für allgemeine, übergeordnete Billigkeitserwägungen sein, sondern eine konkrete Angemessenheitsabwägung ermöglichen. Die Schwierigkeiten, begrifflich nachvollziehbare Kriterien für die Handhabung eines solchen Prinzips aufzustellen, lassen sich allerdings in Lord Dennings eigener Subsumtion erkennen: Ohne nähere Begründung ging er zunächst davon aus, daß die Beschränkung der vertraglichen carrier-Haftung auf 10 Pfund Sterling zulässig sei.[153] Für den vorliegenden Fall bejahte Denning sodann auch die reasonableness der Freistellungsklausel und begnügte sich dabei im wesentlichen mit der Begründung, es sei im Verhältnis zu dem Transportunternehmen Sache des Spediteurs, als Beauftragter der Eigentümerin des Transportguts für die Versicherung der Waren über den Haftungsbetrag von 10 Pfund Sterling hinaus zu sorgen.[154] Ein sachliches Argument, warum im Verhältnis zwischen Transportunternehmen und Spediteur nicht dem ersteren die Versicherung des Transportguts obliege, findet sich an dieser Stelle nicht. Zuvor hatte Denning jedoch bereits die gängige Praxis im Transportvertragswesen geschildert, das Schadensrisiko und damit auch die Übernahme der Versicherung des Transportgutes auf den Auftraggeber des Beförderers zu verlagern; an dieser Praxis seien sowohl die Transportvergütungen als auch die Versicherungsprämien ausgerichtet.[155]

Lord Dennings Entscheidung wirkt daher nur scheinbar wie eine Billigkeitsentscheidung: in Wirklichkeit hielt er die Freistellungsklausel wohl deshalb für reasonable, weil sie der gängigen Vertragspraxis zwischen Geschäftsleuten entsprach und auch nicht offensichtlich mißbräuchlich war, zumal kein Fall kraß unterschiedlicher Verhandlungsmacht der Parteien gegeben war. Im Lichte einer solchen Analyse nimmt Dennings Entscheidung von 1972 exakt die Regeln vorweg, die das House of Lords acht Jahre später in dem vielbeachteten Fall PHOTO PRODUCTION LTD. v. SECURICOR TRANSPORT LTD.[156] als geltendes Recht für Verträge zwischen Geschäftsleuten bezeichnet hat: Aus der Ausrichtung des UCTA 1977 auf Konsumentenverträge schloß Lord Wilberforce, daß die Risikoverteilung in Verträgen, die zwischen Geschäftsleuten mit vergleichbarer Verhandlungsmacht ausgehandelt und de-

---

[153] aaO. p. 201 h.

[154] aaO. p. 202 a-c.

[155] aaO. pp. 197 j, 198 a.

[156] [1980] A.C. 827, dazu auch noch unten auf S. 165 ff.

ren Risiken typischerweise versichert werden, allein den Parteien obliege und von den Gerichten zu respektieren sei.[157] Dies bedeutet nichts anders als die Festschreibung des überkommenen common law-Ansatzes gegenüber Vertragsverhältnissen der genannten Art. Im Ergebnis führte Dennings reasonableness-test im GILLESPIE-Fall somit zu einem mit dem traditionellen common law konformen Resultat.

Zu betonen ist aber, daß Lord Denning selbst bei der Herleitung des reasonableness-Prinzips, gleichsam als Quintessenz aus den Sonderregeln des common law zur Freizeichnung von der negligence-Haftung, genau genommen nicht den Boden des common law verlassen hat: Vielmehr leistete Denning hier in erster Linie eine systematisierende und ordnende Arbeit, indem er aus einer Analyse der von Fall zu Fall fortentwickelten Sonderregeln ein übergeordnetes Prinzip ableitete. Man kann darin ein Pendant der Praxis zu Arbeiten der Rechtstheorie erblicken: So hat bereits Llewellyn in The Common Law Tradition eingehend die Maßgeblichkeit von Fairneßerwägungen bei der richterlichen Auslegung von Verträgen im common law mit ähnlichen Ergebnissen beleuchtet.[158]

Die eigentliche rechtsfortbildende Komponente für das englische common law besteht nun darin, die unmittelbare Anwendung des verdeckten richterlichen "Hintergedankens" der reasonableness als eigenständiges Kontrollinstrument zu propagieren. Insofern versuchte Denning ebenfalls, den Rahmen des common law einzuhalten, indem er erneut das Bild von dessen "Wachsamkeit" gegenüber mißbräuchlicher Vertragsgestaltung bemühte. Dem widersprach jedoch Buckley L.J. mit Nachdruck: Aufgabe eines Gerichts sei es nicht, einen Vertrag so umzubilden, daß dieser "fair and reasonable" werde; wenn unter mehreren Auslegungsergebnissen das fairste angestrebt werde, entspreche dies nur dem mutmaßlichen Willen der Parteien, eine absolute Rechtsregel könne man daraus jedoch nicht ableiten.[159]

---

157 [1980] A.C. 827, 843: "After this Act, in commercial matters generally, when the parties are not of unequal bargaining power, and when risks are normally borne by insurance, not only is the case for judicial intervention undemonstrated, but there is everything to be said, and this seems to have been Parliament's intention, for leaving the parties free to apportion the risks as they fit and for respecting their decisions."

158 *Llewellyn* aaO. pp. 362 ff.; vgl. auch *Reiter*, The control of contract power, (1981) 1 Oxford Journal of Legal Studies 347, 360.

159 [1973] 1 All ER 205.

b) LEVISON AND ANOTHER v. PATENT STEAM CARPET CLEANING CO. LTD.[160]

Trotz der deutlich zum Ausdruck gebrachten Gegenauffassung Buckleys, die derjenigen des überkommenen common law entsprach, führte Lord Denning den reasonableness-Gedanken in LEVISON v. PATENT STEAM CARPET CLEANING weiter. Im Unterschied zur GILLESPIE-Entscheidung betraf dieser Fall kein reines Handelsgeschäft: Zu beurteilen war die Schadenersatzpflicht des beklagten Teppichreinigungsunternehmens für den Verlust eines ihm von einem Ehepaar zur Reinigung übergebenen chinesischen Teppichs im Werte von 900 Pfund Sterling, der aus der Obhut der Beklagten unter ungeklärten Umständen abhandengekommen war. Gegenüber dem Schadensersatzanspruch des klagenden Versicherers der Eheleute, der diesen den vollen Wert des Teppichs ersetzt hatte, berief sich die Beklagte auf ihre AGB: Gemäß deren Klausel 2(a) war der Wert des Teppichs auf 40 Pfund Sterling anzusetzen. Klausel 5 bestimmte, daß das Reinigungsgut auf "das alleinige Risiko der Kunden"[161] übernommen werde und hielt die Kunden dazu an, ihre Teppiche selbst oder durch Vermittlung der Beklagten gegen Schadensrisiken zu versichern.

Der Court of Appeal entschied zugunsten der Kläger, die sich auf fundamental breach of contract seitens der Beklagten berufen hatten. Orr L.J. und Sir David Cairns stellten im Wege der Auslegung darauf ab, Klausel 5 sei nicht klar genug formuliert, um auch die Haftung für fundamental breach, also die Verletzung essentieller Vertragspflichten, auszuschließen. Es obliege danach der Beklagtenseite nachzuweisen, daß sie keinen fundamental breach begangen habe, wofür die Beklagte jedoch beweisfällig geblieben sei.[162]

Lord Denning begründete sein gleichlautendes Ergebnis demgegenüber nur hilfsweise über die Beweislast und fundamental breach;[163] vorrangig stützte er sein Urteil jedoch auf den reasonableness-test, wobei er sich ganz offensichtlich von dem nahenden Inkrafttreten des UCTA beflügeln ließ: Zunächst stellte Denning heraus, daß es sich vorliegend um einen typischen standard

---

[160] [1978] Q.B. 69; [1977] 3 All ER 498 (C.A.).

[161] "All merchandise is expressly accepted at the owner's risk.. "

[162] [1977] 3 All ER pp. 506 ff.

[163] "I may be wrong, however, in applying the test of reasonableness. So I would go on to consider the other means which have been used by the courts to get round the injustice of these exemption and limitation clauses." aaO. p. 503 e.

form Vertrag mit unbeeinflußbaren Einzelbedingungen handelte, mithin um einen klassischen Beispielsfall überlegener Verhandlungsmacht des Verwenders, wie ihn das House of Lords in A. SCHROEDER MUSIC PUBLISHING CO. LTD. v. MACAULAY[164] zu beurteilen gehabt habe. In solchen Fällen, in denen eine Seite ihre überlegene vertragliche Gestaltungsmacht im Wege eines vorformulierten Formularvertrags einbringe, müsse - wie er im GILLESPIE-Fall ausgeführt habe - eine haftungsausschließende oder -beschränkende Klausel für unwirksam erklärt werden, wenn sie selbst oder ihre Anwendung unter den Umständen des Einzelfalls unreasonable seien.[165] Zur Untermauerung seines Vorschlags verwies Denning auf das laufende Gesetzgebungsverfahren für den UCTA 1977 und dessen von der Law Commission für Fälle der vorliegenden Art angeregten gesetzlichen reasonableness-test. Hierbei handele es sich um ein erfreuliches Stück Rechtsfortbildung, auf das man allerdings nicht weiter warten müsse, weil nie sicher sei, was letztlich aus einem Gesetzentwurf werde; mittlerweile habe auch das common law seine entsprechenden Prinzipien zur Hand.[166]

Hieraus geht in aller Deutlichkeit hervor, daß Lord Denning den von ihm propagierten reasonableness-test als eigenständigen Beitrag des common law zur Rechtsreform im Einklang mit der parlamentarischen Gesetzgebungstätigkeit begriff. In wenig orthodoxer Weise nutzte er dabei die Untersuchungsergebnisse der Law Commission in deren Second Report - gleichsam rechtsvergleichend - zur Stützung der Rechtsfortbildung im common law und umging auf diese Weise den für das common law charakteristischen Nachteil, die Fortbildung des Rechts ohne die für den Gesetzgeber verfügbaren gesellschaftlichen Hintergrundinformationen bewerkstelligen zu müssen.[167]

Im Unterschied zu seinem Votum im GILLESPIE-Fall kam Lord Denning hier zu dem Ergebnis, unter den Umständen des vorliegenden Falles könne sich die Beklagte nicht auf die in Frage stehenden Klauseln berufen. Die dafür gegebene Begründung erscheint insofern bemerkenswert, als Denning hierbei

---

[164] Vgl. oben auf S. 148 ff.

[165] [1977] 3 All ER p. 503 b.

[166] "..there is a bill now before Parliament which gives effect to the test of reasonableness. This is a gratifiying piece of law reform: but I do not think we need wait for that bill to be passed into law. You never know what may happen to a bill. Meanwhile the common law has its own principles ready to hand." aaO. p. 503 a.

[167] Vgl. *Lücke* in (1982) 98 L.Q.R. 29, 83 ff., *Cardozo*, The Nature of the Judicial Process, p. 115.

die Aspekte mit einfließen ließ, die er in SPURLING v. BRADSHAW und THORNTON v. SHOE LANE PARKING für die besonderen Anforderungen an die Einbeziehung von unreasonable clauses entwickelt hatte.[168] Denning bezeichnete nicht etwa beide zu beurteilenden Klauseln als inhaltlich unzulässig, sondern stellte darauf ab, die Beklagte habe sich angesichts derart weitgehender Eingriffe in die Position ihrer Vertragspartner nicht ausreichend um deren Schutz bemüht; die AGB-Klausel 2(a), die alle drei Richter als Haftungsbegrenzung auf 40 Pfund Sterling interpretierten, setze den Ersatzwert des Teppichs derart niedrig an, daß sich die Beklagte "ohne ein Wort der Warnung" nicht darauf berufen dürfe. Auch die umfassende Risikoverlagerung auf den Kunden setze voraus, daß "a great deal more" zu dessen Schutze getan werde, zumindest durch speziellen Hinweis auf die Klausel sowie konkrete Bemühungen, das Erfordernis einer zusätzlichen Versicherung ganz klar zu machen.[169] Abschließend bemerkte Denning, die Beklagte müsse selbst die Versicherung übernehmen und dürfe diese nicht dem Konsumenten überlassen.

Hinsichtlich der Bestimmung inhaltlicher reasonableness-Kriterien gibt diese Subsumtion nur wenig her. Insbesondere schöpfte Lord Denning seine abstrakt hergeleitete Maxime, die reasonableness nach den Umständen des Einzelfalls zu beurteilen, bei weitem nicht aus: Die pauschale Zuweisung der Versicherungsobliegenheit an die Beklagte ohne nähere Begründung trägt deutliche Anzeichen einer Billigkeitsentscheidung zugunsten des Konsumenten. Hätte er, ähnlich wie im GILLESPIE-Fall,[170] hier den Zusammenhang von vertraglicher Vergütung und der Verteilung des Versicherungsrisikos mitberücksichtigt, so wäre zugunsten der Beklagten zu würdigen gewesen, daß diese in Klausel 5 ihren Kunden - wenn auch versteckt angeordnet - die Möglichkeit einer alternativen Vertragsgestaltung eröffnet hatte, die bei höherer Vergütung eine Versicherung durch die Beklagte einschloß. Hierin könnte ein faires Alternativangebot gelegen haben, welches die frühere Rechtsprechung zu s. 7 Railways and Canal Traffic Act 1854 zum Maßstab des darin enthaltenen gesetzlichen reasonableness-Test erhoben hatte.[171]

---

[168] Oben auf S. 155 ff.

[169] [1977] 3 All ER p. 503 c, d. Die Vertragsbedingungen waren in Kleindruck oberhalb der Unterschriftszeile angeordnet.

[170] [1973] 1 All ER 193, 198 a.

[171] Vgl. oben auf S. 51 ff. sowie *Treitel* in [1967] J.B.L. 200, 204 ff. Unter dem Stichwort "two-tier service" hat der Aspekt des unter Berücksichtigung einer erhöhten Haftung kalkulierten

Ferner blieb unberücksichtigt, daß die Eigentümer des Teppichs diesen ja tatsächlich versichert hatten, selbst ein expliziter Hinweis auf den Inhalt von Klausel 5 ihnen letztlich also keinen zusätzlichen Nutzen im konkreten Fall gebracht hätte; im Gegenteil hätte höchstwahrscheinlich keiner der beiden Eheleute Levison zusätzliches Geld für eine weitere Versicherung ausgeben wollen.[172]

Eher ungewollt gab Lord Denning damit ein anschauliches Beispiel für die Schwierigkeiten bei der Anwendung eines auf abstrakter Ebene abgeleiteten übergeordneten Prinzips auf den Einzelfall: Es kann nicht ausreichen, Kategorien wie reasonableness oder inequality of bargaining power ohne sachlich nachvollziehbare Einzelkriterien zu etablieren; bleiben diese ungeklärt, so besteht die Gefahr, den schmalen Grat zwischen einer sachlich begründeten Angemessenheitsabwägung und einer reinen Billigkeitsentscheidung zu überschreiten; die von Denning untersuchten Kriterien reichten für sich genommen jedenfalls nicht aus, um eine besondere Schutzbedürftigkeit der Eigentümer des Teppichs gegenüber den Beklagten zu begründen.[173]

Der vorliegende Fall ist daher - neben dem Beharren Lord Dennings auf seinem reasonableness-test an sich - vor allem insofern von Interesse, als Denning zumindest der Theorie nach nicht auf eine absolute inhaltliche Nichtigkeit bestimmter Klauseln abstellte, sondern in Richtung eines breiter angelegten, flexibler zu handhabenden Fairneßprinzips tendierte, in dem so unterschiedliche Kriterien wie die relative Verhandlungsmacht der Parteien, das Ausmaß der angestrebten Risikoverlagerung und das Parteiverhalten bei Vertragschluß miteinander verschmelzen sollten. Ähnlich dem Grundsatz von

Alternativangebots auch in der untergerichtlichen Rechtsprechung zum UCTA 1977 Beachtung gefunden, vgl. WOODMAN v. PHOTO TRADE PROCESSING LTD., veröffentlicht in der Verbraucherzeitschrift Which, Juli 1981 sowie bei *Lawson* N.L.J. 1981, 933, 935, *Samuels*, 127 [1983] Solicitor's Journal 98 und *Woodroffe*, Goods and Services - The New Law pp. 127 f.; STEVENSON v. NATIONWIDE BUILDING SOCIETY (1984) 272 E.G. 663; *James* in [1987] J.B.L. 286, 292.

[172] *Males* in [1978] C.L.J. 24, 26. Es ist daher auch keineswegs sicher, ob die Freizeichnung der Beklagten im LEVISON-Fall bei Anwendbarkeit der ss. 2(2), 3(2)(a) UCTA unwirksam gewesen wäre; da der reasonableness-test des UCTA gemäß dessen s. 11(1) auf den Zeitpunkt des Vertragschlusses abstellt, die Umstände des Vertragsbruchs, hier des Verschwindens des Teppichs bei der Beklagten, also ohne Belang gewesen wären, hätte die Beklagte angesichts ihres Hinweis auf die Erforderlichkeit einer zusätzlichen Versicherung in Klausel 5 durchaus Aussichten auf Erfolg gehabt.

[173] Daß dies Denning wohl selbst bewußt war, geht aus der sicherheitshalber durchgeführten Alternativbegründung hervor, vgl. oben N. 163.

Treu und Glauben gemäß § 242 BGB[174] soll dieses Fairneßprinzip offensichtlich von Amts wegen zu berücksichtigen sein. Möglicherweise wäre es der Anwendung des reasonableness-Tests im vorliegenden Fall zuträglich gewesen, wenn Lord Denning parallel zu seiner Alternativlösung und der Lösung der beiden anderen Richter die Frage der reasonableness ebenfalls unter dem Gesichtspunkt der Nachweislast untersucht hätte. Auch der UCTA bedient sich ja dieser Konzeption, indem er in s. 11(5) die Begründungs- und Beweislast für die reasonableness vertraglicher Bedingungen demjenigen auferlegt, der sich darauf beruft. Im Ergebnis stellt der UCTA damit die Vermutung der unreasonableness auf, die - wie die bislang noch immer recht begrenzte Judikatur zum UCTA zeigt - zumindest in den Fällen ungleich verhandlungsstarker Parteien nur schwer zu widerlegen ist.[175]

c) PHOTO PRODUCTION LTD. v. SECURICOR TRANSPORT LTD. (C.A.)[176]

In der um etwa ein Jahr jüngeren Entscheidung des Court of Appeal im PHOTO PRODUCTION-Fall vertrat Lord Denning erneut auf der Grundlage einer breit angelegten Analyse der Auslegungsregeln und der fundamental breach rule die Auffassung, man müsse nunmehr Freizeichnungs- und Haftungsbeschränkungsklauseln auch im common law offen nach deren reasonableness beurteilen. In dem zugrundeliegenden Fall war die Fabrik der Klägerin, die Glückwunschkarten u.ä. herstellte, durch ein Feuer schwer beschädigt worden, das ein Angestellter der beklagten Wachgesellschaft bei einem Überwachungsgang mutwillig gelegt hatte. Gegenüber dem Schadensersatzanspruch der Klägerin berief sich die Beklagte auf ihre formularmäßige Freizeichnung in dem Überwachungsvertrag, wonach sie für Schädigungen durch ihre Mitarbeiter nur haftbar zu machen war, wenn diese für sie vorhersehbar und vermeidbar waren.

Der Court of Appeal hielt übereinstimmend die Freizeichnung der Beklagten im vorliegenden Fall für unanwendbar. Allein Lord Denning stellte in seiner Begründung über die Instrumente der Vertragsauslegung und fundamental breach hinaus wiederum auch auf die reasonableness ab. Ähnlich wie

---

174 *Palandt-Heinrichs* § 242 BGB Rz. 15.

175 *Lawson*, [1982] L.S.Gaz. 1114, 1116 und [1985] L.S.Gaz. 2393, 2396.

176 [1978] 3 All ER 146 (C.A.)

im GILLESPIE-Fall nahm er dafür auf die Maximen der Vertragsauslegung Bezug, bei denen der reasonable man unbestritten zum maßgeblichen Kriterium geworden sei, das selbst die Abweichung vom eindeutigen Wortsinn der vertraglichen Vereinbarungen ermögliche.[177] Dahinter stand aus der Sicht Lord Dennings das Prinzip des "fair and reasonable man", dessen Rolle, wie Lord Radcliffe einst bemerkte, die Gerichte einzunehmen hätten.[178] Die Praxis des common law, die eigentlich der positiven vertraglichen Inhaltsermittlung dienenden Auslegungsregeln in zahlreichen Fällen als verdeckte Gültigkeitskontrolle für einzelne Klauseln einzusetzen, nahm Denning erneut zur Rechtfertigung seines reasonableness-Prinzips, welches er wie folgt formulierte:

> "Thus we reach, after long years, the principle which lies behind all our striving: the court will not allow a party to rely on an exemption or limitation clause in circumstances in which it would not be fair or reasonable to allow reliance on it; and in considering whether it is fair and reasonable, the court will consider whether it was in a standard form, whether there was equality of bargaining power, the nature of the breach, and so forth."[179]

Die Kriterien des Formularvertrags und der relativen Verhandlungsmacht sind bereits aus den früheren Entscheidungen bekannt. Die "inequality of bargaining power" fungiert hier als untergeordnetes Kriterium neben anderen. Neu war, daß nunmehr auch die Art des Vertragsbruchs mit von Bedeutung sein sollte. Denning folgte hier also - wie er selbst ausdrücklich klarstellte - dem durch den UCTA wieder aufgehobenen Ansatz des Supply of Goods (Implied Terms) Act 1973,[180] nicht jedoch der neueren Lösung des UCTA: Dieser stellt ja laut seiner s. 11(1) auf den Vertragschlußzeitpunkt ab, so daß die Ereignisse nach Vertragsschluß, insbesondere die Umstände des Vertragsbruchs, für die Ermittlung der reasonableness ohne Bedeutung sein sollen.

---

[177] aaO. pp. 151 j - 153. Denning zitierte hierfür u.a. die Ausführungen von Lord Wilberforce im SUISSE ATLANTIQUE-Fall [1967] 1 A.C. 361, 434 und in REARDON SMITH LINE LTD. v. HANSEN-TANGEN [1976] 1 W.L.R. 989, 996; vgl dazu oben auf S. 64 N. 127.

[178] Denning aaO. p. 153 f.: "In so stating the principle there arises in these cases the figure of the fair and reasonable man; and the spokesman of this fair and reasonable man, as Lord Radcliffe once said, is and must be the court itself." Das Zitat Lord Radcliffes stammt aus DAVIS CONTRACTORS LTD. v. FAREHAM U.D.C. [1956] A.C. 696, 728 f.

[179] Denning aaO. p. 153 g.

[180] Genau genommen handelte es sich um s. 55(4) des Sale of Goods Act 1893 in der durch s. 4 Supply of Goods (Implied Terms) Act geänderten Fassung. Beide wurden durch s. 31(4) und Schedule 4 UCTA 1977 aufgehoben.

Der Ansatz Dennings unterscheidet sich damit nicht unerheblich von der ratio legis des UCTA: Während es dem Gesetzgeber darum ging, die Schaffung verallgemeinerungsfähiger Kriterien für die Anwendung der reasonableness zu fördern und eine an den Fakten des Einzelfalls orientierte Rechtsprechung zu vermeiden,[181] setzte Denning umgekehrt auf eine gerade unter den individuellen Umständen des Einzelfalls faire Lösung.[182] Hiermit entfernte sich Denning streng genommen noch weit mehr als der UCTA nicht nur von der Vertragsfreiheitsmaxime des common law, sondern auch von den Grundlagen des gesamten common law-Systems: Die Bindung an die ratio decidendi von Präzedenzentscheidungen setzt voraus, daß die rechtlichen Überlegungen des Gerichts von der Ebene der einzelfallimmanenten Tatsachen abstrahierbar sind, also auch auf einer allgemeineren gedanklichen Ebene verwertbar sind. Nur dann bieten sie eine hinreichende Grundlage für die Maßgeblichkeit einer Entscheidung als judicial precedent.[183] Ein allgemeines Fairneßprinzip, das bei den Umständen des Einzelfalls ansetzt, ist daher nur schwer in die Ordnung des common law einzufügen. Stellt man hingegen gezielter auf den Wortlaut einer bestimmten Klausel ab, die - wie für AGB typisch - seit den Tagen der frühen ticket cases regelmäßig in einer ganzen Branche verwendet wird, und erklärt deren Einbeziehung in einen Vertrag mit Konsumenten generell für unzulässig, ohne auf die weiteren Einzelfallumstände zu abzustellen, so ist eine solche Entscheidung zumindest der Konzeption nach eher als bindender Präzedenzfall verwertbar.

Es kann offen bleiben, ob Lord Denning hier Partei für die Position der englischen Law Commission ergreifen wollte, die sich - wie weiter zuvor erläutert - für die Beibehaltung des reasonableness of reliance-Tests nach dem Muster des Gesetzes von 1973 ausgesprochen hatte.[184] Für den im LEVISON-Fall angedeuteten Weg Dennings in Richtung auf ein breiter angelegtes, übergeordnetes Fairneßprinzip, das alle Einzelumstände berücksichtigen sollte, war die Berücksichtigung der individuellen Vertragsbruchumstände jedenfalls ein konsequenter Schritt. Möglicherweise ging es Denning aber auch ein-

---

[181] *Adams/Brownsword* in (1988) 104 L.Q.R. 94, 117, die zugleich nachweisen, daß diese Zielsetzung des Gesetzgebers infolge der richtungsweisenden Vorgaben von Lord Bridge im GEORGE MITCHELL-Fall, oben S. 144, N. 55, bislang nicht realisiert werden konnte.

[182] "If the clause itself is reasonable, that goes a long way towards showing that reliance on it is fair and reasonable" per Lord Denning in HOWARD MARINE AND DREDGING CO. LTD. v. A. OGDEN & SONS LTD. [1978] Q.B. 574, 594.

[183] Vgl. *Stone* in (1959) 22 M.L.R. 597, 603 ff.; *Lücke* in (1982) 98 M.L.R. 29, 38 f.

[184] Exemption Clauses, Second Report, pp. 69 ff. paras. 178 ff. sowie oben S. 142 f.

fach darum, so viel wie möglich von der fundamental breach rule in das reasonableness-Prinzip hinüberzuretten, denn er wandte den reasonableness-test im Ergebnis nach dem Muster der fundamental breach rule an und stellte darauf ab, daß die Beklagte sich nicht auf ihre Freizeichnung berufen dürfe, wenn ihr eigener Erfüllungsgehilfe mutwillig das Feuer gelegt habe.[185] Für eine solche Vermutung spricht der Umstand, daß es nach der bis dahin verlaufenen Entwicklung der fundamental breach rule nur eine Frage der Zeit war, wann das House of Lords deren Handhabung als eigenständige Rechtsregel verwerfen würde.

In der Tat hob dann auch das House of Lords in der Revisionsinstanz die Entscheidung des Court of Appeal auf und schrieb die Einordnung der fundamental breach rule als bloße Auslegungsregel definitiv fest.[186] Im vorliegenden Zusammenhang ist indes eher von Interesse, daß die Entscheidung des House of Lords eine mindestens ebenso weitreichende Wirkung für die Zukunft insofern entfaltet, als sie die weitgehende Unantastbarkeit von Verträgen unter Geschäftsleuten neu betont hat.[187]

Während Lord Wilberforce die alleinige Maßgeblichkeit des Parteiwillens nur für "commercial contracts" zwischen Parteien vergleichbarer Verhandlungsmacht mit üblicherweise versichertem Vertragsrisiko festschreiben wollte,[188] dehnten Lord Salmon und Lord Scarman diesen Grundsatz auf alle Verträge außerhalb des Anwendungsbereichs des UCTA aus.[189] Es ging dem House of Lords insofern vorrangig um die Klärung der fundamental breach rule, auf die reasonableness-Argumentation Lord Dennings ging das House of Lords nicht ein. Die klare Stellungnahme zugunsten der inhaltlichen Unantastbarkeit von Verträgen der genannten Arten außerhalb des Eingriffsbereichs des UCTA spricht jedoch dafür, die PHOTO PRODUCTION-Entscheidung des House of Lords auch als eine Entscheidung gegen die Anwendbarkeit des

---

[185] [1978] 3 All ER 146, 154 c, d; genauso unter Anwendung der fundamental breach rule, ibid. p. 152 b-f. Das Versicherungsargument führte hier nicht weiter, weil beide Parteien - allerdings nicht ausreichend - versichert waren; auf den Gesichtspunkt der relativen Verhandlungsmacht ging Denning überhaupt nicht ein, setzte insofern aber möglicherweise Gleichwertigkeit voraus.

[186] [1980] A.C. 827.

[187] [1983] 1 All ER 108.

[188] [1980] A.C. 827, 843; siehe dazu bereits oben S. 172 f.

[189] Lord Salmon aaO. p. 853 D, Lord Scarman aaO. p. 853 F.

reasonableness-Kriteriums Lord Dennings auf solche Vertragskonstellationen zu interpretieren.[190]

Bei eingehender Lektüre der Voten von Lord Wilberforce und Lord Diplock stößt man jedoch auch auf Gedanken, in denen die reasonableness zum Zuge kommt: Lord Wilberforce hielt es angesichts der äußerst geringen Vergütung von 26p. pro Untersuchungsgang, die Securicor von Photo Productions erhielt, keineswegs für unreasonable, wenn Securicor demgegenüber auch nur ein geringes Haftungsrisiko tragen wollte.[191] Lord Diplock pflichtete dem bei und meinte, für vernünftige Geschäftsleute ("reasonable businessmen") in der Position der beiden Parteien sei eine solche Risikoverteilung die wirtschaftlich sinnvollste.[192]

Diese Stellungnahmen - wohlgemerkt Elemente der ratio decidendi im PHOTO PRODUCTION-Fall - erscheinen regelrecht als Bestätigung für die Beobachtung Lord Dennings, die Maximen von fairness und reasonableness im Einzelfall seien die treibende Kraft hinter vielen Entscheidungen gewesen. Die Überlegungen beider Lords, bei denen auch die Versicherungsfrage zur Sprache kam, unterschieden sich nicht ersichtlich von einer offenen Abwägung nach den Kriterien Lord Dennings. Der einzige, allerdings auch wesentliche Unterschied zu Lord Dennings Ansatz besteht darin, daß das House of Lords die Klauseln als wirksam ansah, die reasonableness also nicht als Nichtigkeitsfaktor einsetzte. Dies hat Lord Denning aber nicht davon abgehalten, in einer seiner letzten Entscheidungen, die zugleich den Schlußpunkt der hier besprochenen Fälle bilden soll, die Voten Lord Wilberforces und Lord Diplocks als Bestätigung seiner Forderung nach der offenen Anerkennung des reasonableness-Tests anzuführen.

---

[190] Dies umso mehr, als die Gerichte die Richtungsentscheidung des House of Lords selbst für die Fälle, in denen der UCTA auf beiderseitige Handelsgeschäfte anwendbar ist, als Mahnung zur größtmöglichen Zurückhaltung aufzufassen scheinen, vgl. eingehend *Adams/Brownsword* in (1988) 104 L.Q.R 94.

[191] Lord Wilberforce aaO. p. 846 B: "In these circumstances nobody could consider it unreasonable that as between these two equal parties the risk assumed by Securicor should be a modest one, and that Photo Productions should carry the substantial risk of damage or destruction."

[192] Lord Diplock aaO. p. 851 E.

d) GEORGE MITCHELL (CHESTERHALL) LTD. v. FINNEY LOCK SEEDS LTD. (C.A.)[193]

In diesem Fall verlangten die klagenden Farmer von den beklagten Saatguthändlern Ersatz für den Ernteausfallschaden, der ihnen durch das im Februar 1974 gelieferte, für den vereinbarten Zweck ungeeignete Saatgut entstanden war. Die Beklagten beriefen sich auf die branchenübliche Haftungsbeschränkung in ihren AGB, die jegliche Haftung auf den vergleichsweise geringen Preis des Saatgutes beschränkte.

Auf den zwischen den Parteien geschlossenen Vertrag war gemäß s. 55(3) und Schedule 1 s. 11(4) Sale of Goods Act 1979 noch der reasonableness-test gemäß s. 55(4) Sale of Goods Act 1893 bzw. s. 4 Supply of Goods(Implied Terms) Act 1973 anwendbar. In ihrer Entscheidung zugunsten der Kläger stützten sich Oliver und Kerr L.JJ. allerdings auf die Auslegungsregeln des common law, wonach die Haftungsbeschränkung sich vorliegend nicht auf die negligence-Haftung der Beklagten erstreckte, weil das gelieferte Saatgut nach Art und Güte für den Vertragszweck völlig ungeeignet war.[194]

Lord Denning nutzte in seiner concurring opinion die Gelegenheit, die sich ihm mit der Anwendbarkeit des gesetzlichen reasonableness-Tests nach dem Muster des Gesetzes von 1973 bot, noch einmal eindringlich in einer breit aufgefächerten Herleitung, welche von Umfang und Stil her schon fast die Dimensionen eines juristischen Essays über Geschichte und Hintergründe des common law zu formularmäßigen Haftungsfreizeichnungen annahm, sein gleichlautendes common law-Instrument zu propagieren.[195] Deutlicher als je zuvor bekannte er sich dabei zu dem Einfluß der Recherchen der Law Commission und der Gesetzgebung auf seine Rechtsprechung[196] und mahnte erneut ein offenes Bekenntnis des common law zur reasonableness an: Wie schon auf anderen Gebieten müsse man endlich auch hier die Vielzahl der Einzelinstrumente in einem gemeinsamen Prinzip zusammenführen, um die Regeln über "exemption clauses" zu entzerren.[197]

---

[193] [1983] 1 All ER 108.

[194] aaO. pp. 117 ff.; beide nahmen nur obiter zum gesetzlichen reasonableness-test Stellung, vgl. pp. 120 f. und 125 f.

[195] aaO. pp. 111 ff.

[196] aaO. p. 117 a.

Das vehemente Plädoyer Dennings für eine Erneuerung in der Haltung des common law, für Rechtsvereinfachung und einen harmonischen Konsens mit dem statute law ist in vielerlei Hinsicht lesenswert;[198] im vorliegenden Zusammenhang ist vor allem die offene Kritik am Beharren des common law auf der Vertragsfreiheitslehre des 19. Jahrhunderts festzuhalten: Diese habe allein den marktstarken Unternehmen vertragliche Betätigungsfreiheit gebracht und die Richterschaft genötigt, angesichts einer zusehends mißbräuchlichen Vertragsgestaltungspraxis auf verdeckte Instrumente ("secret weapons") zurückzugreifen, um im Einzelfall zu fairen Resultaten zu gelangen.[199]

Die konkreten Beurteilungskriterien, aufgrund deren Denning die Berufung der Beklagten auf die AGB-Klauseln für unfair hielt, gelten wegen der von Denning propagierten Verschmelzung von common law und statute law auch für die reasonableness nach common law.

Zugunsten der Beklagten fiel lediglich der angesichts des Schadens von 61.000 Pfund Sterling niedrige Kaufpreis des Saatguts von 192 Pfund Sterling ins Gewicht. Demgegenüber sprach für die Kläger vor allem der Umstand, daß diese infolge unterlegener Verhandlungsmacht keinen Einfluß auf die Vertragsgestaltung gehabt hatten und darüber hinaus die völlige Ungeeignetheit des Saatguts im Unterschied zu den Beklagten nicht beurteilen konnten. Erneut hob Denning auch auf das Versicherungsargument ab: Hier folgte er der Auffassung des erstinstanzlichen Richters, allein die Beklagten hätten sich gegen den Schadenseintritt versichern können. Ferner hatten die Beklagten sich bislang in Schadensfällen regelmäßig nicht auf ihre Haftungsbeschränkung berufen, sondern waren den geschädigten Bauern entgegengekommen. Schließlich schlug auch die Ernsthaftigkeit der Vertragsverletzung ("serious negligence") seitens der Beklagten negativ zu Buche.[200]

---

[197] aaO. p. 115 e. Insofern konsequent kam Denning, aaO. p. 113 a, entgegen Oliver und Kerr LJJ. zu dem Ergebnis, daß die AGB der Beklagten bei sachgemäßer Auslegung auch deren Haftung für negligence beschränkten.

[198] Das gilt etwa für die unmißverständliche Kritik an den Entscheidungen des House of Lords im SUISSE ATLANTIQUE- und im PHOTO PRODUCTION-Fall sowie in AILSA CRAIG FISHING CO. LTD. v. MALVERN FISHING CO. LTD. [1983] 1 All ER 101, vgl. Denning aaO. pp. 114 h und 115 g bis 116 j, insbesondere 116 e.

[199] aaO. pp. 113 j bis 114 j; d. Dem sei noch einmal die Formulierung *Karl Llewellyns* in (1939) 52 Harv. L. Rev. 700 zur Seite gestellt: "covert tools are never reliable tools." Die Parallele ist, mutatis mutandis, unverkennbar.

Die Bandbreite der Erwägungen hat sich im GEORGE MITCHELL-Fall gegenüber den vorausgegangenen Entscheidungen somit weiter vergrößert; die Tendenz Dennings in Richtung auf eine umfassendere vertragliche Fairneßgeneralklausel dokumentiert sich vor allem darin, daß Denning auch das Vertrauen der Kläger in das übliche vertragliche Verhalten der Beklagten in früheren Fällen dieser Art mitberücksichtigte, ein Gesichtspunkt, der entfernt an das Verbot widersprüchlichen Verhaltens gemäß § 242 BGB erinnert.[201] Nicht übersehen werden darf, daß Denning daneben nunmehr die von ihm selbst zuvor als Einzelinstrumente verfolgten Kriterien der ungleichen Verhandlungsmacht und der Schwere der Vertragsverletzung, also "inequality of bargaining power" und "fundamental breach", fest unter dem Dach der reasonableness verankert hatte.

Das House of Lords verwarf im Unterschied zum PHOTO PRODUCTION-Fall die Entscheidung des Court of Appeal hier nicht[202] und schloß sich im Ergebnis ausdrücklich dem Votum Lord Dennings an. Lord Bridge of Harwich, der die maßgebliche opinion ablieferte, bestätigte in der "common law issue", also der Auslegungsfrage, die Sicht Lord Dennings, maßgeblich sei die Auslegung nach dem unzweideutigen Klauselwortlaut, von der man nicht mittels der besonderen Regeln über die "true construction of the contract" wieder abrücken dürfe.[203]

---

[200] aaO. p. 117 b-h. Die Beklagten hatten nicht nur Herbst- statt Wintersaatgut geliefert, sondern darüber hinaus auch mindere Qualität. Vgl. die Entscheidungen des RG in Saatgutfällen, etwa RGZ 52, 18 (13.6.1902); RG JW 1903, Beil. S. 69 (27.5.1903); RG WarnRsp 1913 Nr. 279 (14.3.1913); RGZ 103, 77 (25.10.1921).

[201] Vgl. *Fikentscher*, Schuldrecht, § 27 Rz. 179.

[202] [1983] 2 A.C. 803; [1983] 2 All ER 737.

[203] [1983] 2 All ER 737, 742 c, d per Lord Bridge of Harwich; [1983] 1 All ER 108, 113 j per Lord Denning. Allerdings stützte sich Lord Bridge hier ausdrücklich auf die weniger strengen Auslegungsregeln für lediglich haftungsbeschränkende Klauseln, auf die laut der Entscheidung des House of Lords im "zweiten Securicor-Fall" AILSA CRAIG FISHING CO. LTD. v. MALVERN FISHING CO. LTD [1983] 1 All ER 101 (dort insbesondere Lord Fraser p. 105 h) die strikten Auslegungsregeln zu umfassenden Freizeichnungen nicht in voller Schärfe anzuwenden seien. Angesichts des eingeklagten Schadens von über 60.000 Pfund Sterling, demgegenüber sich die Haftungsbeschränkung auf den Samenwert von rund 200 Pfund Sterling faktisch nicht von einer völligen Freizeichnung abhob, überzeugt dieser Weg vorliegend jedoch keineswegs, sondern stützt vielmehr Lord Dennings Beurteilung in der Vorinstanz [1983] 1 All ER 108, 116 g, h, hinter der Differenzierung zwischen exemption und limitation clauses stehe in

Bei der Anwendung des gesetzlichen reasonableness-Tests folgte Lord Bridge ebenfalls den breit gestreuten Überlegungen Lord Dennings, hob aber primär auf die Praxis der Beklagten ab, sich normalerweise mit geschädigten Kunden zu einem über dem Warenpreis liegenden Satz zu vergleichen; hierin sah Lord Bridge das Eingeständnis der Beklagten, daß eine Berufung auf die Haftungsbeschränkung unfair sei. Die Frage der relativen Verhandlungsmacht, die Lord Denning recht undifferenziert zugunsten der Kläger beantwortete, fiel für Lord Bridge hingegen nicht ins Gewicht, weil die in dieser Art branchenüblichen Haftungsbeschränkungen bislang niemals von den Bauernverbänden beanstandet worden waren.[204]

Zu Lord Dennings Herleitung des reasonableness-Prinzips aus der Entwicklungsgeschichte der common law-Regeln nahm Lord Bridge nur kurz, aber in einer Weise Stellung, die Raum für Interpretation läßt:

Er wolle der Versuchung widerstehen, diesen "faszinierenden Weg" zu nehmen und sich damit begnügen, den Vorgaben des House of Lords in den beiden Securicor-Fällen PHOTO PRODUCTION und AILSA CRAIG zu folgen.[205] Man ginge natürlich zu weit, in diesem dictum eine offene Bestätigung für Lord Dennings Ansatz zu sehen, zumal in der Entscheidung des House of Lords auch persönlicher Respekt für den am Ende seiner Richterkarriere stehenden Master of the Rolls zum Ausdruck kommt, weshalb sich möglicherweise das House of Lords einer offenen Kritik enthielt. Aus der positiven, wenn auch persönlichen Bewertung Lord Bridges und aus der kurzen Referenz Lord Diplocks, der Lord Dennings " überragend stimulierenden und scharfsinnigen Beitrag zur fortlaufenden Entwicklung des common law " hervorhob,[206] läßt sich aber auch der umgekehrte Schluß ziehen, daß man eben nicht bereit war, den reasonableness-test nach Dennings Vorstellung bereits definitiv zu verwerfen.

Bedenkt man ferner die Lord Dennings Lösung in der Sache durchaus nahekommende Argumentation des House of Lords in diesem wie im PHOTO PRODUCTION-Fall, so spricht einiges für die Auffassung, daß das von Lord

---

Wirklichkeit die Einsicht des House of Lords, daß eine bloße Beschränkung der Haftung grundsätzlich eher der reasonableness entspreche als ein vollständiger Haftungsausschluß.

[204] [1983] 2 All ER 737, 744 c - f.

[205] aaO. p. 741 b: "..I will resist the temptation to follow that fascinating trail, but I will content myself with references to the two recent decisions of your Lordships' House commonly called the two Securicor cases..".

[206] Lord Diplock aaO. p. 739.

Denning propagierte Instrument eines reasonableness-Tests nach common law trotz bislang ausstehender ausdrücklicher Anerkennung in Zukunft möglicherweise wieder aufgegriffen werden kann. Ein anschauliches Beispiel dafür, daß dies, wenngleich mit verschobenen Akzenten, entgegen der Wertung des House of Lords im PHOTO PRODUCTION-Fall auch bei beiderseits rein geschäftlichen Vertragsverhältnissen nicht außerhalb des Möglichen liegt, bietet ja bereits die weiter zuvor besprochene Entscheidung des Court of Appeal im INTERFOTO-Fall.[207]

Diese, wie die zuletzt behandelten Entscheidungen, belegen aber zugleich, daß die erforderlichen Anwendungskriterien noch erheblich konkreter herausgearbeitet werden müssen, bevor die reasonableness zu einem verläßlichen Instrument des common law werden kann. Solange dies nicht gewährleistet ist, wird zumindest das House of Lords im Interesse der Rechtsklarheit den Vereinheitlichungsbemühungen Lord Dennings wohl nur insoweit ausdrücklich zu folgen bereit sein, als dadurch das common law von überflüssig erscheinenden Entwicklungen bereinigt werden kann.

Dies ist zugleich auch die einzig erkennbare, maßgebliche Auswirkung des UCTA auf das common law, die sowohl im PHOTO PRODUCTION-FAll wie in der GEORGE MITCHELL-Entscheidung des House of Lords Ausdruck findet: In beiden Fällen hat das House of Lords zu erkennen gegeben, daß nach dem Inkrafttreten des UCTA bestimmte Entwicklungen des common law nicht mehr aufrechtzuerhalten seien, die im wesentlichen die vom common law nicht gestattete offene Inhaltskontrolle ersetzen sollten, wie dies bei der fundamental breach rule und einem Teil der speziellen Auslegungsregeln des common law für Freizeichnungsklauseln sicherlich der Fall gewesen ist.

Das House of Lords hat sich also ebenfalls von der Parlamentsgesetzgebung beeindruckt gezeigt.[208] Es hat Lord Denning jedoch gleichsam nur bis zur Hälfte des Weges folgen wollen, indem es dem UCTA lediglich eine klarstellende, genau genommen also einschränkende, Auswirkung auf das common law zugebilligt hat. Von dort bis zur positiven Übernahme des reasonableness-Prinzips und damit zur offenen Einschränkung des Vertragsfreiheitsprinzips, ist es für das common law jedenfalls noch ein weiter Weg.

---

[207] Vgl. oben auf S. 163 ff.

[208] Vgl. *Atiyah* in [1985] 48 M.L.R. 1, 22 ff.

Schlußbetrachtung

Die von dem früheren Master of the Rolls Jessel vor über einhundert Jahren formulierte Vertragsfreiheitsmaxime hat sich im common law also bislang gegenüber den Einschränkungsbemühungen des späteren Master of the Rolls Denning behaupten können. Das Vertragsrecht liefert hier ein anschauliches Beispiel für die sprichwörtliche Konstanz des englischen common law.

Dieser Effekt ist interessanterweise gerade durch die neuere Verbraucherschutzgesetzgebung im Vertragsrecht wie den UCTA begünstigt worden, der das common law von der Sorge befreit hat, Regeln zu schaffen, die sowohl der Haftungsfreizeichnung in Verbrauchergeschäften wie beiderseitigen Handelsgeschäften bzw. Verträgen unter professionellen Geschäftsleuten gerecht werden können. Nachdem das statute law für typische Fallkonstellationen ungleicher vertraglicher Verhandlungs- oder Gestaltungsmacht, insbesondere in den Erscheinungsformen des Verbrauchergeschäfts oder der Unterwerfung unter die AGB des Vertragsgegners,[1] verbindliche Regeln aufgestellt hat, ist die Vertragsfreiheitsmaxime durch die PHOTO PRODUCTION-Entscheidung des House of Lords[2] für die nicht dem UCTA unterfallenden Konstellationen sogar wieder aufgewertet worden.

Praktisch gesehen verbleibt dem common law gegenwärtig im wesentlichen die Beurteilung von Haftungsregelungen zwischen Vertretern der Personengruppen, auf die die Instrumente des common law schon im 19. Jahrhundert, also der Epoche der Begründung des modernen Vertragsrechts zugeschnitten waren: nämlich die Fallgruppen der geschäftlich auftretenden Teilnehmer am Rechtsverkehr. Ob diese Tendenz zur Ausgrenzung des Verbraucherschutzrechts und einzelner Fallkonstellationen ohne Verbraucherbeteiligung aus dem Regelungsbereich des common law dessen Fortentwicklung zuträglich ist, wird sich erst noch erweisen müssen. Angesichts der gegenwärtigen Lage wird die einleitend zitierte Rolle der "Wachsamkeit" gegenüber dem Miß-

---

1 Vgl. s. 3(1) UCTA.

2 Oben auf S. 178 ff., 181.

brauch der Vertragsfreiheit[3] sicherlich heute vor allem von der Gesetzgebung wahrgenommen, während dem common law der verbleibende Teil aus Dennings Zitat, die Bewahrung der Vertragsfreiheit, zufällt.

Die Überlegungen Lord Dennings, unreasonable clauses auch im common law mit neuen Instrumenten entgegenzutreten, sind natürlich in jenen Fällen heute gegenstandslos, in denen nunmehr die gesetzlichen Vorschriften des UCTA eingreifen. Fallkonstellationen wie diejenige im INTERFOTO-Fall[4] zeigen jedoch, daß sich die Erscheinungsformen unbilliger Vertragsbedingungen nicht auf die Fallgruppe der Freizeichnungsklauseln beschränken, und daß selbst im Handelsverkehr ein Bedürfnis nach einer Einschränkung der Vertragsfreiheitsmaxime bestehen kann. Das deutsche AGB-Gesetz bietet ja, insbesondere in seinem § 10, Beispiele dafür, daß einseitige Vertragsgestaltung nicht allein im Bereich der Haftungsfreizeichnung, sondern auch bei der positiven Festlegung der beiderseitigen Vertragspflichten unter Umständen einer gerichtlichen Kontrolle unterliegen muß.

Hier könnten Dennings Ansätze dazu beitragen, die eher bruchstückhaften Einzelsegmente des Vertragsrechts wie z. B. echte Vertragsstrafen ("penalty clauses") oder wettbewerbsbeschränkende Vereinbarungen ("restraint of trade"), in denen das common law bislang schon Einschnitte in das Vertragsfreiheitsprinzip als erforderlich hingenommen hat, im Gleichklang mit den gesetzlichen Instrumenten zu einem Fairneßprinzip auf breiterer Grundlage zusammenzuführen. Immerhin hat das common law im Deliktsrecht mit der Anerkennung eines einheitlichen negligence-Tatbestands in Form des neighbour principle Lord Atkins eine ähnliche Systematisierung gewinnbringend genutzt. Aus deutscher Sicht erscheint es, selbst unter Berücksichtigung der strukturellen Besonderheiten des common law, nicht abwegig, daß das common law auch im Vertragsrecht mit der Ableitung allgemeinerer Prinzipen aus seinen verschiedenen Einzelinstrumenten neue Wege gehen könnte.

Interessant ist es zudem weiterzuverfolgen, ob die von Denning propagierte Idee der gezielten Anpassung des common law-Vertragsrechts an gesetzgeberische Reformen von anderen Richtern als solche weiterverfolgt wird. Voraussetzung dafür dürfte zunächst sein, daß die Regelungen des UCTA von der Rechtsprechung hinreichend durchdrungen werden. Geht man nämlich davon

---

3 Siehe oben S. 19.

4 Oben auf S. 163 ff.

aus, daß auch heute noch gesetzliche Vorschriften erst dann zur legal rule werden, wenn sie im Fallrecht angewandt worden sind,[5] so können die Voraussetzungen und Ziele der Gesetzgebung nur im Wege der richterlichen Umsetzung zum integralen Bestandteil des Rechts werden. Eine nicht hinreichend mit dem Fallrecht verwobene Gesetzgebung kann demnach, selbst für fortschrittlich denkende Richter, nur schwerlich zum Orientierungsmaßstab des common law werden.

Bis dahin wird das common law mit seinen klassischen Instrumenten der Auslegung und Einbeziehung operieren müssen. Die Einbeziehungsregeln sind, wie im zweiten und dritten Kapitel nachgezeichnet, ebenfalls ein anschauliches Beispiel für die über Jahrhunderte währende Konstanz der Rechtsfortbildung im common law. Hier hat das common law des 19. Jahrhunderts mit der reasonable sufficiency of notice rule eine Ausgangsgrundlage geschaffen, die selbst für die Anforderungen des modernen Vertragsrechts, und für einen viel weiteren Kreis von Vertragsbedingungen als lediglich Haftungsfreizeichnungen, zum tauglichen Beurteilungskriterium dienen kann. Bezeichnenderweise hat der Court of Appeal in der INTERFOTO-Entscheidung[6] die Frage der Fairneß anhand des Instruments der vertraglichen Einbeziehung zur praktischen Anwendung gebracht, wie dies ja schon die Tendenz in Fällen wie HENDERSON v. STEVENSON und PARKER v. SOUTH EASTERN RY. CO. aus den Jahren 1876 bzw. 1877[7] gewesen ist.

Wenn Dillon LJ. im INTERFOTO-FALL die Entwicklungslinie von den ticket cases des 19. Jahrhunderts hin zu den modernen Einbeziehungsregeln für unübliche oder einseitig belastende Vertragsbedingungen, insbesondere aus der Rechtsprechung Lord Dennings, als eine logische Entwicklung charakterisiert,[8] so liegt es nahe, dieser Linie auch in Zukunft Bedeutung beizumessen.

Die INTERFOTO-Entscheidung zeigt, daß die Klarstellungsobliegenheiten des Verwenders noch weiter konkretisiert und zudem gezielt eingesetzt werden können. Dabei wird die Frage endgültig zu klären sein, ob man unterschiedliche Anforderungen an die Klarstellungslast ohne eine Bewertung der

---

[5] *David/Grasmann*, Einführung in die großen Rechtssysteme der Gegenwart, p. 495 *(Bearb. M. Will)*.

[6] Siehe oben auf S. 163 ff.

[7] Siehe oben auf S. 90 ff.

[8] Siehe oben auf S. 165.

Angemessenheit der betroffenen Vertragsbedingungen gewährleisten kann. Man wird Dennings flexiblen Lösungsvorschlag, die reasonableness der Vertragsbedingungen zum Maßstab der Anforderungen zu machen,[9] nicht übergehen können. Dieser, wie der schon in HENDERSON v. STEVENSON vor über einhundert Jahren aufgezeigte Weg, die Anforderungen an die Hinweisobliegenheiten des Verwenders auf bestimmte Vertragsbedingungen danach zu bestimmen, wie weit diese im Einzelfall die Rechte bzw. Rechtsbehelfe des common law bzw. heute Gesetzesrecht beschneiden, ist ein flexibler und ergiebiger Mittelweg, der ohne grundlegenden Konflikt mit der Vertragsfreiheitsmaxime für beide Parteien gleichermaßen zumutbare Fairneßstandards aufstellt. Hier lassen sich für besonders tiefgreifende Einschränkungen in die Standardrechte nach common law und statute law weitere Varianten der Klarstellungslast auf Verwenderseite vorstellen, bis hin zur rechtlichen Aufklärung oder zur Aufforderung, unabhängigen rechtlichen Rat einzuholen, wie Lord Denning dies in JAQUES v. LLOYD D. GEORGE & PARTNERS und in LLOYDS BANK v. BUNDY[10] angedeutet hat.

Speziell in der Weiterentwicklung dieser Regeln liegt ein konsequenter und gangbarer Weg für das common law, um seinen Teil zu einer angemessenen Gesamtlösung im Gleichklang mit dem Gesetzesrecht beizutragen. Daß Lord Denning sich dieser Aufgabe schon in den fünfziger Jahren bewußt gewesen ist, belegt nicht nur seinen Weitblick für die heutigen Anforderungen des Vertragsrechts, sondern auch sein Vertrauen in die ungebrochene Eignung des common law zur Rechtsfortbildung auf diesem Gebiet.

---

[9] Siehe oben S. 155 ff.

[10] Vgl. oben auf S. 150 f. und 160.

Verzeichnis der Entscheidungen

Abbott v. Middleton (1858) 7 H.L.C. 68.

Adams v. Lindsell (1818) B. & Ald. 681 (106 E.R. 250).

Ailsa Craig Fishing Co. Ltd. v. Malvern Fishing Co. Ltd. [1983] 1 All ER 101.

Alexander v. Railway Executive [1951] 2 K.B. 882.

Alison (J. Gordon) Ltd. v. Wallsend Shipway and Engineering Co. Ltd. (1927) 42 T.L.R. 323.

Ashington Piggeries Ltd. v. Christopher Hill Ltd. (H.L.) [1972] A.C. 441.

Bank of Australia v. Palmer [1897] A.C. 540.

Barton v. Fitzgerald (1812) 15 East 529 (104 E.R. 944).

Beal v. The South Devon Railway Co. (1864) 3 H. & C. 337 (159 E.R. 560).

Bonsor v. Musicians Union [1954] 1 All ER 822.

British and American Telegraph Co. v. Colson (1871) L.R. 6 Ex. 108.

British Crane Hire Corp. Ltd. v. Ipswich Plant Hire Ltd. [1975] Q.B. 303.

Carlill v. Carbolic Smoke Ball Co. [1893] 1 Q.B. 256.

Carr v. The Lancashire and Yorkshire Railway Co. (1852) 7 Ex. 707 (155 E.R. 1133).

Chapelton v. Barry Urban District Council [1940] 1 K.B.532.

Clifford Davis Management Ltd. v. WEA Records Ltd. [1975] All ER 237.

Clough v. The London and North Western Railway Co. (1871) 7 Ex. 26.

Cockerton v. Naviera Aznar S.A. [1960] 2 Lloyd's Rep. 450.

Cohen v. The South Eastern Railway Co. (1876) 1 Ex. D. 217.

Constantine (Joseph) SS. Line v. Imperial Smelting Corp. Ltd. [1942] A.C. 154.

Cox v. Troy (1822) 5 B. & Ald. 474.

Crooks v. Allen (1879) Q.B.D. 38.

Cumming v. Ince (1847) 11 Q.B.D. 112 (116 E.R. 418)

Curtis v. Chemical Cleaning & Dyeing Co. [1951] 1 K.B. 805 (C.A.).

Dahl v. Nelson, Donkin and Co. (1881) 6 App.Cas. 38.

Daly v. General Steam Navigation Co. Ltd. (The "Dragon") [1979] 1 Lloyd's Rep. 257.

Davies v. Sumner [1984] 1 W.L.R. 405 und 1301 (H.L.).

Denny, Mott and Dickinson v. Fraser (James B.) & Co. Ltd. [1944] A.C. 265.

Denton v. The Great Northern Railway Co. (1856) 5 E. & B. 860 (119 E.R. 701).

Derry v. Peek [1889] 14 A.C. 337.

Donoghue v. Stevenson [1932] A.C. 562.

Dunlop Pneumatic Tyre Co. Ltd. v. New Garage & Motor Co. Ltd. [1915] A.C. 79.

Elderslie Steamship Co. Ltd. v. Borthwick [1905] A.C. 93.

Essery v. General S.N. Co. Ltd. [1937] 58 Lloyds L. Rep. 307.

Faramus v. Film Artistes' Association [1963] 2 Q.B. 527.

Farehame Case [1956] A.C. 696.

Ford v. Beech (1848) 11 Q.B. 842 (116 E.R. 693).

Foster v. McKinnon (1869) L.R. 4 C.P. 704.

Gabell v. The South Eastern Railway Company (1877) 2 C.P.D. 416.

Gardiner v. Gray (1815) 4 Camp. 144 (171 E.R. 46).

George Mitchell (Chesterhall) Ltd. v. Finney Lock Seeds Ltd. [1983] 1 All ER 108 (C.A.); [1983] 2 A.C. 803 und [1983] 2 All ER 737 (H.L.).

Gibaud v. The Great Eastern Railway Co. [1920] 3 K.B. 689; [1921] 2 K.B. 426 (C.A.).

Gillespie Bros. & Co. Ltd. v. Roy Bowles Transport Ltd. [1973] 1 Q.B. 400; [1973] 1 All ER 193.

Glynn v. Margetson [1893] A.C. 351.

Grand Trunk Railway Company of Canada v. Robinson [1915] A.C. 740.

(The) Great Western Railway Co. v. Callaghan McCarthy (1887) 12 App.Cas. 218.

Gregory v. Ford [1915] All ER 121.

Harbutt's Plasticine Ltd. v. Wayne Tank and Pump Co. Ltd. [1970] 1 Q.B. 447.

Harmer v. Cornelius (1858) 5 C.B. (N.S.) 236.

Harri's Case (1872) L.R. 7 Ch.App. 587.

Harris v. The Great Western Railway Co. (1876) 1 Q.B.D. 515.

Harrison v. The London, Brighton and South Coast Railway Co. (1862) 2 B. & S. 152 (121 E.R. 1029).

Havering London Borough Council v. Stevenson [1970] 1 W.L.R. 1375.

Henderson and others v. Stevenson (1875) L.R. 2 H.L. 470, [1874-80] All ER Rep. 436.

Hillas and Co. Ltd. v. Arcos Ltd. (1932) 147 L.T. 503.

Hirji Mulji v. Cheong Yue SS. Co. Ltd. [1926] A.C. 497.

Hollingworth v. Southern Ferries Ltd. (The "Eagle") [1977] 2 Lloyd's Rep. 70.

Hood v. Anchor Line (Henderson Brothers) Ltd. [1918] A.C. 837.

Hooper v. Furness (1907) 23 T.L.R. 451.

Household Fire Insurances Co. Ltd. v. Grant (1879) 4 Ex.D. 216.

Howard Marine and Dredging Co. Ltd. v. A. Ogden & Sons Ltd. [1978] Q.B. 574.

Howatson v. Webb [1907] 1 Ch. 537.

Interfoto Picture Library Ltd. v. Stiletto Visual Programmes Ltd. [1988] 2 W.L.R. 615; [1988] 1 All ER 348.

Jacques v. Lloyd D. George & Partners Ltd. [1968] 1 W.L.R. 625.

Jenkins v. The Great Central Railway Co. [1912] 1 K.B. 1.

John Lee and Son (Grantham) Ltd. v. The Railway Executive [1949] 2 All ER 581.

Kenyon Son and Craven Ltd. v. Baxter Hoare and Co. [1971] 1 W.L.R. 519.

L'Estrange v. F. Graucob Ltd. [1934] 2 K.B. 394.

Levison v. Patent Steam Carpet Cleaning Co. Ltd. [1977] 3 All ER 503.

Liverpool City Council v. Irwin [1977] A.C. 239.

Lloyds Bank Ltd. v. Bundy [1975] 1 Q.B. 326; [1974] 3 All ER 757.

(The) London and North Western Railway Co. v. Dunham (1856) 18 C.B. 826 (139 E.R. 1596).

Lorymer v. Smith (1822) 1 B. & C. (107 E.R. 1).

(The) Manchester, Sheffield and Lincolnshire Railway Co. v. Brown (1883) 8 App. Cas. 703.

Maynard v. Moseley (1676) 3 Swans.App. 651 (36 E.R. 1009).

McCutcheon v. David MacBrayne Ltd. [1964] 1 W.L.R. 125.

Mendelssohn v. Normand Ltd. [1969] 2 All ER 1215.

M'Manus v. The Lancashire and Yorkshire Railway Co. (1859) 4 H. & N. 327 (157 E.R. 865).

(The) Moorcock (1889) 14 P.D. 64.

National Westminster Bank Plc. v. Morgan [1985] 2 W.L.R. 588.

Nunan v. The Southern Railway Co. [1923] 2 K.B. 703.

Olley v. Marlborough Court Hotel Ltd. [1949] 1 K.B. 532.

Pao On v. Lau Yiu Long [1980] A.C. 614.

Pardington v. The South Wales Ry. Co. (1856) 26 L.J. Ex. 105 (156 E.R. 1254).

Parker v. Palmer (1821) 4 B. & Ald. 387 (106 E.R. 978).

Parker v. The South Eastern Railway Co. (1877) 2 C.P.D. 416.

Peek v. The North Staffordshire Railway Co. (1863) H.L.C. 473 (11 E.R. 1109).

Penton v. The Southern Railway Co. [1931] 2 K.B. 103.

Peter Symmons & Co. v. Cook (1981) 131 N.L.J. 758.

Phillips Products Ltd. v. Hyland [1987] 1 W.L.R. 659.

Photo Production Ltd. v. Securicor Transport Ltd. [1978] 3 All ER 146 (C.A.); [1980] A.C. 827 (H.L.)

Printing and Numerical Registering Co. v. Sampson L.R. (1875) 19 Eq. Cases 462.

Rasbora Ltd. v. J.C.L. Marine Ltd. [1977] 1 Lloyd's Rep. 645.

R. & B. Custom Brokers Co. Ltd. v. United Dominions Trust Ltd. [1988] 1 W.L.R. 321 (C.A.).

Reardon Smith Line Ltd. v. Hansen Tangen [1976] 1 W.L.R. 989.

Redgrave v. Hurd (1881) 20 Ch.D. 1.

Richardson v. Mellish (1824) 2 Bing. 229 (130 E.R. 294).

Richardson, Spence and Co. and the "Lord Gough" Steamship Co. Ltd. v. Minnie Rowntree [1894] A.C. 217.

Riley v. Horne (1828) 5 Bing. 217 (130 E.R. 1044).

Robertson v. French (1803) 4 East 130 (102 E.R. 779).

Roe v. Naylor (No.2) (1918) 87 L.J.K.B. 958.

R.W. Green Ltd. v. Cade Bros. Farms [1978] 1 Lloyd's Rep. 602.

Ryan v. Oceanic Steam Navigation Co. Ltd. [1914] 3 K.B. 731.

(A.) Schroeder Music Publishing Co. Ltd. v. Macaulay [1974] 1 W.L.R. 1308; [1974] 3 All ER 616.

(L.) Schuler AG v. Wickman Tool Sales Ltd. [1974] A.C. 235.

Simons v. The Great Western Railway Co. (1856) 18 C.B. 805 (139 E.R. 1588).

Smith v. Eric S. Bush [1989] 2 W.L.R. 790.

Smith v. Hughes (1871) L.R. 6 Q.B. 597.

Southern Foundries (1926) Ltd. v. Shirlaw [1940] A.C. 701.

South Western General Property Co. Ltd. v. Marton (1982) 263 E.G. 1090.

Spencer v. Harding (1870) L.R. 5 C.P. 561.

Spriggs v. Sotheby Parke Bernet & Co. Ltd. (1984) 272 E.G. 1171.

(J.) Spurling Ltd. v. Bradshaw [1956] 1 W.L.R. 461.

Stag Line Ltd. v. Tyne Shiprepair Group Ltd. (The "Zinnia") [1984] 2 Lloyd's Rep. 211.

Stephen v. International Sleeping Car Co. Ltd. (1903) T.L.R. 621.

Stevenson v. Nationwide Building Society (1984) 272 E.G. 663.

Stewart v. London and North Western Railway Co. 33 L.J. (Ex.) 199.

Stockloser v. Johnson [1954] 1 Q.B. 476.

Suisse Atlantique Société d'Armement Maritime S.A. v. N.V. Rotterdamsche Kolen Centrale [1967] 1 A.C. 361.

Szymonowski and Co. v. Beck and Co. [1923] 1 K.B. 457.

(F.A.) Tamplin Steamship. Co. v. Anglo-Mexican Petroleum Co. [1916] 2 A.C. 397, 404.

Taylor v. Caldwell (1863) 3 B. & S. 826 (122 E.R. 309).

Thompson v. London, Midland and Scottish Railway Co. Ltd. [1930] 1 K.B. 41.

Thompson v. T. Lohan (Plant Hire) Ltd. [1987] 1 W.L.R. 649.

Thornton v. Shoe Lane Parking Ltd. [1971] 2 Q.B. 163.

Thoroughgood's Case (1548) 2 Co.Rep. 9a (76 E.R. 408).

Urquhart v. MacPherson (1878) 3 App.Cas. 831.

Van Toll v. The South Eastern Railway Co. (1862) 12 C.B. (N.S.) 75 (142 E.R. 1071).

Wallis, Son and Wells v. Pratt and Haynes [1911] A.C. 394.

Watkins v. Rymill (1883) 10 Q.B.D. 178.

White and Carter (Councils) Ltd. v. McGregor [1962] A.C. 413.

White v. The Great Western Railway Co. (1857) 2 C.B. (N.S.) 7 (140 E.R. 312).

Wise v. The Great Western Railway Co. 1 H.&N. 63 (156 E.R. 1119).

Zunz v. The South Eastern Railway Co. (1869) L.R. 4 Q.B. 539.

Literaturverzeichnis

Adams, John N.: An Optimistic Look at the Contract Provisions of Unfair Contract Terms Act 1977, (1978) 41 Modern Law Review 703.

Adams, John N. / *Brownsword*, Roger: The Unfair Contract Terms Act: A Decade of Discretion, (1988) 104 Law Quarterly Review 94.

Anson, William / *Guest*, A.G.: Law of Contract, 26. Aufl., Oxford 1984.

Atiyah, P. S.: An Introduction to the Law of Contract, 3. Aufl., Oxford 1981.

- Sale of Goods, 7. Aufl., London 1985.

- The Rise and Fall of Freedom of Contract, Oxford 1979.

- Common Law and Statute Law, (1985) 48 Modern Law Review 1.

Baker, John H.: Non est Factum, (1970) 23 Current Legal Problems 53.

- The Freedom to Contract without Liability, (1971) 24 Current Legal Problems 53.

- From Sanctity of Contracts to Reasonable Expectation?, (1979) 29 Current Legal Problems 17.

Beale, Hugh: Inequality of Bargaining Power, (1986) 6 Oxford Journal of Legal Studies 123.

Bentham, Jeremy: Economic Writings (Hrsg. Stark), London 1952.

Blackstone, William: Commentaries on the Laws of England in Four Books, 16. Aufl., London 1825.

Borrie, Gordon J.: The Development of Consumer Law and Policy - Bold Spirits and Timorous Souls (The Hamlyn Lectures, 36th Series), London 1984.

- Consumer Protection Laws for the 1990s, [1988] Journal of Business Law 116.

Bright, J.: Contracts of Adhesion and Exemption Clauses, (1967) 41 Australian Law Journal 261.

Brown, Ian: Business and Consumer Contracts, [1988] Journal of Business Law 38.

Brownsword, Roger: Incorporating Exemption Clauses, (1972) 35 Modern Law Review 179.

Cappelletti, Mauro: Some Thoughts on Judicial Law-Making, in: Festschrift für Imre Zajtay, Tübingen 1982, p. 97.

Cardozo, Benjamin N.: The Nature of Judicial Process, New Haven, London, Oxford 1921, Reprint 1941.

Carr, Christopher: Inequality of Bargaining Power, (1975) 38 Modern Law Review 463.

Chandler, P.A / *Holland*, J.A.: Notice of Contractual Terms, (1988) 104 Law Quarterly Review 359.

Charlesworth, John / *Percy*, R.A.: On Negligence, 7. Aufl., London 1983.

Cheshire, G. / *Fifoot*, C.H.S. / *Furmston*, M.P.: Law of Contract, 11.Aufl., London 1986.

Chitty, Joseph: On Contracts (Hrsg. A.G. Guest), Vol. I, General Principles., 26. Aufl., London 1989.

Clark, Robert W.: Inequality of Bargaining Power, Toronto, Calgary, Vancouver 1987.

Clarke, Malcolm: Notice of Contractual Terms, (1976) Cambridge Law Journal 51.

- Contract - Notice of Terms, (1978) Cambridge Law Journal 21.

Clerk, J.F. / *Lindsell*, W.H.B.: On Torts (Hrsg. Arthur Armitage / R.W.M.Dias), 14. Aufl., London 1975.

Cleveland / Stevens: English Railways, London 1915.

Collins, Hugh: The Law of Contract, London 1986.

Committee on Consumer Protection: Final Report of the Committee on Consumer Protection, London 1962, Cmnd. 1781.

Coote, Brian: Exception clauses, London 1964.

- Unfair Contract Terms Act 1977, (1978) 41 Modern Law Review 312.

David, René / *Grasmann*, Günther: Einführung in die großen Rechtssysteme der Gegenwart, 2. Aufl. München 1988.

David, René / *Pugsley*, David: Les Contrats en Droit Anglais, 2. Aufl., Paris 1985.

Devlin, Patrick: The Common Law, Public Policy and the Executive (1956), 9 Current Legal Problems 1.

Diamond, Aubrey L.: Codification of the Law of Contract (1968), 31 Modern Law Review 361.

- The Law Commissions First Report on Exemption Clauses (1970), 33 Modern Law Review 77.

Dietl, Clara-Erika / *Moss*, Anneliese / *Lorenz*, Egon: Wörterbuch für Recht, Wirtschaft und Politik, Teil I Englisch-Deutsch, 4. Auflage München 1987.

Evans, D. Marshall: Incorporation of Exemption Clauses in a Contract - Course of Dealing, (1964) 27 Modern Law Review 354.

Evershed, Raymond: Government under Law in Post-War England, (1956) 72 Law Quarterly Review 42.

Farrar, John H. / *Dugdale*, Anthony M.: Introduction to Legal Method, 3. Aufl., London 1990.

Fikentscher, Wolfgang: Schuldrecht, 8. Aufl., Berlin/New York 1992.

Friedmann, W.: Legal Theory, 4. Aufl., London 1960.

Gluck, George: Standard Form Contracts: The Contract Theory Reconsidered, [1979] 28 International and Comparative Law Quarterly 72.

Gower, L.C.B.: A Comment, (1967) 30 Modern Law Review 259.

Guest, A.G.: Fundamental Breach of Contract, (1961) 77 Law Quarterly Review 110.

Hahlo, H.R.: Here Lies the Common Law: Rest in Peace, (1967) 30 Modern Law Review 241.

- Codifying the Common Law: Protracted Gestation, (1975) 38 Modern Law Review 23.

Harvey, B.W.: Business or Pleasure?, (1983) 127 Solicitors Journal 163/179.

Haupt, Günter: Über faktische Vertragsverhältnisse, in: Festschrift für Heinrich Siber, Bd. II, pp. 3 ff., Leipzig 1943.

v. Hippel, Eike: Verbraucherschutz, 3. Aufl., Tübingen 1986.

Hogget, A.J.C.: Changing a Bargain by Confirming it, (1970) 33 Modern Law Review 518.

Holdsworth, William: A History of English Law (Hrsg. H.L. Goodhart / H.G. Hanbury), Bd. XIII, London 1952.

Horton Rogers, W.V.: Mortgage Valuations, Negligence and Disclaimers, [1989] Cambridge Law Journal 366.

Hughes, J.D.I.: The Constructive Acceptance of Uncommunicated Offers, (1931) 47 Law Quarterly Review 459.

James, Michael F.: Supply of Goods and Services Act 1982, [1983] Journal of Business Law 10.

- Professional Negligence and the Reasonableness Test, [1987] Journal of Business Law 286.

Kern, Betina Anna: "Rescission" nach Vertragsverletzung im englischen Recht, Diss. Marburg 1983.

Kerr, Michael: Law Reform in Changing Times, (1980) 96 Law Quarterly Review 505.

Kiralfy, Albert K. R.: The English Legal System, 7. Aufl., London 1984.

Kötz, Hein: Taking Civil Codes Less Seriously, (1987) 50 Modern Law Review 1.

The Law Commission: First Annual Report 1965-66, London 1966.

- Eigth Annual Report 1972 -73, London 1973.

- First Programme of the Law Commission, London 1966.

- Law of Contract, Implied Terms in Contracts for the Supply of Services (Law Com. No. 156), Cmnd. 9773, London 1986.

The Law Commission and the Scottish Law Commission: Exemption Clauses in Contracts, First Report: Amendments to the Sale of Goods Act 1893 (Law Com. No. 24; Scot. Law Co. No. 12), London 1969.

- Exemption Clauses, Second Report (Law Com. No. 69; Scot. Law Co. No. 39).

- Sale and Supply of Goods (Law Com. No. 160; Scot Law Com. No. 104).

Lawson, F.H.: Selected Essays, Band I: Many Laws, Amsterdam, New York, Oxford 1977.

Lawson, Richard G.: Exclusion Clauses, 2. Aufl., London 1983.

- The Unfair Contract Terms Act: A Progress Report, (1981) 131 New Law Journal 933.

- Exclusion Clauses and the Test of Reasonableness, (1982) The Law Society's Gazette 1114.

- Precedents under the Unfair Contract Terms Act 1977, (1985) The Law Society's Gazette 2393.

Leser, Hans G.: L'évolution du Contrat en Droit Allemand avec un bref aperçu du Droit Anglais, in: L'évolution contemporaine du Droit des Contrats, Paris 1986.

Llewellyn, Karl N.: The Common Law Tradition, Boston, Toronto 1960.

- Review of Prausnitz, The Standardisation of Commercial Contracts in English and Continental Law, (1939) 52 Harvard Law Review 700.

Lowe, Robert / *Woodroffe*, Geoffrey: Consumer Law and Practice, 2. Aufl., London 1985.

Lücke, H.K.: The Common Law: Judicial Impartiality and Judge-made Law, (1982) 98 Law Quarterly Review 29.

Lütkenhaus, Altfried M.: Unfair Contract Terms Act 1977 und AGB-Gesetz 1976, Diss. Frankfurt, Bern, New York, Paris 1987.

MacDonald, Elizabeth: The Duty to Give Notice of Unusual Contract Terms, [1988] Journal of Business Law 375.

Maine, Henry: Ancient Law, 1861, Reprint (Hrsg. J.H. Morgan), London 1972.

Males, S.M.: Fundamental breach - Burden of Proof - Reasonableness, [1978] Cambridge Law Journal 24.

McLean, Hazel: Incorporation of Onerous or Unusual Terms, [1988] Cambridge Law Journal 172.

Münchener Kommentar zum Bürgerlichen Gesetzbuch. Band 1 Allgemeiner Teil (§§ 1 bis 240; AGB-Gesetz), 2. Aufl., München 1984.

- Band 2 Schuldrecht Allgemeiner Teil (§§ 241 bis 432), 2. Aufl., München 1985.

Palandt, Otto: Bürgerliches Gesetzbuch, 50. Auflage, München 1991.

Palmer, Norman E.: Clarifying the Unfair Contract Terms Act 1977, (1986) Business Law Review 57.

Pothier, R.J.: Traité des Obligations, Paris 1761.

Powell, J.J.: Essay on the Laws of Contracts and Agreements, London 1790.

Powell, Raphael: Good Faith in Contracts, (1956) 9 Current Legal Problems 16.

Price, Diane R.: When is a Consumer not a Consumer?, (1989) 52 Modern Law Review 245.

Radbruch, Gustav: Der Geist des englischen Rechts, Heidelberg 1946.

Raiser, Ludwig: Das Recht der Allgemeinen Geschäftsbedingungen, Bad Homburg v.d.H. 1961 (Nachdruck der Erstausgabe von 1935).

Reid, James Scott Cumberland: The Judge als Lawmaker, (1972) J.S.P.T.L. 22.

Reiter, Barry J.: The Control of Contract Power, (1981) 1 Oxford Journal of Legal Studies 347.

Rheinstein, Max: Die Struktur des vertraglichen Schuldverhältnisses im anglo-amerikanischen Recht, Berlin, Leipzig 1932.

Samek, Robert A.: The Requirement of Certainty of Terms in the Formation of Contract, (1970) 47 The Canadian Bar Review 203.

Samuel, Geoffrey: Civil and Commercial Law: A Distinction Worth Making?, (1986) 102 Law Quarterly Review 567.

Samuels, Alec: Exclusion Clauses and The Unfair Contract Terms Act 1977, (1983) 127 Solicitors Journal 98.

Sayn-Wittgenstein-Berleburg, Stanislaus Prinz zu: Allgemeine Geschäftsbedingungen im englischen Recht, Diss. Marburg 1969.

Scarman, Leslie: Law Reform, The New Pattern, London 1968.

- A Code of English Law?, London 1966.

Sealy, L.S.: Undue Influence and Inequality of Bargaining Power, [1975] Cambridge Law Journal 21.

- Unfair Contract Terms Act 1977, [1978] Cambridge Law Journal 15.

- Reasonableness - Contractual Terms and Non-Contractual Notices, [1988] Cambridge Law Journal 6.

Schlochtermeyer, Wilfrid: Das Recht der Allgemeinen Geschäftsbedingungen in Kanada, Diss. Frankfurt, Bern, New York 1985.

Schmitz, Gabriele: Haftungsausschlußklauseln in allgemeinen Geschäftsbedingungen nach englischem und internationalem Privatrecht, Diss. Berlin 1977.

Schofield, Peter J.: Exemption Clauses in the Sale of Goods: The Law Commissions' Proposals, [1970] Journal of Business Law 7.

Siebert, Wolfgang: Faktische Vertragsverhältnisse, Karlsruhe 1958.

Simitis, Spiros: Die faktischen Vertragsverhältnisse als Ausdruck der gewandelten sozialen Funktion der Rechtsinstitute des Privatrechts, Frankfurt 1957.

Simpson, A.W.B.: A History of the Common Law of Contract - The Rise of the Action of Assumpsit, Oxford 1987.

Smith, P.F. / *Bailey*, S.H.: The Modern English Legal System, London 1984.

Spencer, J.R.: Signature, Consent and the Rule in L'Estrange v. Graucob, [1973] Cambridge Law Journal 104.

Stone, Julius: The Ratio of the Ratio Decidendi, (1959) 22 Modern Law Review 597.

Tallon, Denis / *Salvat*, Odile: Le Contrôle des Clauses Abusives dans l'Intérêt du Consommateur dans les Pays de la C.E.E.: Royaume-Uni, Revue Internationale de Droit Comparé 1982, 502 ,959.

Tettenborn, A.M.: An Introduction to the Law of Obligations, London 1984.

Thal, Spencer Nathan: The Inequality of Bargaining Doctrine: The Problem of Defining Contractual Unfairness, (1988) 8 Oxford Journal of Legal Studies 17.

Thieme, Jürgen Dieter / *Mitscherlich*, Mathias: Die Einbeziehung (incorporation) Allgemeiner Geschäftsbedingungen in den Vertrag nach englischem Recht, AWD 1974, 173.

Thompson, Peter K.J.: Unfair Contract Terms Act 1977, London 1978.

Tillotson, John: Contract Law in Perspective, 1. Aufl., London 1981.

Tiplady, David: The Judicial Control of Contractual Unfairness, (1983) 46 M.L.R. 601.

Topping, M.R. / *Vandenlinden* J.P.R.: Ibi renascit ius commune, (1970) 33 Modern Law Review 170.

Trebilcock, M.J.: The Doctrine of Inequality of Bargaining Power - Post-Benthamite Economics in the House of Lords, (1976) University of Toronto Law Journal 359.

Treitel, Gunter H.: The Law of Contract, 7. Aufl., London 1987.

- Exclusion Clauses: Possible Reforms, [1967] Journal of Business Law 200.

Triebel, Volker: Das englische Gesetz über unbillige Vertragsklauseln von 1977, RIW 1978, 353.

Ulmer, Peter / *Brandner*, Hans Erich / *Hensen*, Horst Diether / *Schmidt*, Harry: AGB-Gesetz, 6. Aufl., Köln 1990.

Waddams, S.M.: The Law of Contracts, 2.Aufl., Toronto 1984.

- Unconscionability in Contracts, (1976) 39 Modern Law Review 369.

Wade, H.W.R.: The Concept of Legal Certainty, A Preliminary Skirmish, (1940) 4 Modern Law Review 183.

Walker, Ronald J. / *Walker*, M.G.: The English Legal System, 6. Aufl., London 1985.

Weick, Günter: Unfair Contract Terms Act und AGB-Gesetz, ZHR 145 (1981), 68.

Whincup, Michael H.: Unfair Contract Terms Act 1977, (1978) 128 New Law Journal 213.

Winfield, Percy Henry: The Law of Quasi-Contract, London 1952.

Wolf, Manfred / *Horn*, Norbert / *Lindacher*, Walter: AGB-Gesetz, 2. Aufl., München 1989.

Woodroffe, Geoffrey: Goods and Services - The New Law, London 1982.

Yates, David: Exclusion Clauses in Contracts, 2. Aufl., London 1982.

- The Supply of Goods (Implied Terms), Act 1973, [1973] Journal of Business Law 135.

Yates, David / *Hawkins*, A.J.: Standard Business Contracts: Exclusion Clauses and Related Devices, London 1986.

Zweigert, Konrad / *Kötz*, Hein: Einführung in die Rechtsvergleichung auf dem Gebiete des Privatrechts, Band I Grundlagen, 2. Aufl., Tübingen 1984.

FSC
www.fsc.org
MIX
Papier | Fördert gute Waldnutzung
FSC® C083411

Kolibri 360 GmbH
Ferdinand-Jühlke-Straße 7
99095 Erfurt, Deutschland
produktsicherheit@kolibri360.de

Druck:
CPI Druckdienstleistungen GmbH
im Auftrag der
Kolibri 360 GmbH
Ferdinand-Jühlke-Str. 7
99095 Erfurt